法官说法丛书

全国"八五"普法推荐读物

投资理财纠纷典型案例解析

邵明艳 / 主编

中国法制出版社
CHINA LEGAL PUBLISHING HOUSE

《法官说法丛书》（第二辑）
总编委会

主　编
凌　斌　　北京大学法学院教授、博士生导师

编　委（按姓氏拼音排序）
安凤德　　北京市高级人民法院党组副书记、副院长
靳学军　　北京知识产权法院党组书记、院长
李艳红　　北京金融法院党组成员、副院长
廖春迎　　北京市第二中级人民法院副院长
娄宇红　　北京市房山区人民法院党组书记、院长
邵明艳　　北京市海淀区人民法院党组书记、院长
张　雯　　北京互联网法院党组书记、院长
张仲侠　　北京市高级人民法院审监庭庭长

执行主编（按姓氏拼音排序）
韩君贵　　北京市高级人民法院审判监督庭四级高级法官
贾　薇　　北京市房山区人民法院审判管理办公室（研究室）主任
孙铭溪　　北京互联网法院综合审判三庭庭长，四级高级法官
张金海　　常务，中国音乐学院副教授
张　敏　　北京市海淀区人民法院政治部工作组组长，一级主任科员
郑飞飞　　北京市平谷区人民法院审判管理办公室（研究室）主任，四级高级法官
祝兴栋　　北京市第二中级人民法院研究室副主任，二级高级法官助理

本分册编委会

主　　编　邵明艳　北京市海淀区人民法院党组书记、院长
副 主 编　李盛荣　北京市海淀区人民法院审委会委员、民商事速裁
　　　　　　　　　　工作负责人
执行主编　杨　靖　北京市海淀区人民法院民事审判三庭庭长
　　　　　　唐盈盈　北京市海淀区人民法院民事审判三庭副庭长

作　者

唐盈盈　北京市海淀区人民法院民事审判三庭（破产审判庭）副庭长
张江洲　北京市海淀区人民法院民事审判三庭（破产审判庭）副庭长
邹玉玲　北京市海淀区人民法院民事审判三庭（破产审判庭）副庭长
李　因　北京市海淀区人民法院民事审判三庭（破产审判庭）副庭长
王　焱　北京市海淀区人民法院民事审判三庭（破产审判庭）审判员
郭　齐　北京市海淀区人民法院民事审判三庭（破产审判庭）审判员
韩　斌　北京市海淀区人民法院民事审判三庭（破产审判庭）审判员
黄妍妍　北京市海淀区人民法院民事审判三庭（破产审判庭）法官助理
宁晓栩　北京市海淀区人民法院民事审判三庭（破产审判庭）法官助理
李梦杨　北京市海淀区人民法院民事审判三庭（破产审判庭）法官助理
金子文　北京市海淀区人民法院民事审判三庭（破产审判庭）法官助理
库颜鸣　北京市海淀区人民法院民事审判三庭（破产审判庭）法官助理
宫　颖　北京市海淀区人民法院民事审判三庭（破产审判庭）法官助理

序言 PREFACE

近年来，随着社会公众个人财富的显著增加，老百姓投资理财的需求日益高涨，因投资理财引发的纠纷案件也呈现逐年增长态势。面对当前纷繁复杂、不断推陈出新的理财产品，人们对产品背后的合同条款往往缺乏足够的了解，难以准确理解合同条款所对应的各方权利义务，甚至易被高收益等虚假宣传蒙骗，无法识别违规、违法的理财产品，导致自身合法权益遭受巨大损失。所以，与投资理财相关的法律知识俨然已成为人们迫切需求的普法内容之一。人们渴望了解、掌握最新的投资理财相关法律知识，以便在日常生活中或者产生纠纷时维护自身权益。

为更好地保护投资者的合法权益，满足社会公众，尤其是普通投资者的学法、用法需求，北京市海淀区人民法院组织了多名在一线从事审判业务工作的干警，在总结近年来司法实务中与投资理财相关的热点、焦点和难点法律问题的基础上，遴选出18篇典型案例，通过以案说法的方式，精释精评，既对案件所涉的投资理财相关基础法律问题予以阐述，又对热点和难点问题深入展开分析，并辅以普法提示，以期向社会公众普及投资理财法律知识，提高风险防范能力。

全书共分为四个篇章，分别为"民间理财类""涉股票、基金、期货类""涉金融机构类""涉互联网金融类"，既包括了传统的民间理财，尤其是委托理财相关的重点、热点法律问题，又涵盖了专业性较强的股票、基金、期货类投资相关的法律问题。同时，本书亦关注了当前因互联网金融快速发展而带来的新类型金融理财产品投资纠纷案件。全书涉及类型全面，案例新颖且具有代表性，法律条文解读细致，知识拓展深入浅出，具有较强的针对性、实用性和可读性。希望这本投资理财纠纷的案例解析读本，可以成为广大投资者手中能够随时答疑解惑的法律工具以及在购买各类理财产品过程中的行动指南，真正实现本书的社会价值。

由于时间仓促，书中疏漏之处在所难免，在此恳请广大读者批评指正。

《投资理财纠纷典型案例解析》编委会

2021 年 6 月

目录

第一章 民间理财类

案例一 委托理财合同的成立——未约定经营并管理资产的委托理账行为按委托合同处理 / 003

案情回顾 / 003

法理分析 / 007

（一）好意施惠、委托还是委托理财，王忠与李进之间到底是什么法律关系 / 007

（二）委托合同是否可以解除，怎样解除 / 009

（三）委托合同法定解除后的法律后果是什么 / 010

知识拓展 / 012

（一）委托理财合同的成立及生效 / 012

（二）委托理财合同中风险承担和资金损失特别条款订立的注意事项 / 013

普法提示 / 014

（一）提高自身判断能力，理智看清熟人介绍的理财产品 / 014

（二）警惕高利诱惑，明确认知理财风险 / 014

（三）协商及履行过程处处留痕，及时保全证据 / 015

案例二 委托理财合同的投资风险负担——网络平台炒股，股市风险由操盘手自担 / 016

案情回顾 / 016

法理分析 / 019

  （一）为何惠众公司与刘山之间构成委托理财合同关系 / 019

  （二）刘山与惠众公司之间的委托理财关系合法性分析 / 020

知识拓展 / 023

  （一）关于损失由委托人自负条款对刘山是否有约束力 / 023

  （二）若双方约定由平台填补损失是否有效 / 024

普法提示 / 025

  （一）对于投资者的提示 / 025

  （二）对于证券公司、期货公司等专业机构的提示 / 026

案例三 委托理财合同中保底条款的效力认定及损失负担——合同认定无效时，各自按过错程度承担相应责任 / 028

案情回顾 / 028

法理分析 / 031

  （一）孙先生与睿智投资公司签订的委托理财合同中存在保底条款 / 031

  （二）孙先生与睿智投资公司签订的保底条款无效 / 032

  （三）保底条款无效导致整个委托理财合同无效 / 033

  （四）委托理财合同无效后的本金返还与利息支付 / 033

知识拓展 / 034

  （一）准确识别委托理财合同中的保底条款 / 034

  （二）委托理财合同中保底条款的效力认定 / 035

  （三）因保底条款认定委托理财合同无效后的损失负担 / 037

普法提示 / 038

  （一）委托理财合同设置保底条款存在被认定无效风险，订立需谨慎 / 038

  （二）投资者应当提高风险意识 / 038

  （三）受托人开展委托理财业务应当规范化 / 039

目 录

案例四　外汇委托理财合同的效力——民间委托外汇理财的合同无效 / 040

案情回顾 / 040

法理分析 / 042

（一）投资者是否可以委托自然人直接进行外汇投资 / 042

（二）合同无效后的损失认定以及责任承担 / 044

知识拓展 / 046

（一）代客境外理财的相关管理规定 / 046

（二）缔约过失责任 / 047

普法提示 / 048

（一）选择有代客境外理财资质的代理商，抵制个人代理行为 / 048

（二）准确理解外汇理财产品的内容及内在风险 / 048

案例五　委托理财合同终结后，双方就结算所达成的协议效力认定——合法且体现双方真实意愿的结算协议依法有效 / 049

案情回顾 / 049

法理分析 / 052

（一）关于案件款项的性质问题 / 052

（二）关于徐小强是否应向谢大角支付 2353.7464 万元及逾期还款的利息问题 / 053

知识拓展 / 053

（一）合同生效的一般要件 / 054

（二）合同生效的特殊要件 / 055

普法提示 / 055

（一）协议内容违反效力性强制性规定可能引发合同无效后果 / 055

（二）在清算协议中的虚伪表示可能导致合同效力瑕疵 / 056

案例六　以入伙协议形式投资理财的法律后果——名为入伙协议实际不符合合伙的特征，不适用合伙企业法 / 058

案情回顾 / 058

法理分析 / 060

  （一）双方当事人签订的《入伙协议》及其附件所确认的双方法律关系的性质并非合伙 / 060

  （二）金华中心应当依据《入伙协议》及《投资确认函》向范勇返还本金及收益 / 062

  （三）金华中心应当归还的利息金额 / 063

  （四）通达公司应当承担连带责任 / 064

知识拓展 / 064

  （一）投资期限届满后，合伙企业因无法清偿而出具承诺函，与合伙协议约定不一致的处理 / 064

  （二）名为入伙协议，实际不符合入伙特征，假设认定为民间借贷纠纷，对收益率的限制 / 065

  （三）签订入伙协议投资私募投资基金，也会存在"名实不副"的情况 / 066

普法提示 / 067

  （一）对投资者的提示 / 067

  （二）对投资理财产品提供者的提示 / 068

案例七 名为委托理财实为借贷的合同性质认定及法律后果——按照民间借贷法律规定还本付息 / 070

案情回顾 / 070

法理分析 / 073

  （一）委托理财关系与民间借贷关系的概念辨析 / 073

  （二）为何涉案委托理财协议实为借贷关系 / 074

  （三）名为委托理财协议实为借贷关系的法律后果 / 075

知识拓展 / 077

  （一）在实践应用中需要区分委托理财关系和借贷关系的其他情况 / 077

（二）法院在实际审理中的案由确定 / 078

（三）名为委托理财协议实为借贷关系的利息处理 / 079

普法提示 / 079

（一）理财者需要树立风险意识，理财前做好风险评估 / 080

（二）理财者需要保持理性意识，理财时进行充分了解 / 080

（三）理财者需要坚定维权意识，发现问题后及时采取措施 / 081

第二章 涉股票、基金、期货类

案例一 股票投资的法律风险——正常的股票投资风险自担 / 085

案情回顾 / 085

（一）花甲老人购买股票赔钱 / 085

（二）双方当事人对簿公堂 / 086

（三）依法依据定分止争 / 087

法理分析 / 088

（一）购买股票的风险应由谁承担 / 088

（二）应区分个人行为与职务行为 / 089

知识拓展 / 090

（一）投资者应充分了解各类金融产品的特点和交易规则 / 090

（二）相关主体应切实履行风险告知、警示义务 / 092

普法提示 / 092

案例二 期货交易的性质认定及效力判断——场外期货交易合同无效 / 094

案情回顾 / 094

法理分析 / 098

（一）张大勇在东华投资公司客户端的交易行为的性质属于期货交易 / 098

（二）张大勇上述交易行为的效力判断 / 099

（三）涉案交易行为无效所产生的法律效果 / 100

知识拓展 / 100

（一）商品现货投资与非法期货交易的区别 / 101

（二）相关单位仅提供非法期货交易平台，本身不参与买卖，亦应承担责任 / 103

普法提示 / 104

（一）期货交易重资质，切勿为非法设立的平台所骗 / 104

（二）谨防夸张的营销方式，切记"天上不会掉馅饼" / 104

（三）切勿盲目打款，辨识收款对象 / 105

（四）辨识交易平台网址，切勿登录非法期货网站 / 105

案例三　私募股权投资中与融资企业对赌的法律效力——不存在法定无效事由的情况下有效 / 106

案情回顾 / 106

法理分析 / 107

（一）《增资协议》的性质和效力 / 107

（二）具体的股权补偿方案应如何确定 / 109

知识拓展 / 111

（一）对赌协议的内在经济逻辑 / 111

（二）对赌协议纠纷裁判的发展与面临的问题 / 112

普法提示 / 115

案例四　私募投资基金合同的效力——不属于合格投资者或基金未备案不属于合同无效的法定事由 / 117

案情回顾 / 117

法理分析 / 121

（一）合同无效的情形及法律后果 / 121

（二）不属于合格投资者、基金未备案不足以导致涉案协议无效 / 122

知识拓展 / 123

（一）拓展案例1：未签订书面合同，仅凭付款行为不能认定基金合同关系成立 / 124

（二）拓展案例2：基金备案可约定为合同的生效条件，如基金管理人未备案即直接使用资金需承担责任 / 125

普法提示 / 126

（一）量力而行，莫贪利——收益越高，风险越大 / 126

（二）摸清底细，辨真假——多了解、多查阅、谨防虚假项目 / 127

（三）细看合同，持续关注——合同条款关系大，产品动向需关注 / 127

案例五　委托理财合同纠纷中的刑民交叉情形——涉嫌非法吸收公众存款罪或集资诈骗罪 / 128

案情回顾 / 128

法理分析 / 132

（一）向不特定公众销售理财产品可能涉嫌刑事犯罪的情况 / 133

（二）白阿姨与财源公司之间所签署合同及所形成的法律关系的性质及效力 / 134

知识拓展 / 137

（一）私募投资的法律规范及私募投资的风险 / 137

（二）所签署的投资合同的相对方涉嫌刑事犯罪，投入的合同款项损失如何救济 / 138

普法提示 / 140

（一）对于投资者的提示 / 140

（二）对于投资机构的工作人员、从业人员的提示 / 140

第三章　涉金融机构类

案例一　卖方机构未尽适当性义务的责任承担——推荐投资者购买不适当的金融产品应承担赔偿责任 / 145

案情回顾 / 145

法理分析 / 148

 （一）适当性义务的定义及内涵 / 148

 （二）是否尽到适当性义务的举证责任在卖方机构 / 150

 （三）卖方机构未尽适当性义务的法律后果 / 150

知识拓展 / 151

 （一）卖方机构在发行、销售相关金融投资产品或提供服务时存在欺诈情形下的赔偿数额 / 151

 （二）卖方机构可免除责任的情形 / 152

普法提示 / 153

 （一）对于金融产品发行人、销售者以及金融服务提供者等卖方机构的提示 / 154

 （二）对于投资者的提示 / 154

案例二　银行工作人员私自代客理财纠纷中各方责任的划分——各自根据过错程度承担责任 / 156

案情回顾 / 156

法理分析 / 159

 （一）江北银行与王阿姨之间不构成委托理财合同关系 / 159

 （二）客户经理段宇网上操作王阿姨账户的行为不属于职务行为 / 160

知识拓展 / 161

 （一）客户经理段宇个人应当对投资者王阿姨承担责任 / 162

 （二）证券公司、期货公司的从业人员不能"代客理财" / 163

普法提示 / 164

 （一）对于投资者的提示 / 164

 （二）对于银行、证券公司、期货公司等专业机构的提示 / 165

 （三）对于上述专业机构的工作人员、从业人员的提示 / 165

案例三　证券营业部未按投资者指令进行交易，应承担违约责任——委托合同受托人应按委托人指示处理委托事务 / 166

案情回顾 / 166

法理分析 / 170

（一）申美丽与小街营业部之间的法律关系性质 / 170

（二）小街营业部的诉讼主体适格 / 171

（三）违约赔偿仅包括真实可发生、确实可预见的部分 / 172

知识拓展 / 175

（一）有偿委托合同和无偿委托合同的区别 / 175

（二）委托人、受托人均享有委托合同的任意解除权 / 176

（三）发生突发状况时，受托人的应急处理 / 177

普法提示 / 177

（一）证券公司销售证券、提供服务应尽适当性管理义务 / 177

（二）委托人知道受托人的代理行为违法要立即制止，否则要担责 / 178

（三）原告应依法合理提出诉讼请求，否则要担诉讼费 / 178

第四章　涉互联网金融类

案例一　P2P网贷平台的法律角色及投资风险——仅提供居间服务的平台对借款人违约不承担责任 / 183

案情回顾 / 183

法理分析 / 186

（一）"借贷宝"平台在借款交易过程中的法律地位 / 187

（二）P2P平台在提供居间服务过程中应当承担的义务 / 187

（三）P2P平台违反义务的法律责任 / 188

（四）P2P平台债务人的义务及责任 / 189

知识拓展 / 190

（一）P2P 平台的常见模式及其法律责任 / 190

（二）P2P 平台的"1+3"法律规制 / 191

（三）P2P 网络借贷投资的主要法律风险 / 193

普法提示 / 195

（一）谨慎选择投资渠道 / 195

（二）注意留存电子证据 / 195

（三）依法处理违约争议 / 196

（四）警惕平台"爆雷"预兆 / 196

（五）冷静应对"爆雷"事件 / 196

案例二　比特币持有者权益保护——比特币分叉所产生的民事利益应当归属于比特币持有者 / 198

案情回顾 / 198

法理分析 / 201

（一）马点点要求给付比特币现金具有法理基础 / 201

（二）马点点要求赔偿的比特币现金交易价差损失并非其可得利益 / 205

（三）案件审判结果 / 208

知识拓展 / 208

（一）什么是比特币和比特币分叉 / 208

（二）合同当事人没有约定合同义务的履行期限，则为经催告后的合理期限内履行 / 209

普法提示 / 210

（一）莫要从事比特币与人民币兑换行为 / 210

（二）注册网站用户时，注意留心服务条款 / 210

（三）当权益被侵害，注重通过公证保存证据 / 211

案例三　互联网众筹项目投资风险——投资获得合伙人或股东身份不能要求返还投资本金 / 212

案情回顾 / 212

法理分析 / 217

  （一）涉案众筹协议的法律效力 / 217

  （二）涉案合同主体间法律关系的性质对投资人利益的影响 / 218

知识拓展 / 219

  （一）互联网众筹的定义及分类 / 220

  （二）互联网众筹融资方信息披露不实的责任承担 / 221

普法提示 / 222

  （一）审慎考察融资方和投资平台 / 222

  （二）充分了解投资回报方式 / 222

第一章

民间理财类

案例一 | **委托理财合同的成立**
——未约定经营并管理资产的委托理账行为按委托合同处理

郭齐[1]

案情回顾

现阶段，民间委托理财蓬勃发展，你今天听说隔壁老王代人炒股赚了个盆满钵满，明天就看到社区的李大妈在和广场舞伴们讲述她儿媳同事的公司有收益高的理财产品。与金融机构提供的几十页看不懂的委托理财合同相比，很多人选择委托身边熟识的"理财专家"进行投资操作，"熟人"理财所导致的合同纠纷频频出现，相关的法律风险极高，以下这个案例正反映了这样的问题。

2015年2月，家住天通苑某小区的王忠（化名）[2]已年满60岁，刚办完退休手续。酷爱健身活动的他与住在同一小区的街坊、64岁的李进是"球友"，每天一起锻炼。李进在退休之前曾在警察局工作，王忠对这个"哥们"很是信任。两家人的感情也很好，经常串串门，聚聚餐。李进经常向王忠提起一个"苏黎世公司"海外投资理财项目，并称自己从2014年9月起就开始参与这个项目的理财活动，收益不菲，而且还成了这个公司的"理财师"，如果王忠有闲钱不用，可以投入这个项目中进行理财。王忠一开始听说是在境外投资，觉得风险很大，但是后来看到李进整天接别人电话做理财咨询，还屡屡晒出他投资"苏黎世公司"项目的理财业绩，王忠也动了心。王忠既想要投资这个海外理财项目，又担心自己不会操作承担风险。作为"好兄弟"，李进立即表示这个好办，他可以帮助王忠开立账户，帮助下载相关投资理财协议并转交给"苏黎世公司"，帮助把投资款转给"苏黎世公司"，并

---

[1] 北京市海淀区人民法院民事审判三庭（破产审判庭）审判员。
[2] 本书案例中所涉当事人均为化名。

向王忠及时反馈提现的信息，到时候王忠只要学着李进怎么操作，就能成功把本利取出来。

2015年2月16日，王忠带着19.5万元现金和自己的身份证、银行卡来到李进家中，二人推杯换盏、相谈甚欢。王忠向李进提供了身份证、银行卡号、开户行、家庭住址等信息，李进打开一个网页，用王忠的信息注册了一个账号为"BN562551"的账户，户名为"王忠"，并下载打印了一份《海外投资协议书》，这份协议书显示了中英文条款，显示有"王忠"的姓名及上述"BN562551"账号和密码，条款内容包括账户合并、企业账户、盈利计算和派发、个人责任、信息披露和其他法律条款。李进称王忠在该协议书上签字之后，他会帮忙把协议书交给海外的"苏黎世公司"，只要王忠的款项进入了这个账户，开户就完成了。出于对朋友的信任，王忠虽然没有看懂这份《海外投资协议书》，但仍然在协议书上签了字，并把19.5万元现金给了李进。过了一天后，王忠觉得不踏实，自己签的协议书内容没搞明白，也不懂得如何上网操作理财账户，这笔交易唯一能指望上的就是好哥们李进，但是李进怎么把钱给这个海外公司，这钱怎么回来，他心里可是一点儿底都没有。于是，王忠又一次登门找到李进，想让李进就理财的事情给他写个字据，但这字据究竟怎么写，王忠自己也没搞明白。李进见状，为了让王忠放心，就收到19.5万元的事情给王忠写了一个《证明》，内容是："我于2015年3月14日，帮王忠在农业银行向苏黎世投资集团打款19.5万元，打到王忠在苏黎世投资集团的外汇账户里。证明人：李进，2015年2月16日。"

王忠投资之后，便屡屡向李进询问该理财产品的收益情况，李进称收益一般是按特定期限返还，投资金额5万美元以下周利润为2.5%，但是如果投资金额超过5万美元，周利润就能达到3%，而且能定期返利定期提现。王忠听后一算，周利润3%，月利润就能达到12%，如此高的回报还按周返利，虽然风险比较大，但是期限短，可以赚几个月利润就提现本金。于是，在2015年4月3日和4月12日，王忠分别又通过转账向李进支付了人民币13万元和6.5万元，让李进为其转入"苏黎世公司"的理财账户。李进也称会将款项如数转入。

投资两个月之后，王忠仍然没有从李进处收到任何可以提现或者返利的信息。李进让他放心，并说自己也在该项目中投资了很多钱，他会向上一级代理商打听提现信息的。碍于朋友情谊，王忠也没有再多说什么。直到2016年4月，投资款已经投入了一年有余，却仍然没有任何提现或返利的消息，王忠这才着了急，天天去找李进，说投资款是借来的，现在家里急着用钱，让李进赶紧想办法把投资本金和收益取出来。李进答应他去找上级代理商想办法。2016年5月18日，李进通过自己的银行账户向王忠转账6万元，之后双方就再也没有发生任何款项交易。王忠多次向李进索要投资本金，李进便告知王忠，是海外投资公司的问题导致不能还本付利，而且他自己的投资也深陷其中，二人因此发生了很多次争吵。

2017年2月，王忠将李进诉至法庭，在最初的起诉状上，王忠的诉讼请求是要求李进返还投资款39万元并赔偿该款项自投资以来的资金占用利息损失。在庭审过程中，王忠认为其与李进形成了委托理财合同的法律关系，但是李进收到王忠支付的39万元投资款后，并未将款项用途的真实情况告知王忠，且李进宣称的"苏黎世公司"根本没有在中国大陆注册，李进也不能说明该海外投资公司的真实身份，这是一种欺骗行为。因王忠已经对李进失去信任，故在庭审当日增加了一项诉讼请求，要求解除其与李进之间的合同关系。

庭审过程中，王忠与李进关于双方法律关系的性质认定争议很大。李进认为其与王忠之间不存在委托理财的合同关系，原因在于：第一，其与王忠之间从未签有书面的委托理财合同，真正与王忠签订《海外投资协议书》的是"苏黎世公司"，该份协议书有王忠的签字，并签有王忠的护照号、银行卡号和开户BN账号，"苏黎世公司"通过银行账户向王忠分配盈利，该开户BN账号由王忠自己进行网上管理，追加资金投入也是王忠自己决定的，因此王忠参与"苏黎世公司"投资项目是其真实的意思表示，不存在被其诱导的问题；第二，其出于街坊邻居的情谊帮助王忠开立账户、按照"苏黎世公司"官网的投资通知，帮助王忠下载《海外投资协议书》，并向王忠提供一些提现的信息，这属于法律上的"好意施惠"行为，而王忠向其交付的39万元，其已经通过上级代理商转给了"苏黎世公司"，其只是帮助王忠将款项付给海外的投资公司，而不是帮助王忠理财。因此，现在投资本利未能返还，王忠应当起诉"苏黎世公司"，而不是起诉李进，李进也是受害者，而且投资数额比王忠还要多，如果这是一个骗局，那么双方应当一起到公安机关报案。

李进收到王忠的39万元款项后如何将款项交给"苏黎世公司"，是查明该案争议的关键事实。李进称其在2014年通过一次招商会认识了一个叫魏然的人，这个人把"苏黎世公司"海外投资项目带到了北京，魏然自称是"苏黎世公司"在北京的总代理商，负责帮忙打款开立账户，李进投资的款项都是转给魏然，再由魏然转给"苏黎世公司"的，但是李进没有看到过关于魏然与"苏黎世公司"关系的书面证明文件，也不清楚魏然是怎么将款项转给"苏黎世公司"的。李进提交了其名下银行账户的客户回单，其上显示2015年3月21日、4月5日和4月12日，李进向魏然分别转账付款60万元、26.4万元和40.56万元。李进称这三笔款项中包括了王忠向其支付的39万元，也包括了李进自己的投资款和代其他朋友转的投资款，都是通过魏然转给"苏黎世公司"的，转款到账后，在"苏黎世公司"的境外官网上投资者各自的账户中，就能看到相应的投资款有所增加。

关于所谓境外的"苏黎世公司"投资项目情况，李进称其原来注册账户的官网已经无法登录了，所以现在王忠账户的情况无法被查询，但李进称其通过另一代理商孙云取得若干网页截图和一张《特别声明》的复印件，这个孙云就是"苏黎世公司"后来的代理商，也是公司指定的地区负责人，李进前往香港特区和泰国参加代理商年会的时候，经常碰到孙云。当初李进把王忠签字后的《海外投资协议书》影印件交给了孙云，孙云说由他把协议转给"苏黎世公司"，但是孙云究竟在"苏黎世公司"担任何种职务不得而知。同时，李进宣称上述截图系"苏黎世公司"官网能够登录时截取，显示了王忠的客户账号、账户资料、提款信息、内部转账信息、银行户口信息，可以证明确实存在王忠入款开户的情况，说明李进已经把王忠交付的款项打入这个账户了。同时，《特别声明》复印件的内容显示为"尊敬的客户您好：苏黎世公司由于金融危机所导致 X 国政府于 2015 年 7 月 5 日进行严格的金融管制措施，造成公司客户无法进行正常的投资账户出入金业务。这属于公司不可预测以及不可抗力因素范围，不属于我公司责任。公司会密切关注政府的金融管制解除政策及具体时间，并及时给予客户答复。给您造成的不便，公司深表歉意！特此声明！声明人：Dr.M.Brown，CFO 日期：2017 年 4 月 12 日"。李进称其从其他代理商处得知"苏黎世公司"因所在国金融危机导致政府管制，已经两年没有分红。王忠对此持有很大异议，声称所谓的在国外网站开户都是李进帮忙操作的，王忠至今也没有登录过这个所谓的外国网站，至于是否有王忠的账户以及账户内是否存在虚拟货币交易，乃至这个"苏黎世公司"是否存在，是否与王忠的投资有关，李进是否是"苏黎世公司"的代理商，这些都不能仅凭网页截图或者复制件来证明。

对于 2016 年 5 月 18 日李进向王忠转账支付的 6 万元，双方当事人在庭审中更是有巨大争议。王忠主张当时李进称这笔钱是投资的分红款，分红款本来是 1 万美元，换算成人民币为 6.5 万元，但是李进从中扣除了 5000 元的手续费，只支付给王忠 6 万元。但据李进所称，这笔钱是王忠因为手头急需用钱而向李进所借的款项，与王忠的投资并无关系。当然，王忠和李进对他们各自所主张的事实，并没有拿出证据提交法庭。最后，王忠自行确认这 6 万元是李进向其返还的投资本金，可以从投资总数额 39 万元中扣除，并将诉讼请求中要求李进返还的投资本金数额减少至 33 万元。

法理分析

（一）好意施惠、委托还是委托理财，王忠与李进之间到底是什么法律关系

本案中，首先需要弄清楚的是王忠与李进之间关系的法律关系性质，王忠的诉讼请求和李进的答辩意见中就该法律关系的性质出现了三种意见，即好意施惠、委托合同、委托理财合同。

法律上的好意施惠行为，是当事人之间无意设定法律上的权利义务关系，而由当事人一方基于良好的道德风尚实施的使另一方受恩惠的行为，其目的仅仅是增进情谊。好意施惠行为与民事法律行为的本质区别在于，当事人虽然基于一定的意思表示做出外在行为，但相互之间并无受约定拘束之意，因此当事人的意思表示也就不产生私法上的效果，即不产生合同法律关系。但是本案中，从李进书写的《证明》来看，李进承诺将王忠向其支付的19.5万元现金"在农业银行向'苏黎世投资集团'打款"，且承诺"打到王忠在苏黎世投资集团的外汇账户里"；而根据双方当事人陈述可知，李进曾向王忠提及在"苏黎世公司"理财可赚取相关利益，王忠系为获取利益而向"苏黎世公司"投资，故法院认为王忠系为了实现一定的预期利益而让李进为其向"苏黎世公司"打款，并开立相关账户，而李进应当按照王忠的要求将款项打入王忠在"苏黎世公司"开立的账户中，双方均同意受到《证明》的约束，并非仅仅为了增进情谊。从双方当事人陈述来看，王忠向李进后续转款的13万元和6.5万元，李进也应当按照王忠的意思将款项转入王忠在"苏黎世公司"开立的理财账户之中。因此，王忠与李进之间应当成立委托合同关系，李进应当依照其与王忠的约定处理委托事务，李进的行为并非好意施惠行为。

根据我国《合同法》第三百九十六条的规定，委托合同是委托人和受托人约定，由受托人处理委托人事务的合同。[①] 委托合同可以通过书面方式或者口头方式达成，只要经双方协商意思表示一致即可成立。委托事务的范畴极为广泛，只要不是在事务性质上属于不能委托（如订立遗嘱、婚姻登记等），也不违反法律的强制性规定，且能够产生民事权利和民事义务法律关系的所有事务，包括程序性事务（如办理登记、代理诉讼等）和实体性事务（如转账、买卖、租赁等），都可以进行委托。同时，委托合同是一种基础合同关系，基于委托可以产生其他权利义务关系，如代理、行纪或者居间等。所谓委托理财合同关系，其基础仍然是委托合同法律关系，但具有自身的特

---

① 同《中华人民共和国民法典》第九百一十九条。

点，委托理财合同的委托事务是经营和管理资产，具体表现为将资产投资于证券、期货、贵金属以及金融衍生品市场等，其意图在于实现资产增值或其他特别的目标，因此从主体上，委托人一般为资产的所有人，而受托人一般为具备专业知识技能的资产管理人。因此，在本案法律关系是委托理财合同还是委托合同的认定过程中，对于双方当事人意思表示的认定是关键，如果能够确认王忠明确表示委托李进为其经营和管理相关投资，且李进亦明确表示或以具体行为表示同意代为经营和管理资产，则委托理财关系成立，反之，委托理财关系不成立。王忠和李进之间并无书面的委托理财合同，而李进出具的《证明》以及李进陈述中认可的接受王忠委托的事项为将王忠向其支付的款项转入王忠在"苏黎世公司"开立的理财账户之中，而并非代王忠经营并管理这个账户；而王忠提交的证据不能证明其曾明确向李进表示过委托李进对其投资款项进行经营和管理，亦不能证明李进曾做过为王忠经营和管理投资款的行为。因此，王忠与李进之间虽然构成了委托关系，但是现有证据显示委托事务并非"经营和管理资产"，因此双方并不能构成委托理财合同关系。

该案中，李进承诺接受王忠委托的事项系将王忠向其支付的款项转入王忠在"苏黎世公司"官网设立的理财账户中，双方因此成立委托合同法律关系。

（二）委托合同是否可以解除，怎样解除

根据《合同法》第九十四条第四项、第九十六条第一款和第三百九十九条的规定，受托人应当按照委托人的指示处理委托事务。[①] 当事人一方迟延履行债务或者有其他违约行为致使不能实现合同目的的，另一方当事人可以解除合同。[②] 当事人一方主张解除合同的，应当通知对方。合同自通知到达

[①] 同《中华人民共和国民法典》第九百二十二条。
[②] 同《中华人民共和国民法典》第五百六十三条第一款第四项。

对方时解除。①本案中，李进作为受托人，应当将委托人王忠的款项转入王忠在"苏黎世投资集团的外汇账户里"，现王忠不认可已经完成了上述委托事项，李进应当对委托事项的完成承担举证责任。现李进提交的证据仅能证明其将款项转给了案外人魏然，但不能证明魏然与"苏黎世投资集团"的关系，亦不能证明"苏黎世投资集团"网站上王忠注册账户、该账户内虚拟资金的真实性及王忠系自行操作上述注册账户，故李进提交的证据不能证明其已经将王忠向其支付的款项转入王忠在"苏黎世投资集团的外汇账户里"。因此法院认为李进未能完成委托事项。李进并未按照约定完成委托事项，而是将王忠的款项转给案外人魏然，该情况王忠事先并不知情，事后亦不予认可，并主张该情况与委托事项无关。因此，李进在处理委托事务方面存在违约行为，其违约行为致使委托合同的目的（将王忠向其支付的款项转入王忠在"苏黎世投资集团的外汇账户里"）已不能实现。因此，王忠可以依据法定解除权解除其与李进之间的委托合同关系。在庭审当日，王忠增加诉讼请求并提出解除双方委托合同关系，该诉求已经当庭送达李进，故法院确认王忠与李进之间关于委托李进将王忠的款项转入王忠在"苏黎世投资集团的外汇账户里"的委托合同关系，于庭审当日解除。

（三）委托合同法定解除后的法律后果是什么

依照《合同法》第九十七条、第一百零七条之规定，合同解除后，尚未履行的，终止履行；已经履行的，根据履行情况和合同性质，当事人可以要求恢复原状、采取其他补救措施，并有权要求赔偿损失。②当事人一方不履行合同义务或者履行合同义务不符合约定的，应当承担继续履行、采取补救

---

① 《中华人民共和国民法典》第五百六十五条第一款规定，当事人一方依法主张解除合同的，应当通知对方。合同自通知到达对方时解除。
② 《中华人民共和国民法典》第五百六十六条第一款规定，合同解除后，尚未履行的，终止履行；已经履行的，根据履行情况和合同性质，当事人可以请求恢复原状或者采取其他补救措施，并有权请求赔偿损失。

措施或者赔偿损失等违约责任。① 本案中，李进办理委托事务时未尽到谨慎的注意义务，未对魏然的身份以及其与委托事务之间的关系进行审查，虽然李进声称其已经将王忠向其支付的款项全部转给案外人魏然，但是该行为系违反其与王忠约定的违约行为，故其应当赔偿因此给王忠造成的损失。

王忠的损失包括两部分，一是投资本金的损失，二是投资本金没有法律依据被占用而产生的利息损失。关于第一部分的本金损失，王忠向李进共支付39万元。李进认为其在2016年5月18日向王忠支付的6万元系其出借给王忠的款项，王忠对此不予认可，且双方对此亦无借款合同、借据等书面凭证，因此，李进对该笔款项系借款负有举证责任，李进提交的证据仅有转账凭证，不能证明该笔款项系借款，故法院对此不予采信，认定该6万元系李进向王忠返还的投资本金。因此，李进还应当向王忠返还剩余投资本金33万元。关于第二部分的利息损失，需要说明的是，在王忠与李进委托合同关系存续期间，李进持有王忠的款项，系合同履行的需要，李进并无向王忠返还款项的义务，因此就不产生因资金被占用的利息损失问题；同时，王忠与李进并未约定委托合同关系解除后，在李进未完成委托事项时须向王忠返还款项的期限，依照《合同法》第六十二条第四项②、第一百一十三条第一款③之规定，王忠有权随时要求李进返还，但应当给对方合理的准备时间。王忠在庭审之日提出解除委托合同关系并要求李进返还33万元款项，视为王忠提出返还请求，李进当时亦收悉上述请求，该合理的准备时间以十日为宜，即李进应当在庭审之日后十日内向王忠返还33万元，故王忠的经济损失应当在上述十日之后开始计算，而不应从王忠主张款项支付之日开始计算。因此，对于王忠主张利息损失的诉讼请求，法院依法予以部分支持，超出部分予以驳回。

---

① 同《中华人民共和国民法典》第五百七十七条。
② 同《中华人民共和国民法典》第五百一十一条第四项。
③ 同《中华人民共和国民法典》第五百八十四条规定，当事人一方不履行合同义务或者履行合同义务不符合约定，造成对方损失的，损失赔偿额应当相当于因违约所造成的损失，包括合同履行后可以获得的利益；但是，不得超过违约一方订立合同时预见到或者应当预见到的因违约可能造成的损失。

该案一审判决作出并送达双方当事人后，双方均未提出上诉请求，一审判决已经发生法律效力。

知识拓展

通过该案件，我们对委托理财合同、委托合同以及好意施惠行为有了基本了解，并对合同解除的理论有了初步认识，此外，自然人在订立委托理财合同的过程中，还需要了解以下两个方面的知识：

（一）委托理财合同的成立及生效

委托理财合同的成立首先要符合合同成立的要件，即合同主体（委托人和受托人）、明确的权利义务（经营并管理委托资产）以及双方当事人对该权利义务形成一致的意思表示。按照受托人的主体不同，委托理财合同分为金融委托理财合同及民间委托理财合同，前者的受托人为证券公司、银行、基金公司、信托公司、保险公司等具有金融牌照的金融机构，后者的受托人则是未获得金融牌照批准的其他自然人或机构。经营和管理委托资产的行为包括委托人以自己名义开设资产账户委托受托人进行经营管理的行为，也包括委托人将资产交付受托人，由受托人以自己的名义或借用他人的名义进行经营管理的行为；这些行为在表现形式上多种多样，如代人炒股或炒期货、委托投资、资金合作以及资金代管等。当事人的意思表示有三种表现形式，即书面意思表示、口头意思表示和通过行为作出意思表示，即使没有书面或口头一致的意思表示，如果当事人均履行了主要合同义务，如委托人向受托人交付资产，受托人为委托人开立相关账户并操作交易等，而另一方对此予以接受的，委托理财合同亦成立。

需要注意的是，介绍投资项目、委托转账入资、帮助设立理财账户或者告知投资项目经营信息等一项或数项行为，并不一定构成经营和管理资产的行为。在双方当事人没有明确约定受托人接受委托经营和管理委托资产的情况下,仅凭上述行为不宜认定双方构成委托理财合同关系,而应当按照具体的约定或行为认定成立相应的委托合同。

(二)委托理财合同中风险承担和资金损失特别条款订立的注意事项

委托理财合同是当前最容易被司法认定为无效的合同之一,这多与该类合同中的特色条款即投资风险的承担和委托资产损失承担的条款相关。出于资产保值增值的合同动机,委托人一般会要求特别约定这两类条款。需要注意的是,虽然合同条款的约定属于当事人意思自治的范畴,但此类条款属于委托理财合同的目的条款和核心条款,在约定上应当遵守资本金融市场的运行规律以及公平原则,避免签订无效条款,导致整个合同被认定无效或合同性质发生改变。

委托理财合同的基础仍然是委托合同,通常也是以委托人与受托人双方的高度信任为基础的,合同法要求受托人必须尽到谨慎、勤勉的管理人义务,如果因为受托人的过错给委托人造成损失的,委托人可以要求赔偿损失。但是委托理财合同在委托事务上存在特殊性,这种特殊性使得合同双方的受托事项是基于对未来无法预期的投资风险而获取利润回报。如果投资的全部风险均由受托人承担,则违背资本市场中风险与利益共存的基本规律,亦有悖于公平原则,不利于金融市场的长期发展,因此,受托人只要尽到了谨慎、勤勉的管理人义务,基于自己的商业判断而做出正常的投资行为,即使存在投资判断失误,也应对相应的资本损失免责。因此,当委托理财合同终止时,若委托资产处于亏损状态,原则上受托人应当在扣除约定报酬之后,将剩余资产全部返还委托人,若受托人对损失存在过错,则应当适当减少其报酬,而对于委托资产的损失,应当依据双方是否有过错以及过错大小、过错与损失的因果关系等因素确定各自需要承担的责任,受托人有违约行为、侵权行为或者未尽谨慎的注意义务等过错行为的,应当对损失承担赔偿责任。因此,从投资风险共担的角度考虑,就不难理解一些所谓的"保本条款",包括保证本金不受损失、保证本金并保证固定收益、保证本金并保证最低收益三种形式，通常会导致委托理财合同整体无效。

普法提示

当前，委托理财是社会的热门话题，几乎每个人的闲置资金都用在了投资理财上，但是，因为熟人社会的随意性以及民众追逐高利的非理性选择，大多数没有书面合同的"熟人"之间的口头约定或者投资行为，在一定程度上难以被认定为委托理财合同关系。为了避免日后在诉讼维权过程中面对无法预知的司法裁决，自然人在订立委托理财合同时需要慎之又慎，可以从以下三个方面来考虑：

（一）提高自身判断能力，理智看清熟人介绍的理财产品

在投资理财过程中，公民应当提高自己的判断能力，不被表面含糊的口头承诺所蒙蔽，从法律上正确理解约定背后的权利义务内容。不轻易相信熟人的介绍，当自己无法理解相关条款的意思时，及时询问相关专业人士，与受托人多加沟通，不轻易签署合同等书面文件，碍于脸面的马虎行为或者不明就里的哥们义气只会损害自己和他人的合法权益，最后"赔了夫人又折兵"。

（二）警惕高利诱惑，明确认知理财风险

当今，很多人利用"境外理财""政策支持产业""新型金融产品"等概念，编造投资前景，以高利为诱饵，掩盖投资风险，甚至虚构投资项目，不仅让投资人的本金处于高风险无监管运行之中，而且部分涉及非法集资的刑事犯罪行为。社会公众对金融知识知之甚少，风险意识不够，又抵挡不住高利诱惑，屡屡中招。公民投资理财应当科学选择专业的资产管理人或者有资质的金融资产管理机构，正确认识资本金融市场的运行规律，按照自身的经济能力选择理财产品，盲目追求高收益必定承担高风险。

（三）协商及履行过程处处留痕，及时保全证据

在委托理财合同尤其是民间委托理财合同的订立和履行过程中，公民应当尽量签订书面的委托理财合同，并就双方的权利义务进行明确约定，双方关于投资理财的协商过程（如微信聊天记录、往来电子邮件等）也应留痕，在没有书面合同或者书面合同约定不明的情况下，其中内容对于认定双方法律关系性质往往有着至关重要的作用；同时，公民在向受托人交付款项时应当尽量通过银行转账方式，如果需要现金支付，应当妥善保管相关收款凭证，以免日后走上法庭时面临承担相应举证不能法律后果的窘境。

案例二 | **委托理财合同的投资风险负担**
——网络平台炒股，股市风险由操盘手自担

张江洲[1]

案情回顾

股市投资是风险较高的投资行为，因证券市场的不确定性，任何投资者都无法准确判断市场行情走向，加之近年股市行情低迷，投资者进行股市操作更应谨慎。在此情况下，部分提供炒股投资顾问、技术指导的专业公司应运而生，但专业指导也无法规避波谲云诡的市场风险。那么，在出现股市投资亏损时，如何进行责任分担呢？请看以下案例。

某企业老总刘山手上有部分闲置资金，一时也没有好的投资项目，听说股市赚钱快、收益高，遂想进入股市赌一把，但是因为自己经营企业工作繁忙，同时对股市操作也不在行，实在没有额外精力研究股市，于是经朋友推荐，下载了慧众公司的好投 APP 炒股软件。

安装好炒股软件后，刘山就迫不及待地进行了注册。在注册页面，软件提示注册者阅读并同意《用户注册协议》《交易协议》《实盘交易规则》等文件。毕竟是久经商场的老将，刘山虽然不想耽误时间，但还是认真阅读了文件的内容。

其中，《用户注册协议》约定：当用户按照注册页面提示填写信息、阅读并同意本协议且完成全部注册程序后，或用户按照激活页面提示填写信息、阅读并同意本协议且完成全部激活程序后，或用户以其他允许的方式实际使用软件服务时，即表示用户已充分阅读、理解并接受本协议的全部内容，并与软件运营方达成协议。用户接受并遵守本协议的约定，届时用户不应以未

---

[1] 北京市海淀区人民法院民事审判三庭（破产审判庭）审判员。

阅读本协议的内容或者未获得对用户问询的解答等理由，主张本协议无效，或要求撤销本协议。一、协议范围，1.本协议由用户与软件经营者惠众公司缔结，本协议具有合同效力……二、使用规则……3.用户注册成功后，好投软件将给予每个用户一个用户账号及相应密码，该用户账号和密码由用户负责保管；用户应当对用户账号进行的所有活动和事件负法律责任。用户不应将用户的账号、密码转让或出借予他人使用。如用户发现用户的账号遭他人非法使用，应立即通知好投。因黑客行为或用户的保管疏忽导致账号、密码遭他人非法使用，好投不承担任何责任。4.在好投平台交易需订立的合同采用电子合同方式。用户使用用户账户登录好投平台后，根据好投的相关规则，以用户账户ID在好投平台通过点击确认或类似方式签署的电子合同即视为用户本人真实意愿并以用户本人名义签署的合同，具有法律效力。用户应妥善保管自己的账户密码等账户信息，用户通过前述方式订立的电子合同对合同各方具有法律约束力，用户不得以其账户密码等账户信息被盗用或其他理由否认已订立的合同的效力或不按照该合同履行相关义务。

《交易协议》约定：乙方为好投平台的注册用户。甲方愿意根据本协议委托乙方为其合法拥有的进行证券投资的投资顾问（以下简称乙方操盘），各自承担应尽义务，获得相应收益……第2条约定，账户的开立和移交……第2.2条约定，乙方操盘前已经注册成为甲方运营的好投平台的用户，承诺遵守《用户注册协议》，乙方在好投平台拥有一个用户账号及相应的密码，该用户账号和密码由乙方负责保管。该用户账号及相应密码同时也是乙方操盘的账号及相应密码。乙方对该账号进行的所有活动和事件负法律责任，不应将其账号、密码转让或出借予他人使用。第3条约定，操盘合作方式。第3.1条约定，乙方根据自身需要将自有资金转账至甲方开立的专用银行账户，并根据在好投平台上选择的操盘类型，将相应资金分配至相应的操盘风险保证金账户，甲方相应匹配对应实盘资金由乙方进行操作。第3.2条约定，在规定的操盘期间内，乙方严格遵守甲方在好投平台上发布的《实盘交易规则》进行操盘交易。为确保操盘资金安全，乙方接受甲方关于投资风险控制的相应措施安排。第3.3条约定，乙方操盘结束后，甲方对乙方操盘账户进行结算，通过第三方支付平台支付给乙方。甲方基于对乙方提供的操盘账户，收取相应的账户管理费。如操盘账户实现盈利，操盘账户所有盈利归乙方所有；如操盘账户亏损且亏损额度小于风险保证金，则从保证金中扣除对应亏损额并返还剩余保证金；如操盘亏损且亏损额度大于风险保证金，则按照保证金额度计算，甲方保留追偿权利。第4条约定，乙方操盘应遵守甲方指定的相关交易规则，具体参见甲方在好投平台上发布的《实盘交易规则》。甲方有权根据业务需要、市场环境变化及相关政策法规要求，适时调整《实盘交易规则》，乙方同意接受甲方在好投平台上公布的相应《实盘交易规则》。甲乙双方确认《实盘交易规则》为本协议不可分割的一部分，具有同等的法律效力。第5条约定，特别申明……第5.4条约定，其他风险。由于用户密码失密、操作不当、投资决策失误等原因可能会导致的损失，将由乙方自行承担，甲方不承担任何责任。

阅读完软件提示的文件内容后，刘山点击同意一栏并进行个人信息提交。刘山对好投APP的预期很高，当其听说有人经过专业炒股指导在该平台上挣到大钱后，更是信心满满地准备大干一场，于是刘山在平台上充值保证金10万元。好投平台方按照协议对刘山资金进行了配资，刘山操作其注册账号按照平台提供的投资建议进行了股票买入。

天有不测风云，不久，因为监管机构发布禁止场外配资的政策，好投平台发布公告宣布平台不再开放配资功能业务，提现与充值均正常进行，不受影响。

经过前后4个月的股市涨跌，刘山发现自己确实不是炒股的料，经过核算，投资期间刘山共计亏损97591.57元。

刘山在大失所望的同时，觉得亏损不能只怪自己的一时脑热，惠众公司宣称有专业指导，风险低利润高，这种让人误以为稳赚不赔的夸大宣传也是导致自己盲从的原因。同时，刘山认为，在操作期间好投平台炒股软件只能买入，不能轻易卖出，卖出需通过惠众公司员工同意，最终导致亏损发生。

诉讼中，刘山仅提交了微信聊天记录，用于证明好投实盘交易平台只能买入无法轻易卖出，惠众公司对此不予认可。

法院经审查后，认为惠众公司与刘山采取电子合同方式订立合同。刘山在好投实盘交易平台注册时对《用户注册协议》《交易协议》表示同意。依据前述协议，刘山委托惠众公司为其进行证券投资的投资顾问，刘山在向其注册用户账户内交纳相应保证金后，由惠众公司进行配资，并由刘山实际操作该账户。据此，刘山与惠众公司之间形成了委托理财关系。庭审中，刘山主张惠众公司的经营活动超出了营业执照载明的经营范围，但刘山未对其诉讼主张充分举证，且即便惠众公司存在前述情形，也不能认定惠众公司与刘山之间的合同无效。综上，法院认为，二者之间的委托理财关系系双方当事人真实的意思表示，未违反法律、行政法规的强制性规定，应属有效。

庭审中，对于刘山就未能卖出账户内股票系惠众公司原因之主张内容进行的举证，法院不予采信。另外，结合《交易协议》相关约定内容，如果操盘账户盈利，则操盘账户实现的所有盈利归刘山本人所有；如果操盘账户亏损，当亏损额度小于风险保证金时，则从保证金中扣除对应亏损额并返还剩余保证金，当亏损额度大于风险保证金时，则根据保证金额度计算，惠众公司保留追偿权利。刘山对配资账户进行操作，亏损金额为97591.57元，则惠众公司在从刘山交纳的10万元保证金中扣除对应部分后，应向其返还剩余保证金。对于其他超出部分，法院不予支持。

原审法院判决后，刘山自觉理由不充足且缺乏有效证据，没有向上级法院提起上诉。

法理分析

关于本案，有两个问题需要进一步解释。

（一）为何惠众公司与刘山之间构成委托理财合同关系

1. 委托理财合同关系的特征

委托理财合同与一般的委托合同最大的差异在于委托事项的不同。委托理财合同，是指委托人和受托人约定，委托人将其资金、证券等金融性资产委托给受托人，由受托人在一定期限内管理、投资于证券、期货等金融市场并按期支付给委托人一定比例收益的资产管理活动。委托理财纠纷属于金融纠纷的一种，其主要的法律特征包括：其一，在投资领域方面，通常是投资于证券类、国债类、期货类资产等金融性资产，并因证券、国债、期货市场领域中的委托理财行为而引发纠纷。其二，在合同主体方面，通常是因以证券公司、期货公司、信托投资公司、投资咨询公司、投资管理公司、理财工作室、一般的有限公司以及自然人作为受托人的委托理财活动而引发的委托理财纠纷。储户与商业银行及其分支机构签订的具有委托理财性质的储蓄合同纠纷、投保人与保险公司及其分支机构签订的具有委托理财性质的保险合同纠纷等，不在此列。其三，在合同内容方面，委托理财合同或补充协议中通常订立有保底收益条款；但实践中也有不少未订立保底条款却因委托资产被挪用而与受托人、证券公司发生纠纷的委托理财案件。其四，在纠纷起因方面，通常因委托资金遭受损失或因盈余分配而引发委托理财纠纷。

2. 惠众公司与刘山之间的法律关系符合委托理财纠纷特征

案件中，惠众公司与刘山采取电子合同方式订立合同，刘山在好投实盘交易平台注册时对《用户注册协议》《交易协议》表示同意。依据《用户注册协议》《交易协议》的协议内容，刘山委托惠众公司为其进行证券投资的投资顾问，刘山在向其注册用户账户内交纳相应保证金后，由惠众公司进行配资，并由刘山实际操作该账户。据此，刘山与惠众公司之间形成了委托理财关系。

（二）刘山与惠众公司之间的委托理财关系合法性分析

1. 关于惠众公司作为委托理财合同受托人主体身份合规问题

审判实务中之所以认定委托理财协议无效，受托方缺乏主体资格，超越经营范围是重要的判断要件。

以受托方超越经营范围为由，认定受托方欠缺主体资格，是传统民商法经营范围观念的反映。依据传统民商法理论，企业的经营范围，相当于企业的权利能力范围，超越经营范围便是没有权利能力。没有权利能力，便没有主体资格，签订的合同自然因主体不合法而无效。企业的权利能力与自然人的权利能力一样，也是平等的。但是，权利能力平等只意味着民商事主体的法律地位平等；企业的权利能力平等，也只意味着在民商事交往中，各企业的法律地位平等。至于经营范围的差异，与自然人的活动范围各不相同一样（如自然人要从事特定的职业，做律师、医生、公务员等都需要特定资质，要经过有关部门的审核批准，但并不能以职业的不同而认为自然人权利能力不平等），有些企业不能从事特定的经营，并不是因其缺少权利能力，而是其没有相应资质，不符合秩序要求。这种秩序的形成，是行政规划的结果，违反了这种秩序，承担的责任主要是行政责任，严重的要承担刑事责任，但其民商事行为是否有效，要综合其他标准来判断，不能全然以经营范围为准。

关于合同效力的判断应当以《民法典》合同编的规定为准，委托理财合同毕竟仍是合同的一种。《民法典》第五百零二条是专门规范合同在何种条件下无效的条款。根据该条规定，合同违反法律、行政法规的强制性规定的无效。对于委托理财业务的受托主体资格，《证券法》并未做任何规定，只有中国证监会颁发的《关于规范证券公司受托投资管理业务的通知》等文件规定综合类证券公司可以从事受托投资管理。如果经纪类证券公司从事委托理财业务，就超越了经营范围。然而，根据《民法典》第一百五十三条的规定，只有违反法律、行政法规的强制性规定才能构成合同无效的理由，上述监管机构文件显然不能作为判定委托理财合同无效的当然依据。

从法理上讲，强制性规定可分为两类，一是效力性规定，二是管理性规定。法律行为违反效力性规定的，行为无效，如我国抵押权的设定必须办理抵押登记，若未登记，则抵押权未成立；法律行为违反管理性规定的，法律行为本身并不一定无效，但当事人要承担相应的责任。如按照我国证券法律法规的规定，国有企业不得炒作上市公司的股票，但如果国有企业真的买卖股票，买卖股票的行为本身很难认定无效。对这种违规行为，只能以行政或者刑事处罚予以惩戒，如对该企业罚款，对企业相关人员追究行政及刑事责任。同样，对超越经营范围签订的委托理财合同，该合同本身仍是有效的。案件中，刘山主张惠众公司的经营活动超出了营业执照载明的经营范围，刘山未对其诉讼主张充分举证，应承担举证不能的法律后果。综上所述，即便惠众公司存在前述情形,也不能当然认定惠众公司与刘山之间的合同无效。

2. 案涉委托理财合同条款不牵涉保底条款争议

保底条款显失公平是实务中认定委托理财合同无效的另一主要原因。从法律层面而言,"保底条款"可以划分为三种类型:第一类是保证本息固定回报条款;第二类是保证本息最低回报条款;第三类是保证本金不受损失条款。保证本息固定回报条款,名为委托理财,实为民间借贷关系。所谓保证本息最低回报条款,是指委托人与受托人约定,无论盈亏,受托人除保证委托资产的本金不受损失外,还保证委托人一定比例的固定收益率;对超出部分的收益,双方按约定比例分成的条款。所谓保证本金不受损失条款,是指委托人与受托人约定,无论盈亏,受托人均保证委托资产的本金不受损失;对收益部分,双方按约定比例分成的条款。在此基础上,对实践中受托人作出的填补损失承诺,即当事人双方在委托理财合同中没有约定亏损分担,但在委托资产发生损失后受托人向委托人承诺补足部分或者全部本金损失,或者受托人在承诺补足委托资产的本金损失之外,对委托资产的收益损失作出赔偿承诺。这种填补损失承诺的本质,可以分别归入保证本金不受损失条款和保证本息最低回报条款。对委托理财合同中约定的保证本金不受损失条款和保证本息最低回报条款的效力应当如何认定,是目前处理委托理财合同纠纷案件争议最大的地方。

根据民法基本原理,"显失公平"是指一方当事人利用优势或者利用对方没有经验,致使合同订立时双方的权利义务明显违反公平、等价有偿原则时,法律赋予处于劣势地位或没有经验的一方当事人的救济权。而在委托理财合同中,缔约时受托人并非处于劣势或没有经验,相反,与受托人相比,将自己的资产拱手交给理财人的委托人在资源与信息占有两个方面才真正处于弱势地位,因此,对受托人因显失公平而赋予其撤销权进行救济的前提条件不存在。而且,不能忽视此前投资股市确实曾有高额利润收益,故仅根据近几年股市低迷导致亏损来推断保底条款显失公平。将因股市周期性的涨跌导致合同当事人权利义务失衡,解释为正常的商业风险更能令人信服。此外,在委托理财关系中,由于委托人专业知识的匮乏和合同约定由受托人全权负责等原因，受托人的独立意志和受托权限都得到了极大扩张，其在享有较大权利的同时，根据权责相一致的原则，当然应当负有较大的责任。保底条款为解决一直存在的委托成本问题提供了一种刚性的约束，有利于督促受托人勤勉敬业，防止道德风险。

案件中，双方约定，刘山作为乙方根据自身需要将自有资金转账至甲方惠众公司开立的专用银行账户，并根据在好投平台上选择的操盘类型，将相应资金分配至相应的操盘风险保证金账户，甲方相应匹配对应实盘资金由乙方进行操作。乙方操盘结束后，甲方对乙方操盘账户进行结算，通过第三方支付平台支付给乙方。甲方基于乙方提供的操盘账户，收取相应的账户管理费；如操盘账户实现盈利，操盘账户所有盈利归乙方所有；如操盘账户亏损且亏损额度小于风险保证金，则从保证金中扣除对应亏损额并返还剩余保证金；如操盘亏损且亏损额度大于风险保证金，则按照保证金额度计算，甲方保留追偿权利。从上述约定内容来看，操盘主体为刘山，惠众公司作为平台方，提供平台服务，收取账户管理费用，同时对操盘账户的盈利亏损负担问题进行了明确，并未有如大部分认定无效的委托理财合同中约定的"保底条款"，因此合同内容并无瑕疵，合法有效。

知识拓展

通过前文分析，我们对委托理财合同被认定无效的两方面主要原因进行了分析，而对于实务中较多出现的风险条款性质如何认定，下文予以进一步展开分析。

（一）关于损失由委托人自负条款对刘山是否有约束力

实践中，对于订有损失由委托人自负条款的委托理财合同纠纷，应针对不同情况，按以下原则处理。一是对于委托人与受托人在合同中约定经营亏损由委托人自行承担，而受托人按照约定从事证券、期货经营后，实际发生亏损的，在委托人主张返还全部投资资产时，对其就亏损部分资产的返还请求不予支持。但尚未亏损的部分资产，受托人应予退还。二是委托人与受托人在合同中没有约定经营亏损的责任分担，而委托人交付的投资资产，因受托人正常经营而实际发生亏损。诉讼中委托人主张受托人返还或赔偿该部分亏损资产的，不予支持。但未予亏损部分资产，受托人应予返还。

案件中，刘山作为乙方，是账户的实际操盘手，因协议中明确约定如操盘账户实现盈利，操盘账户所有盈利归乙方所有；如操盘账户亏损且亏损额度小于风险保证金，则从保证金中扣除对应亏损额并返还剩余保证金；如操盘亏损且亏损额度大于风险保证金，则按照保证金额度计算，甲方保留追偿权利。因此，刘山对配资账户进行操作，亏损金额为97591.57元，则惠众公司从刘山交纳的10万元保证金中扣除对应部分后，应向其返还剩余保证金。

（二）若双方约定由平台填补损失是否有效

虽然本案中并未涉及，但实践中较多出现填补损失承诺条款。该条款包含两种约定内容：一种是当事人在合同中没有约定亏损分担，仅约定委托投资资产在经营过程中发生损失后，由受托人向委托人补足部分或全部本金损失；另一种是约定当委托投资资产在经营中发生损失后，受托人不仅向委托人补足全部本金损失，还对委托投资资产的收益损失作出一定的赔偿。对该条款，有观点认为该约定无效，不予保护；也有观点认为该约定有效。理由是，从签订合同的目的来看，当事人签订委托理财合同是为实现一定的经济目的。为此需要确保投资经营的账户中持续保有一定的资金或相同市值的证券或期货，以进行正常的投资运作活动。而在委托理财合同履行过程中，一旦委托的投资资金因受托人的不当经营行为发生严重亏损或因受托人挪作他用而减少，势必影响委托理财合同的正常运行规模，从而难以实现订立合同的目的；从合同履行过程来看，没有合同确定的资金规模，受托人也不能实施委托理财合同约定的相应经营行为；从合同履行期限届满后的后果来看，填补损失承诺条款的约定，也是保证委托人所投资资金能够及时收回，以减少投资损失的一项合同保证条款，是以受托人自身信誉作为签订、履行委托理财合同的信用保证。因而约定填补损失承诺条款的目的和作用，是确保委托理财会同在合同期限内的正常履行、实现合同目的的条款。同时，该条款还可以防止或减少不法分子假借受托人名义与委托人签订合同，骗取委托人资金的诈骗犯罪行为出现。所以，填补损失承诺条款在不违反法律规定，亦不违反公平原则的情况下，应认定为有效并受法律保护。受托人在合同履行期间未予填补损失的，应视为违约行为而承担相应的违约责任，且委托人有权解除合同。当然，对该条款中约定的对委托投资资产的预期收益损失的赔偿，应视约定赔偿额的高低作具体分析，实践中应以委托投资资产的直接损失额来确定受托人应当赔偿的损失数额。

普法提示

关于委托理财的诉讼风险，本文提出如下两点提示。

（一）对于投资者的提示

1. 委托理财合同务必留存书面资料并固定交易数据

投资者在委托理财过程中，务必要有证据留存意识，首先，一定要签订书面合同。诉讼活动在很大程度上是当事人取证举证能力的比拼，缺乏证据支持的诉讼主张很难被法院采信。因此投资者一定要重视书面合同对双方权利义务内容的固定意义，这样在发生争议后方有"说理"的基础。其次，要对委托理财活动中形成的交易数据进行留存，如案件涉及股票交易活动，要对股票交易数据进行必要的记录或数据导出。这样，发生纠纷时，有利于还原客观事实，并为维护己方利益进行论证。

2. 选择有资质的优质委托理财受托主体

目前法院受理的各种委托理财类合同纠纷案件，从所属的经济领域看，既有实体经济领域的委托理财，也有虚拟经济领域的委托理财；从合同是否有偿的角度看，既有有偿的委托理财，也有无偿的委托理财；从受托的主体看，既有民间的委托理财，如自然人、一般的有限责任公司、各类投资管理公司、投资咨询公司私募基金等，也有金融机构的受托理财，如证券公司、信托投资公司、期货公司、商业银行、保险公司、公募基金的基金管理公司等。由于委托理财类合同纠纷案件涉及的法律关系及法律适用问题比较复杂，涉案金额巨大，社会影响面很广，处理不慎极有可能对本不成熟的资本市场产生极大的负面影响，同时也可能会伤害其中一方合同当事人的利益。

（二）对于证券公司、期货公司等专业机构的提示

1. 委托理财合同中约定"保底条款"存在合同无效风险

在委托理财合同中，委托人通常会要求受托人承诺本金的安全；除此之外，也会对理财收益的分配进行约定。实践中常见的有三种情形：其一，委托理财合同中约定，无论实际投资收益如何，受托人给予委托人固定比例的投资收益；其二，约定保本，对于收益部分，双方约定比例进行分配；其三，受托人承诺最低收益，超出这一收益的，根据实际收益情况，按照一定比例在双方之间进行分配。因此，除了法律关系性质的界定，更重要的争议在于双方约定保底条款的效力界定。最高院案例中认为"券商不得以任何方式对客户证券买卖收益或者赔偿证券买卖的损失作出承诺。本案保底条款的内容显然违反了上述法律的禁止性规定，应属无效条款。保底条款应属委托理财合同之目的条款或核心条款，保底条款无效应导致委托理财合同整体无效"。但从各地实践的具体情形来看，问题并非如此简单。委托理财合同效力的判断，不仅与保底条款的效力相关，还涉及主体资质的界定。实务中，保底条款的效力可因显失公平原因而无效、可撤销或加以限缩。因此，对于证券公司、期货公司等专业机构，在与投资者签署收益保障条款时，务必注意上述条款可能存在的效力问题。

2. 关于按比例分享利润、分担责任条款的效力问题

该条款有两种方式：一是在受托人部分出资的情况下，委托人和受托人按双方的出资比例分享证券、期货经营活动的利润，分担经营活动的亏损。该种委托理财合同是我国民法规定的隐名合伙的一种形式，双方成立的是以委托理财为表现形式的隐名合伙关系。一旦发生争议，应按有关合伙问题的法律规定，调整当事人之间的权利义务关系。二是在受托人不出资的情况下，

由委托人将自有或筹集的资金或证券等资产交给受托人，由受托人以委托人的名义从事证券、期货经营活动，并约定受托人的报酬仅从证券、期货经营活动所获得的利润中按约定比例分成。约定该种条款的委托理财合同，在委托人与受托人之间形成的是附有一定条件的、有偿的委托合同关系。受托人获得报酬的条件是以委托人名义实施证券、期货经营活动必须盈利。对于订有该种约定条款的委托理财合同，应依照我国委托代理的有关法律规定，处理相关争议。

案例三 | **委托理财合同中保底条款的效力认定及损失负担**
——合同认定无效时，各自按过错程度承担相应责任

金子文[①]

案情回顾

投资理财一般对专业知识有较高的要求，普通公众很难有充足的时间和精力去学习和掌握，所以很多人通常会选择委托一些信任的个人或公司代为投资理财，而这些受托人为了尽最大可能吸引投资者，往往会作出一些承诺，以显得非常"安全"和"可信"，设置保底条款便是常见的一种。受托人会口头或书面承诺"保本""保证收益率不低于15%"等，并承诺达不到预期由其补足，那么这些承诺真的靠谱吗？在法律上的效力如何？一旦法院认定其无效会怎么处理呢？且看下面这个案例的判决。

2015年12月9日，孙先生与睿智投资公司签订了《市值委托管理协议》，约定睿智投资公司代为管理孙先生在国际文化金融交易所平台及文化产权交易所开设的账户资产与资金。睿智投资公司在受委托期间实现不低于账户总资金15%的盈利目标，如未能实现预期盈利目标，睿智投资公司负责补齐未达到盈利的差额部分。超出约定的盈利部分，双方按照50%进行盈利分成。账户委托期间，由睿智投资公司的专业人员进行账户的封闭管理和操作，孙先生不得登录委托账户自行操作，不得自行更改账户的各种信息及密码，如自行更改或操作交易，由此带来的一切损失由孙先生全部负责，与睿智投资公司无关。睿智投资公司有义务每15日配合孙先生了解账户资产盈亏情况。孙先生在合同签订当日向开设账户汇入了30万元。

托管期限到期后，双方又签订《补充协议》，约定委托期限延长1个月，

[①] 北京市海淀区人民法院民事审判三庭（破产审判庭）法官助理。

延长期间内，睿智投资公司为孙先生实现每月3%的盈利目标。到期若未实现盈利目标，不足部分由睿智投资公司补齐。

半年后，睿智投资公司出具了一份《协议》，称与孙先生签订的合同已严重逾期未卖出兑现，睿智投资公司承诺将孙先生的持仓商品按照原市值委托管理的承诺买回，并承诺分期付款，同时兑付全部市值托管合同所约定的收益。如果没有按约定时间将资金汇入账户，逾期每日按0.1%的比例支付违约金。不久后，交易平台网站发布了交易系统停盘公告，停盘期间各项业务暂停操作，投资会员可以进行账户查询。经睿智投资公司查询，孙先生的系统账户资金为876.85元，持仓商品及持仓数为："吴作人任重道远"持仓数50，"叶浅予延边长鼓舞"持仓数44。

因睿智投资公司并未按照承诺的时间分期付款，所以孙先生向法院起诉要求睿智投资公司返还本金30万元并支付该款自合同签订日至实际付款日的利息。

睿智投资公司不同意孙先生的诉讼请求，认为双方签订的《市值委托管理协议》《补充协议》《协议》均应认定为无效。因为《市值委托管理协议》约定了保底条款，违背了民法的公平原则以及委托合同中的责任承担原则，属于无效条款。收益和责任应当都由委托人孙先生自行承担，不能通过协议转嫁到受托人身上。保底条款是委托协议的核心条款和目的条款，保底条款无效导致合同全部无效。而后续的《补充协议》《协议》均是依据《市值委托管理协议》签订的，不能独立存在，且也都约定了保底条款，同样也是无效的。即便合同有效，孙先生也无权要求睿智投资公司返还理财的本金和利息，在平台上的账户是孙先生自己设立的，资金也是孙先生自己汇入的，然后交给睿智投资公司管理。孙先生随时可以登录账户查看相应的委托事项。有偿的委托，因受托人的过错才可以要求其承担责任。并且，委托人可以随时解除合同，但是本案的孙先生一直没有解除合同，而是追求保底收益不断地签署《补充协议》和后续的《协议》。在委托关系还存在的情况下，孙先生要求睿智投资公司返还本金和利息是没有事实和法律依据的，睿智投资公司无法返还是因为账户里的款物还都是孙先生的。

一审法院经审查后认为孙先生与睿智投资公司签订《市值委托管理协议》《补充协议》，约定孙先生将存入资金的平台交易账户交给睿智投资公司，由睿智投资公司在一定期限内管理和操作，孙先生获得一定比例收益，双方关系属于委托理财合同关系。双方在前述合同中约定，委托期限内睿智投资公司保证受托账户资金15%的收益，超出部分收益双方五五分成，该条款属于保底条款。保底条款违背民法的公平原则以及委托关系中责任承担的规则，亦违背了基本的经济规律和资本市场规则，应属无效约定。因保底条款系该委托理财合同的目的性条款和核心条款，故保底条款无效导致本案委托理财合同整体无效。《合同法》第五十八条规定，合同无效或者被撤销后，因该合同取得的财产，应当予以返还；不能返还或者没有必要返还的，应当折价补偿。有过错的一方应当赔偿对方因此所受到的损失，双方都有过错的，应当各自承担相应的责任。①《市值委托管理协议》《补充协议》无效，睿智投资公司应当将孙先生投入的本金30万元返还给孙先生。双方对合同无效均有过错，孙先生要求睿智投资公司自2015年12月9日起按照中国人民银行同期存款利率赔偿损失，不违反法律规定，法院予以支持。

一审判决后，睿智投资公司不服提起上诉，称：1.一审关于睿智投资公司是否应当承担责任的认定错误，投资款应由案涉交易平台向孙先生进行返还；案涉交易平台虽无法交易，但孙先生账户内存有大量货物和资金，上述款物属于孙先生所有，睿智投资公司无法获取；因为案涉平台暂停交易，所以账户内资金、货物无法支出，对此睿智投资公司并无过错。2.一审法院判决睿智投资公司偿付利息损失，既无合同依据也无法律依据。因此请求二审法院撤销一审判决，改判驳回孙先生的全部诉讼请求。

二审中，睿智投资公司申请法院调取孙先生在交易平台内账户持有商品情况，经审查，二审法院认为睿智投资公司未提供具体的被调取方的明确联系方

---

① 《中华人民共和国民法典》第一百五十七条规定，民事法律行为无效、被撤销或者确定不发生效力后，行为人因该行为取得的财产，应当予以返还；不能返还或者没有必要返还的，应当折价补偿。有过错的一方应当赔偿对方由此所受到的损失；各方都有过错的，应当各自承担相应的责任。法律另有规定的，依照其规定。

式,且调查取证内容亦不影响本案的处理结果,故依法对睿智投资公司的调查取证申请不予准许。二审法院经审理后认为,本案争议焦点系睿智投资公司是否应当承担相应的返款义务并支付利息。孙先生与睿智投资公司签订《市值委托管理协议》《补充协议》,约定孙先生将存入资金的平台交易账户交给睿智投资公司,由睿智投资公司在一定期限内管理和操作,孙先生获得一定比例收益,由此,一审法院认定双方关系属于委托理财合同关系无误。鉴于睿智投资公司在案涉合同中作出了保本付息的承诺,该保底条款违背市场基本规律和资本市场规则,应属无效。核心条款无效,主合同无效。由此,睿智投资公司应当将30万元返还给孙先生。综合相关理财经过、逾期事实等要素,在判定睿智投资公司存在过错及其过错程度的情况下,一审法院支持孙先生主张的自2015年12月9日起的中国人民银行同期存款利率的利息损失,并无不当。故对睿智投资公司的上诉请求不予支持,维持原判。

法理分析

(一)孙先生与睿智投资公司签订的委托理财合同中存在保底条款

孙先生与睿智投资公司签订的《市值委托管理协议》中约定:睿智投资公司在受委托期间实现不低于账户总资金15%的盈利目标,如未能实现预期盈利目标,睿智投资公司负责补齐未达到盈利的差额部分。超出约定的盈利部分,乙方按照50%进行盈利分成。在该委托理财合同关系中,睿智投资公司作为受托人,向委托人保证盈利率,同时隐含着本金不受损的保证,属于较典型的一种保底条款——保证本息最低回报条款。保证本息最低回报条款,是指委托人与受托人约定,无论盈亏,受托人除保证委托资产的本金不受损失外,还保证支付委托人一定比例的固定收益率;对超出部分的收益,双方按约定比例分成。[①]另外,睿智投资公司承诺对收益未达目标的"损失"

---

① 高民尚:《审理证券、期货、国债市场中委托理财案件的若干法律问题》,载《人民司法》2006年第6期。

作出赔偿也是保证本息最低回报的手段。因此，法院认定孙先生与睿智投资公司签订的委托理财合同中存在保底条款。

（二）孙先生与睿智投资公司签订的保底条款无效

关于本案双方签署的委托理财合同中保底条款无效的原因，进一步解释如下：

第一，保底条款违背委托代理关系中责任承担的基本规则。根据法律规定，代理人在代理权限内，以被代理人名义实施的民事法律行为，对被代理人发生效力。孙先生委托睿智投资公司全权操作投资账户，账户的投资所得收益及风险仍应由孙先生自行承担，除非睿智投资公司因自己的过错造成了孙先生的损失而应承担赔偿责任。但本案中孙先生与睿智投资公司却约定了收益目标，如达不到，由睿智投资公司补齐，即由睿智投资公司作为受托人承担损失的风险，有悖民商法基本原理。

第二，保底条款违背基本市场规律。虽然保底条款系当事人自行约定，属于当事人意思自治范畴，但自由是有边界的。根据基本市场规律，投资有风险，风险与收益是并存的，一般来说，能获得的收益越高，面临的风险越大。但本案中睿智投资公司以保底条款承诺保底的收益率吸引孙先生等不特定投资者，助长了市场中非理性投资的行为，应受到法律的负面评价，以遏制此类投机行为。

第三，保底条款违背公平原则。本案中约定睿智投资公司向孙先生承诺保证15%的收益，超过15%的收益五五分成，从双方权利义务来看，由孙先生出资并享受保底收益，睿智投资公司代为投资并获报酬。但是收益是不确定的，如果收益没超过15%，那么睿智投资公司非但不能获得报酬，还要向孙先生补齐未达目标部分；如果收益远远超过15%，其报酬就会偏高，双方权利义务配置不对等。从本案后续发展来看确实印证了第一种可能性，账户并没有达到约定的保底收益率，反而严重亏损，而睿智投资公司难以兑现承诺，导致纠纷。

综合以上几点原因，法院认定本案孙先生与睿智投资公司签订合同中的保底条款无效。

（三）保底条款无效导致整个委托理财合同无效

根据法律规定，合同中部分条款无效，合同其他部分可能仍然有效，也可能导致合同整体无效。如果仅是保底条款无效，其他合同部分还有效，那么孙先生与睿智投资公司之间尚存在委托理财关系，只是保底条款的约定没有法律约束力。本案中，法院判定保底条款无效导致委托理财合同整体无效，原因在于保底条款是该委托理财合同的目的性条款和核心条款，进一步来说，委托他人代为理财，最关心的是资金安全和收益率，孙先生签订委托理财合同的目的是期待本金安全的同时获得较高额、有保障的收益。保底条款是吸引孙先生签订委托理财合同的主要条款，如果没有保底条款，孙先生很可能并不会签订这份合同。所以一旦保底条款被判定为无效，即便其他条款有效，孙先生也很可能不再愿意继续履行这份合同了。所以，法院认定保底条款无效导致整个委托理财合同无效。

（四）委托理财合同无效后的本金返还与利息支付

回看案情，我们注意到，被告睿智投资公司主张涉案合同因保底条款而无效，但收益和责任应当都由委托人孙先生自行承担，只有在睿智投资公司存在过错时才可以要求其承担责任，孙先生无权要求返还本金并支付利息。那么被告的说法为什么没有得到法院的认可呢？

第一，关于本金返还。委托理财的风险的确应由委托人孙先生自行承担，但这建立在委托理财关系合法有效的基础上，是在合同履行期间的风险负担问题。而本案中双方签订的委托理财合同已被法院认定为无效，睿智投资公司在答辩中也认为该合同无效，那么就不应再在合同有效的基础上适用委托人风险自负的规则了。根据法律规定，无效的合同自始没有法律约束力，因该合同取得的财产，应当予以返还。

第二，关于利息支付。睿智投资公司在上诉理由中认为一审法院判决其支付孙先生利息损失无依据，二审法院在判决中明确写明：综合相关理财经过、逾期事实等要素，在判定睿智投资公司存在过错及其过错程度的情况下，一审法院判决支持孙先生的利息赔偿请求并无不当。睿智投资公司作为具备专业投资管理知识的机构,向孙先生提供含有保底条款的委托理财合同,应认定具有较大的过错,因此法院判决其向孙先生按照中国人民银行同期存款利率支付利息。

知识拓展

(一)准确识别委托理财合同中的保底条款

1. 常见保底条款的种类

除了本案中的保证本息最低回报条款,常见的保底条款还有保证本息固定回报条款和保证本金不受损失条款等。保证本息固定回报条款指的是保本、保固定收益,常见表述为:"受托人保证委托人账户内总资产不低于初始资金,且无论账户盈亏如何,受托人须按约定向委托人支付×%的资金利息"等。保证本金不受损失条款指的是保本,常见表述为:"受托人保证委托人的委托资金账户金额不少于委托投资的本金"等。同时,通常还会有受托人承诺填补损失的表述,以使上述条款显得更具保障性。当然,有的表述并非这么明确和书面,一些熟人理财没有签订书面合同,很多是通过微信聊天、电子邮件等表达类似意思的,应注意提炼关键信息有效识别。

2. 注意"名为委托理财、实为借贷关系"的情形

在区分不同法律关系时,要探寻双方真实的意思表示和设立目的。民间借贷关系与委托理财关系的合同目的不同,具体要看拿出资金的一方是想出借资金赚取固定利息还是通过约定的投资方式获得资产增值收益。在有些情形中,合同双方虽然从表面看约定的是委托理财的形式,但内容中约定了受托人向委托人支付固定利息,到期还本付息,交易账户由受托人管理,盈利和亏损都由受托人承担,如前所述的保证本息固定回报条款。该保底条款中的保本付息内容表明委托人的合同目的和合同预期是追求资产的固定本息回报,对受托人管理资产行为及收益后的分成并无预期。此种协议属于"名为委托理财、实为借贷关系"之情形,法院一般认定双方成立借款合同关系,按照借款合同的法律规定进行处理。

3. 仅约定共享收益、共担风险不构成保底条款

有的委托理财合同中会约定委托人与受托人利益共享、风险共担，对收益和损失按照约定比例分配，这种约定看似也是吸引投资的一种手段，使委托人更安心一些。根据法院已判决的案例，协议中约定有利益共享、风险共担原则的，委托人并未将投资的风险完全转嫁，没有违背基本的经济规律和责任承担的基本规则，因此不属于保底条款。在此情况下，法院尊重当事人的意思自治，在不存在其他无效事由的情况下，该委托理财合同应认定为有效。

（二）委托理财合同中保底条款的效力认定

1. 受托人为金融机构，保底条款应认定为无效

2019年新修订的《证券法》第一百三十五条规定："证券公司不得对客户证券买卖的收益或者赔偿证券买卖的损失作出承诺。"原《证券法》亦有此类规定。2019年《全国法院民商事审判工作会议纪要》第九十二条规定："信托公司、商业银行等金融机构作为资产管理产品的受托人与受益人订立的含有保证本息固定回报、保证本金不受损失等保底或者刚兑条款的合同，人民法院应当认定该条款无效。"由此，基于对金融市场秩序的保护，金融机构作为受托人订立的保底条款应认定为无效。

2. 受托人为非金融机构或个人，保底条款存在被认定无效的风险

目前，对于受托人为非金融机构或个人订立的保底条款的效力尚未有明确的法律规定。2006年，最高人民法院民二庭以"高民尚"署名发文表达倾向性观点："保底条款是当事人双方以意思自治的合法形式对受托行为所设定的一种激励和制约机制；尽管现行民商法律体系中尚无明确否定该保底条款效力之规定，但笔者依然倾向于认定保底条款无效，人民法院对委托人在诉讼中要求受托人依约履行保底条款的内容的请求，不应予以支持。"[①] 多数

[①] 高民尚：《审理证券、期货、国债市场中委托理财案件的若干法律问题》，载《人民司法》2006年第6期。

法院在判决中认定委托理财合同中的保底条款违背了我国民法的公平原则以及委托关系中的责任承担规则，亦有悖于经济基本规律以及资本市场规则，应属无效。

当然，从现有司法实践来看，由于没有明确的法律规定，法院在认定保底条款效力时存在一定的差异。有部分判决中认为案件中约定的保底条款系当事人的真实意思表示，未违反法律及行政法规效力性强制性规定，应尊重当事人意思自治，认定为有效。如江苏省高级人民法院在 2004 年发布的《关于审理委托理财合同纠纷案件若干问题的通知》中认为："对于被认定为有保底条款的委托合同的效力，除受托方为证券公司外，一般应认定为有效。"最高人民法院也曾在（2018）最高法民申 4114 号民事裁定书中认定该案中自然人作为受托人虽对证券买卖的收益作出承诺，但未违反法律规定和公平原则，委托理财合同合法有效。

个人作为受托人，很多时候是基于信任产生的委托关系，属于"一对一"的委托理财方式，在保底条款没有对社会公共利益造成损害的情况下，法院尊重当事人的意思自治，可将委托理财合同认定为有效。但投资公司等专业理财机构作为受托人的情况下，它们面向不特定人群吸收资金，尽管在主体方面，它们不适用上述针对金融机构的禁止性规定，但根据法律解释之"举重明轻"原则，法律对特殊主体的特别规定对于一般主体亦应具有借鉴和引导作用[①]，因此法院可基于保护社会公共利益、金融市场秩序等考虑认定保底条款无效。

裁判结果差异的产生是案件中不同价值衡量的结果。对于当事人签订保底条款自由的限制，主要目的在于遏制非理性投资趋势，保护社会公共利益，维护金融市场秩序，防止有主体规避法律法规，绕开金融许可制度，开展变相的集资。资金的无序、无监管聚集将会扰乱金融市场秩序，导致金融监管的漏洞，最终危及整个金融体系的安全。承诺给付最后无法兑现的高收益率

---

① 高民尚：《审理证券、期货、国债市场中委托理财案件的若干法律问题》，载《人民司法》2006 年第 6 期。

之保底条款,通常成为受托人获取资金和交易报酬的一种非法手段,并染上非法集资色彩。[①]在无法律明确规定的情况下,法院依法审慎认定合同效力。在判断每个案件中保底条款的效力时,是否违背公平原则、扰乱金融秩序、损害社会公共利益等是裁量的重要因素,在契约自由的价值与公平正义、公序良俗价值之间进行衡量。因此,受托人为非金融机构或个人的,保底条款存在被认定无效的可能。

(三)因保底条款认定委托理财合同无效后的损失负担

在法院认定委托理财合同整体无效的情况下,《民法典》第一百五十七条规定:"民事法律行为无效、被撤销或者确定不发生效力后,行为人因该行为取得的财产,应当予以返还;不能返还或者没有必要返还的,应当折价补偿。有过错的一方应当赔偿对方由此所受到的损失;各方都有过错的,应当各自承担相应的责任。法律另有规定的,依照其规定。"因此,委托人与受托人应各自按过错程度承担相应责任。

1. 委托人与受托人的过错认定

就过错认定方面,法院需根据合同签订过程、当事人专业知识程度等因素判断。目前一般认为,委托人具有完全民事行为能力,应当知悉投资行为的盈亏具有不确定性,其为了牟取高额收益而与受托人签订包含保底条款的委托理财合同,自身存在一定的过错;但受托人具备专业理财知识,在资源与信息方面存在优势地位,且导致委托人订立合同的主要诱因,是受托人承诺委托人可以获得高额收益,且不需要承担亏损风险,受托人应当承担主要过错责任。

2. 根据过错程度划分损失负担

在责任的具体承担方面,法院根据不同案件中委托人与受托人的过错程度确定各自承担相应的责任。已经分配的理财收益可以在返还的数额基础上

---

① 高民尚:《审理证券、期货、国债市场中委托理财案件的若干法律问题》,载《人民司法》2006年第6期。

冲抵，再扣除受托人从事理财业务所需支付的必要管理费等费用。有的判决受托人将本金返还给委托人并赔偿资金占用损失；也有的判决委托人与受托人按照三七、二八等比例承担委托理财的损失。

普法提示

委托理财合同中的保底条款看似让委托人的资金安全有保障，但很大程度上却存在被认定为无效的风险，在订立时需要慎之又慎，尤其是对于广大投资者而言，有可能不仅高额收益得不到，本金也会有亏损。本文基于上述分析提出如下提示：

（一）委托理财合同设置保底条款存在被认定无效风险，订立需谨慎

即便目前司法实践中尚有部分差异，但委托理财合同中设定保底条款的确很大程度上存在被认定为无效的风险，投资者在签订合同时需慎之又慎。尤其是投资公司等非金融机构，往往以此吸引不特定的投资者与其签订委托理财合同，形成变相的集资。在发生纠纷诉至法院后，即使法院认定委托理财合同无效，由受托人向委托人返还本金、支付利息，但实践中很多受托人早已经携款下落不明或者根本无偿付能力，委托理财实则成了其吸收资金的骗局，委托人可能要钱无望。而法院还可能在查明签订合同过程后判定委托人自身亦存在一定比例的过错，应自行承担该部分损失。因此，在订立委托理财合同时应该保持谨慎和理智，切莫被保底条款这份虚妄的"安全感"冲昏头脑。

（二）投资者应当提高风险意识

投资者之所以签订委托理财合同，很大程度上是受了保底条款的吸引，保底条款使投资理财看似非常安全，保证本金不亏损的基础上还可以有较高的收益，但是从市场基本规律来说，投资带来收益的同时必然伴随着风险，

收益越高往往风险越大。而保底条款这种风险小、收益高的约定明显与我们的基本认知相违背,即便不知道前文所述的法律知识,也应基于此提高警惕。在委托他人或机构理财时,应明确合同约定内容,准确识别保底条款的表述,不要因一时贪小便宜,导致吃大亏。

(三)受托人开展委托理财业务应当规范化

作为受托人,大多是具备专业理财知识的公司或个人,为了保证业务的有序开展,应该时刻牢记委托理财应当规范化,切莫违规理财,甚至是利用委托理财从事非法活动。一旦法院认定设置保底条款的委托理财合同无效,受托人扣除其从事理财业务所需支付的必要管理费等费用后,不仅要返还本金,还要对投资人的损失作出相应赔偿,得不偿失。为了使委托理财业务长期、良性开展,受托人应加强自律,提高法律意识和规则意识,遵循资本市场一般规律和法律法规的规范要求,合法合规从事委托理财活动,以自身专业的理财知识与高超的理财技能吸引投资者才能走得更远,做得更好。

案例四　**外汇委托理财合同的效力**
　　　　——民间委托外汇理财的合同无效

郭齐[①]

案情回顾

2013年10月，程华经朋友介绍认识了一名神秘的理财师王雷，王雷自称是一家境外知名理财公司的业务人员，曾在境外投资平台进行黄金外汇理财，通过外汇炒黄金，收益不菲。王雷多次表示，如果程华有资金，可以在该国外平台上开户，由其进行下单操作，就能稳赚高额收益，如果赚不到收益就不收取佣金。在王雷的频频推荐下，程华动心了。双方签订了一份《黄金外汇交易委托理财协议书》（以下简称《协议书》），约定程华委托王雷在2013年10月24日至2014年10月23日为其进行黄金外汇账户有偿委托理财，起始资金为5万美元，开户账号位于国外A平台，程华在该平台网站上开通网上交易服务后，把交易账号和交易密码告知王雷，由王雷进行交易；王雷可以独立下单操作，程华不能下单操作，否则造成的亏损自负，但程华可以决定取出资金；根据资金运作时间的长短，按6个月结算的方式由程华向王雷支付理财佣金，协议终止时，预期收益在8%（含8%）以上按总收益的40%收取佣金，未达到预期不收取任何费用，在结算预期收益后，程华须在3日内将理财佣金以现金方式支付给王雷，否则王雷有权终止该协议。在该协议履行期内，即使出现亏损，程华亦不能取出本金，否则出现亏损王雷不承担责任，但是在结算日时，王雷应保证该交易账户不出现亏损，如若此时出现亏损应由王雷赔偿损失的本金。

《协议书》签订后，王雷帮助程华在国外A平台网站上注册了相关账户

---

① 北京市海淀区人民法院民事审判三庭（破产审判庭）审判员。

名称以及开户账号，程华成为该平台网站的注册用户。王雷告知程华，该平台由注册在境外的 M 公司运营，程华需要向境外 B 国的一个账户打款 5 万美元，作为理财的本金。程华到银行购入外汇准备转账，这时麻烦来了，向境外 B 国账户进行转账，需要说明资金用途，程华知道我国《外汇管理条例》规定个人不得直接向境外投资，为了资金顺利汇出，就在汇款时将资金用途写为"学费"，并在汇款附言中填写了其账户名称和开户账号，从而完成了汇款。

2013 年 11 月 28 日，程华的一个银行账户被存入了 25000 美元。此后直至协议到期之日（2014 年 10 月 23 日），程华没有再收到与这笔投资相关的任何款项，投资本金也没有获得返还。于是程华找到王雷，认为王雷为他理财不但没有盈利，反而使本金亏损，要求王雷返还本金。王雷却告诉他，不是理财出现了亏损，相反还有盈利，但由于国外 A 平台在 2015 年 1 月 16 日就进入了破产程序，所有客户的资金在该平台继续存管，无法取出，不过破产程序结束之后会返还本金和收益，并让程华继续等待，王雷会定期催促资金托管机构。这一等，一年过去了，不仅投资本金仍然是音信全无，王雷也没有定期向程华报告该境外投资平台的消息。程华再次找到王雷，让王雷督促该境外投资平台还款，否则从现在这个情况看，本金十有八九是亏损了，那王雷就应该赔偿程华的本金。2016 年 1 月 28 日，双方再次见面，这次程华起草了一份《解除协议》，内容是双方约定解除之前签订的《协议书》，且因程华投资的本金已经全部亏损，王雷承诺按照《协议书》的约定向程华返还投资本金 5 万美元。《解除协议》的落款处虽有王雷签字确认，但王雷又手写了一行字"补充：平台 A 破产后所有资金归 PG 托管，王雷将督促 PG 将程华的资金退还到程华的账户中。"

2017 年 2 月，程华将王雷起诉至法院，要求王雷按照《协议书》和《解除协议》赔偿投资本金 5 万美元（按起诉之日汇率折合人民币）。王雷却不同意程华的诉讼请求，并称程华账户内的资金没有亏损，反而是盈利的，但由于 B 国金融政策的变化，A 平台进入破产程序，根据所在国金融市场监管部门的规定，部分客户的资金被相关机构分离存管，所以只有在破产程序结束后才能向程华返还。

关于2013年11月28日程华收入的美元，双方当事人的争议也非常大。程华称其收到的这笔钱应该是25000美元，是理财所得的收益；但王雷却说当时并未到达《协议书》约定的结算日，因为程华对投资账户和密码都知晓，这笔钱是程华自己取出来的投资本金。

为了证明在境外平台操作理财账户的事实，王雷向法庭提交了经过公证处公证的程华电子邮箱的邮件和百度检索的国外A平台破产的新闻网页截图。程华电子邮箱的邮件中显示的内容包括：国外A平台的开户申请已经提交、程华在该平台的账户已经开设，下载相关交易平台的链接，以及程华在该账户的账户号码，该账户已经完成入金等信息。新闻网页截图有国外A平台破产等信息。但程华表示该理财账户均由王雷实际操作，程华的邮箱也由王雷实际控制，所以他无法核实相关开户和入金或者现在平台破产等情况。

法理分析

本案中，虽然王雷和程华对《协议书》的生效均不持异议，但审判过程中法院首先需要依法审查合同效力问题，再以合同效力为基础对双方权利义务进行判定。

（一）投资者是否可以委托自然人直接进行外汇投资

根据《外汇管理条例》第十七条的规定，境内机构、境内个人向境外直接投资或者从事境外有价证券、衍生产品发行、交易，应当按照国务院外汇管理部门的规定办理登记。国家规定需要事先经有关主管部门批准或者备案的，应当在外汇登记前办理批准或者备案手续。就该项规定的实施，我国《个人外汇管理办法》第十六条、第十七条和第二十一条规定，境内个人对外直接投资符合有关规定的，经外汇局核准可以购汇或以自有外汇汇出，并应当办理境外投资外汇登记。境内个人购买B股，进行境外权益类、固定收益类以及国家批准的其他金融投资，应当按相关规定通过具有相应业务资格的境内金融机构办理。境内个人向境外提供贷款、借用外债、提供对外担保和直接参与境外商品期货和金融衍生产品交易，应当符合有关规定并到外汇局办理相应登记手续。未依法取得行业监管部门的批准或备案同意，任何单位和个人不得擅自经营外汇投资交易，否则属于非法经营外汇业务或私自买卖外汇行为。应当予以明确的是，外汇是国家国际储备的重要组成部分，是清偿国际债务的主要支付手段。《外汇管理条例》关于法律责任的一章规定，有违反该条例将境内外汇转移至境外等逃汇行为的，依法进行行政处罚，构成犯罪的，依法追究刑事责任。由此可见，我国外汇管理制度关系到国家的国际收支平衡以及金融市场秩序的稳定，涉及社会公共利益，违反上述外汇管理规定的行为可能构成损害社会利益和国家利益的犯罪行为。

依照《合同法》第五十二条第四项、第五项之规定，合同损害社会公共利益的或者违反法律、行政法规强制性规定的，该合同无效。[①] 本案中，双方当事人签订《协议书》约定程华以美元入金境外的一个外汇账户，委托王雷下单操作该账户进行获利，由王雷为程华提供有偿的投资管理服务，合同实际履行中实质上系程华用人民币购入外汇汇入境外，其投资行为未通过具有相应业务资格的境内金融机构办理，相关交易行为也未办理批准或备案手续，违反了我国外汇管理的行政法规，此类行为亦损害我国金融市场管理秩序和社会公共利益。因此，双方当事人所签《协议书》应属无效。

《协议书》无效，系自始无效，即从《协议书》成立之初便不具有法律约束力。虽然程华与王雷另行签订了《解除协议》，但《解除协议》中约定王雷承诺尽快按照《协议书》第七条的约定向程华支付5万美元，因《协议书》无效，故《解除协议》中该项约定亦无效。

依照原《最高人民法院关于民事诉讼证据的若干规定》第三十五条第一款的规定，诉讼过程中，当事人主张的民事行为的效力与人民法院根据案件事实作出的认定不一致的，人民法院应当告知当事人可以变更诉讼请求。本

[①]《中华人民共和国民法典》第一百五十三条规定，违反法律、行政法规的强制性规定的民事法律行为无效……违背公序良俗的民事法律行为无效。

案审理过程中，合议庭向双方当事人说明了《协议书》可能会被认定无效的问题，后程华对法院关于效力的认定没有异议，但认为虽然《协议书》无效，但其自身有损失，故仍然要求王雷赔偿损失5万美元。

（二）合同无效后的损失认定以及责任承担

依照《合同法》第五十八条的规定，合同无效后，因该合同取得的财产，应当予以返还；不能返还或者没有必要返还的，应当折价补偿。有过错的一方应当赔偿对方因此所受到的损失，双方都有过错的，应当各自承担相应的责任。[①] 这种赔偿责任是基于缔约过失责任发生的，赔偿损失的范围以实际发生的损失为限。本案中，《协议书》无效之后，程华与王雷之间的权利义务应当恢复到当初未签订《协议书》的状态，即双方当事人的损失系为准备履行合同或履行合同过程中发生的直接损失，而不包括因《协议书》产生的可得利益损失。对于程华而言，损失包括两部分，第一是因为其不能依据《协议书》的约定获得理财收益，在《协议书》无效后其只能取回投资本金，因此，程华收到的25000美元应当先冲抵其应当被返还的投资本金数额，之后的差额才是投资本金的实际损失，这部分损失金额为25000美元；第二是程华投资本金被占用期间的利息损失。对于王雷而言，其不能依据《协议书》的约定获得理财佣金，如果其从程华处获得了佣金，应当返还程华，返还金额亦应当先冲抵程华应当被返还的投资本金数额；但是，如果受托人在经营管理委托资产的过程中实际发生了相关费用，该部分费用亦构成受托人的损失，该部分损失需要受托人举证予以证明，就本案而言，王雷并未举证证明其有实际损失。

《协议书》无效后，双方按照过错程度以及过错与损害结果的因果关系对损失承担责任。具体到本案中，境内个人通过外汇向境外直接投资的，应

---

① 《中华人民共和国民法典》第一百五十七条规定，民事法律行为无效、被撤销或者确定不发生效力后，行为人因该行为取得的财产，应当予以返还；不能返还或者没有必要返还的，应当折价补偿。有过错的一方应当赔偿对方由此所受到的损失；各方都有过错的，应当各自承担相应的责任。法律另有规定的，依照其规定。

当按照国务院外汇管理部门的规定办理登记,且委托有业务资格的金融机构进行,而不能直接委托自然人在境外平台进行交易,对此,程华与王雷明知或者应当明知我国上述行政法规,故双方当事人对《协议书》无效均有过错。但不可否认的是,此类纠纷案件乃是因为规避监管的境外理财行为可能带来高额利润所诱发。王雷为获得高额佣金,规避相关外汇监管规定,为获得高额利润,将程华的投资本金置于高风险之下,从根本上极大地影响程华的经济利益,并且违反了我国的外汇管理制度,应予以否定。因此,在合同无效的过错认定方面,应当认定王雷的过错较大,应对《协议书》无效产生的损失承担主要赔偿责任。同时,对于投资者而言,投资须合法谨慎,程华委托王雷进行境外平台外汇交易行为,又在购汇向境外汇款时,在《境外汇款申请书》上写明交易附言为"学费",故意隐瞒了购汇用于境外投资的情况,因此,程华亦有明显过错,应当对《协议书》无效产生的损失承担次要赔偿责任。这种过错程度认定的合理性在于,在合同被认定无效的情况下,受托人是首先要被惩罚的,因为他直接挑战了国家的金融市场秩序。国家金融秩序的维护首要是通过各个金融机构运行的,尽量减少非法的个人集资行为是金融市场监管的目标。相对个人而言,金融机构人员具有丰富的理财操作经验,他们实际掌握了社会公众的财富,因此这部分人员应当受到法律法规严格的管控并承担相应的风险责任。

  通常而言,委托理财合同被确认无效后,主要的利益损失在于委托人。本案中,即使将程华获得的25000美元冲抵投资本金之后,程华的投资本金仍然损失了一半,而且自投资本金汇出至资金全部收回之日的资金占用利息损失也极为巨大;对于受托人而言,则没有多大的损失。受托人违反我国外汇管理法规利用委托人的资金在极不安全的境外投资平台中频繁交易,为自己赚取高额佣金,本身就违反了诚实信用的民法基本原则。因此,王雷应当赔偿程华的本金损失,程华应当自行承担资金占用的利息损失。虽然王雷声称程华的投资本金没有损失,但其未提供真实有效的境外投资账户信息以及相关金额,也没有有效证据证明境外平台返还本金和收益的事宜,因此王雷应当赔偿程华的实际损失25000美元,以其投资当日在境外汇款申请书上记载的购汇汇率计算为人民币 152367.5 元。

该案一审判决后，王雷不服一审判决向上一级法院提出上诉，上诉理由为：程华损失的投资本金可以通过境外平台支付赔偿金或补偿金的方式予以填补，不应由王雷承担赔偿责任。二审审理中，程华表示，如果出现境外投资平台向自己支付赔偿金或补偿金的情况，其不再就该笔款项进行主张，该笔款项可付给王雷。该案二审判决认为，程华与王雷之间的《协议书》及相关交易行为违反了我国外汇管理的行政法规，应属无效；鉴于王雷现无证据证明境外平台已经向程华相关账户支付赔偿金或补偿金，故王雷应赔偿程华损失，二审法院对于一审法院认定双方存在的过错，并根据过错程度确定的赔偿数额不持异议；因程华表示其不再主张境外平台向其支付的赔偿金或补偿金，因此，即使王雷所言为真，境外交易平台对程华账户进行了相关赔偿，王雷也可对此另行主张。故二审判决驳回上诉、维持原判。

知识拓展

通过上述案例，我们认识到公民委托自然人直接进行外汇投资理财是违反我国外汇管理制度的，法律风险非常大。就该案例中涉及的知识点，我们进行以下拓展：

（一）代客境外理财的相关管理规定

早在 1980 年我国就制定了《外汇管理暂行条例》（现已废止）对外汇进行管理。现行《外汇管理条例》系 1996 年 1 月 29 日发布实施，并于 1997 年和 2008 年经过两次修订，在性质上属于行政法规。该条例第三条规定，外汇包括外币现钞、外币支付凭证或者支付工具、外币有价证券、特别提款权和其他外汇资产。根据该条例第十七条和《个人外汇管理办法》的相关规定，境内个人用外汇在境外进行股权、期权或其他金融投资的，应当通过具有相应业务资格的境内金融机构办理。2006 年 4 月 17 日中国人民银行、中国银行业监督管理委员会、国家外汇管理局联合发布《商业银行开办代客境外理财业务管理暂行办法》，规定就开办代客境外理财业务的商业银行实行市场准入制度，即须经中国银监会批准，且对准入门槛进行了规定。工商银行、建设银行、交通银行、中国银行、招商银行等若干商业银行已经经过审批可以从事此项业务。2018年2月，中国银行保险监督管理委员会修改了《外资银行行政许可事项实施办法》，取消了外资银行开办代客境外理财业务的审批，改为实行报告制，故而我国境内的外资银行也可实施此业务。

因此，境内公民委托他人进行外汇理财的，受托人应当是具有合格的境内机构投资者资质的金融机构，个人从事代客境外理财活动的系违法行为。根据我国《外汇管理条例》和《刑法》的相关规定，上述行为应当受到行政处罚，构成犯罪的，还应当承担刑事责任。

（二）缔约过失责任

合同无效后的赔偿责任属于缔约过失责任，这是当事人在订立合同过程中，因违背诚实信用原则而给对方造成损失的赔偿责任。意思自治是民法的基本原则，当事人可以自由决定是否订立合同、与谁订立合同以及订立何种合同。当事人在缔约过程中，应当遵循诚实信用原则。按照《合同法》第四十二条的规定，当事人在订立合同过程中有其他违背诚实信用原则的行为，给对方造成损失的，应当承担损害赔偿责任。[1] 合同若因违反法律法规强制性规定或损害社会公共利益而被宣告无效，双方当事人对此的过错本身就意味着其行为有悖于诚实信用原则，如本案中王雷在明知我国外汇管理行政法规不允许自然人代客境外理财的情况下，仍然接受程华的委托进行理财；而程华为了隐瞒其境外投资理财的真相，在购汇转账时将外汇用途列为"学费"，双方均有故意隐瞒与订立合同有关重要事实或者提供虚假情况的违背诚实信用原则的行为，最终导致合同无效，并且造成了对方当事人的损失，则该方当事人就应当承担合同无效之后的缔约过失责任。

---

[1] 《中华人民共和国民法典》第五百条规定，当事人在订立合同过程中有其他违背诚信原则的行为，造成对方损失的，应当承担赔偿责任。

普法提示

外汇理财是一种合法的理财形式，但必须依法循规，谨慎投资。为了使自己的资产能够得到更好的保障，投资者需要注意以下两点：

（一）选择有代客境外理财资质的代理商，抵制个人代理行为

虽然我国对于外汇投资理财进行较为严格的监管，但是随着互联网技术的发展，现在外汇理财的渠道非常便利，可以通过线上交易的方式直接实现。一部分人利用线上交易这种较为隐蔽的手段铤而走险，在一些未经国内监管部门审批的境外理财平台上直接进行外汇交易，并向国内投资者介绍所谓的理财产品，企图逃避金融监管措施。这些境外理财平台所谓的"代理人"违反行政法规规定接受国内投资者的委托理财，获取高额佣金，用投资者的本金从事高杠杆、高风险的交易，并不考虑投资的安全性，最终必将如本案一般损害投资者的利益，并扰乱金融监管秩序和金融安全。不仅如此，此类"代客理财"往往是骗局，旨在骗取投资者本金。因此，外汇委托理财一定要委托有相关资质的金融机构进行，委托人在投资前要通过工商部门等渠道了解受托人的经营资质等情况，否则贸然将投资本金或理财账户交由其打理，无异于羊入虎口。

投资者签约时以及入金时要明确交易对象，警惕"飞单"现象，个别金融机构销售人员可能会利用投资者的信任，以代客境外理财为名，将委托资金投入职业放贷人或者小额贷款公司处，此类投资风险极大，投资者误以为与金融机构建立委托理财关系，直到出现损失后才查明真相，但为时已晚。

（二）准确理解外汇理财产品的内容及内在风险

外汇理财产品高收益的背后隐藏着高风险，投资者要认真阅读并准确理解合同条款，注意合同中的风险提示条款和特别条款，时刻关注理财账户情况，要求受托人及时提供资产变动的相关账单，以随时掌握资产情况便于及时止损。

案例五 | 委托理财合同终结后，双方就结算所达成的协议效力认定
——合法且体现双方真实意愿的结算协议依法有效

张江洲[①]

案情回顾

近年来委托理财合同纠纷案件数量居高不下，大部分委托理财合同纠纷主要涉及委托理财合同本身约定条款的效力及履行争议。同时，也有一部分委托理财合同终结后，双方达成结算协议，后期因结算协议的效力发生争议诉至法院。那么，委托理财合同终结后，双方就结算达成的协议效力如何？请看以下案例：

2013年8月23日，谢大角与徐小强、案外人深圳恒增公司签订《合作证券投资合同》，约定：谢大角出资1亿元并提供投资证券账户；深圳恒增公司出资2000万元，作为风险保证金和账户的止损限度，在投资过程中，当账户资产亏损至1亿元时，全部清仓退出，全力保障谢大角本金安全；徐小强自愿为合同约定的谢大角收益承担连带保证责任；双方合作期限为120天；合同还就投资风险、收益分配等内容作了明确约定。

2014年3月13日，谢大角与徐小强签订了《清算协议书》，约定：双方于2013年8月合作投资证券业务，合作期满后，经双方共同对账，对照合作协议，达成本清算协议；双方确认截至2014年3月13日，徐小强（深圳恒增公司）应归还谢大角投资款2875.4954万元和投资回报19.17万元；徐小强承诺在2014年3月30日前向谢大角支付1750万元，徐小强如果按本条约定准时足额付款，则谢大角免除其剩余应付款，如不能按本条约定准时足

[①] 北京市海淀区人民法院民事审判三庭（破产审判庭）审判员。

额付款，则其应按本清算协议确认的金额全额归还谢大角投资本金并按合作协议约定支付投资回报，并自2014年3月30日起按日按欠付金额千分之一承担违约金；为保证协议的履行，徐小强自愿提供天津在建碧水庄园项目和深圳福田房屋一套作为债务的抵押担保。

后徐小强未按上述《清算协议书》的约定期限向谢大角付款，2014年4月13日，谢大角与徐小强、天津恒增公司再次签订《清算协议书》，约定：徐小强于2013年8月期间向谢大角融资1亿元用于房地产开发等投资业务，现双方共同对账，友好协商按月息每元1分计息，达成本清算协议；谢大角与徐小强双方确认，经双方于2014年3月13日和2014年4月8日就双方借款和经济往来的对账清算，截至2014年4月10日，徐小强应偿还谢大角2957.4928万元，谢大角同意徐小强减为按2353.7464万元，即利息部分减半按月息1分计息偿还谢大角；徐小强和担保人天津恒增公司共同向谢大角承诺上述欠款本息于2014年12月10日前付清，自2014年4月11日起继续按月息每元1分计息，按照先还息后还本计算支付；徐小强逾期清偿则自2014年4月11日起按月息2分计算向谢大角清偿；天津恒增公司为履行本协议的保证人，自愿为徐小强履行本协议承担无限连带担保责任，并自愿提供价值3000万元房屋产权作为抵押担保。同日，谢大角与徐小强、天津恒增公司签订《房产抵押合同》，约定天津恒增公司以其拥有所有权的房屋为主合同2200万元的债务担保。但天津恒增公司未在合同约定期限内办理抵押物的登记手续。2014年4月18日，谢大角与徐小强、天津恒增公司签订《协议书》，约定：天津恒增公司以其开发的天津滨海新区碧水庄园安阳道等房产作价2553.7464万元抵卖给谢大角；天津恒增公司根据谢大角要求与谢大角或谢大角指定的户名签订正式商品房买卖合同并办好商品房买卖合同备案手续。但天津恒增公司仍未履行办理房屋买卖合同的手续。

徐小强、天津恒增公司多次违约，谢大角故诉至原审法院，请求：1.徐小强、天津恒增公司立即按《清算协议书》清偿谢大角2353.7464万元，并自2014年4月11日起按月息2分计息；2.诉讼费由徐小强、天津恒增公司承担。

一审法院认为,根据谢大角与徐小强签订的《合作证券投资合同》约定,谢大角将其资金委托给徐小强在一定期限内投资于证券市场,并由徐小强支付给谢大角一定比例的投资收益,上述内容符合委托理财的特点,故谢大角与徐小强之间的法律关系应为委托理财关系。2014年3月13日和2014年4月13日的两份《清算协议书》系当事人真实意思表示,内容未违反法律、法规的强制性规定,应认定为合法有效。该两份协议书是双方对合作投资证券及房地产等项目进行清算的书面依据,约定了徐小强应向谢大角归还投资款的数额、返还期限及违约责任,谢大角与徐小强之间因合作项目清算产生的债权债务关系明确,故对谢大角要求徐小强按照2014年4月13日《清算协议书》的约定支付2353.7464万元并按月利率2%支付逾期利息的诉讼请求予以支持。徐小强经本院合法传唤,无正当理由拒不到庭参加诉讼,是对自身诉讼权利的放弃。天津恒增公司提供抵押担保的房屋因未办理抵押登记,抵押权未依法设立。但天津恒增公司自愿为徐小强履行《清算协议书》提供无限连带担保责任,其依法应对徐小强结欠谢大角的投资款承担连带清偿责任。综上判决:一、徐小强向谢大角返还2353.7464万元并支付逾期还款的利息(该利息计算方式为以2353.7464万元为基数,从2014年4月11日起至还清投资款之日止,按月利率2%计付)。二、天津恒增公司对上述判决第一项所确定的徐小强的债务承担连带清偿责任。

徐小强不服一审判决结果提起上诉。徐小强上诉称,原判认定事实及适用法律错误。一、本案案由定性错误,原判根据双方签订的《合作证券投资合同》认定本案属于委托理财纠纷,但其定案的结论又依据具有借款性质的《清算协议书》,存在矛盾,本案应认定为借款合同纠纷。根据现有法律规定,民间借贷除了借款协议,还应有相应转账凭证及其他证据佐证,但谢大角未提供任何凭证。二、原审判决计算利息错误,重复计算了复利,按《清算协议书》第一条的约定,本案借款本金应为1750万元,而不是2353.7464万元。三、即使本案属于委托理财合同纠纷,但是委托人除了享有收益,也应承担亏损。谢大角委托徐小强进行的合作证券投资,其实早已资不抵债,徐小强承担了全部损失2000万元,谢大角并无实质损失,不应判决徐小强承担责任。二审法院审理认为，徐小强上诉理由不成立，对其上诉依法驳回，维持原判。

法理分析

（一）关于案件款项的性质问题

2013年8月23日，谢大角与徐小强、案外人深圳恒增公司签订《合作证券投资合同》，约定共同投资证券项目，并进行合理分工与协作，谢大角、深圳恒增公司分别出资，深圳恒增公司为合伙投资的管理人，全权负责合作投资的策略制定及具体投资操作事宜，合同一并约定了各方风险承担及收益分成。在该合同中，徐小强既作为深圳恒增公司的法定代表人，也作为合同担保人。2014年3月13日，谢大角与徐小强对双方合作投资证券业务期满后的投资额及投资回报进行了清算，形成了《清算协议书》，确认徐小强（深圳恒增公司）应归还谢大角投资款2875.4954万元和投资回报19.17万元，并约定了付款时间及违约责任等。2014年4月13日，谢大角与徐小强再次清算，对双方合作投资证券、房地产开发、借贷等经济往来进行了二次对账，两方并与天津恒增公司形成第二份《清算协议书》，确认截至2014年4月10日，徐小强应偿还谢大角2957.4928万元，谢大角同意徐小强减为按2353.7464万元计算，并约定了付款时间、逾期利息等。从上述事实可知，案件款项发生起因系谢大角、徐小强合作投资证券项目，双方经过两次清算后，将双方合作投资房地产、双方之间的借款等其他经济往来一并对账结算，最终形成2014年4月13日《清算协议书》中的数额2353.7464万元。二审庭审中，双方确认2353.7464万元中包含多种法律关系。其中1750万元系投资款本金，其余款项系合作投资的回报以及偿还借款等其他经济往来，故案件款项的性质主要为合作投资款及相应回报。徐小强主张案件系借款合同纠纷。但二审庭审中，徐小强对借款的组成、由来等均未清楚阐述，也未提供任何证据佐证其观点，应承担举证不能的法律后果。

（二）关于徐小强是否应向谢大角支付 2353.7464 万元及逾期还款的利息问题

如上所述，案件系因合作投资证券项目而起，合作过程中，各方形成了《合作证券投资合同》及两份《清算协议书》，均系各方真实意思表示，未违反相关法律规定，各方应按约履行义务。谢大角以各方形成的最后一份《清算协议书》主张权利，该协议书约定徐小强应在约定期限内向谢大角支付 2353.7464 万元及利息，否则应支付月息 2% 的逾期利息，现徐小强未按约付款，应承担违约责任。原审法院根据《清算协议书》的约定，判决徐小强向谢大角支付 2353.7464 万元及按月息 2% 支付逾期还款利息并无不当，应予维持。徐小强主张案件款项计算了复利。案件中，《清算协议书》约定："截至 2014 年 4 月 10 日，徐小强应偿还谢大角 2957.4928 万元，谢大角同意徐小强减为按 2353.7464 万元，即利息部分减半按月息 1 分计息偿还谢大角……自 2014 年 4 月 11 日起继续按月息每元 1 分计息……逾期清偿则自 2014 年 4 月 11 日起按月息 2 分计息向谢大角清偿。"二审庭审中，双方确认 2353.7464 万元中包含 1750 万元的投资款本金，其余款项系合作投资证券项目的投资回报以及偿还借款等其他经济往来。即使计算了复利，也非单纯的民间借贷引发的利息，而是合作投资证券项目的投资回报，徐小强经过两次清算，同意支付该投资回报，其应履行约定义务。故对徐小强关于案件款项计算复息的主张，不应支持。

知识拓展

通过前文，我们对案件所涉及的结算协议效力进行了分析。合同纠纷处理过程中首先要审查合同的效力，这已经成为司法实践中的惯例。在一般情况下，合同只要具备有效要件就生效，进入履行债务、实现债权的阶段。在此场合有效要件同时就是生效要件。但也有若干情形，合同虽然具备有效要件，但履行义务的期限尚未届至或条件尚未成就，债权人若请求债务人履行债务，债务人有权抗辩。于此场合有效要件并不同等于生效要件，或者说有效要件之外还另有生效要件。此类生效要件为特别生效要件。

（一）合同生效的一般要件

合同生效的一般要件，是指使已成立的合同发生法律效力而应当具备的法律条件。我国《民法典》第一百四十三条规定："具备下列条件的民事法律行为有效：（一）行为人具有相应的民事行为能力；（二）意思表示真实；（三）不违反法律、行政法规的强制性规定，不违背公序良俗。"合同作为一种典型的民事行为活动，其应当符合《民法典》的要求，生效的前提应当是符合《民法典》第一百四十三条的规定。1.行为人具有相应的民事行为能力。此规定是对合同主体的要求，作为合同主体应当具备缔结合同的权利能力和行为能力。根据我国《民法典》的相关规定，签订合同的主体有自然人、法人和其他组织。签订合同的主体应当一是具有完全民事行为能力的自然人；二是限制民事行为能力自然人实施的与其年龄、智力或者精神状况相适应的合同行为，或者其法定代理人同意的行为；三是无民事行为能力人签订纯获利益的合同，如奖励、赠与等；四是法人；五是其他组织。2.意思表示真实。所谓意思表示，是指意思表示人的表示行为应当反映其内心的真实想法。根据我国法律规定，意思表示的证明采取例外主义，即法律仅规定意思表示不真实的情形，除此之外均默认为意思表示真实。意思表示不真实主要有以下情形：一是合同一方存在欺诈、胁迫、乘人之危，致使另一方的意思表示不真实；二是以合法形式掩盖非法目的，其所使用的合法形式就是不真实的意思表示；三是合同一方存在重大误解，对合同内容的理解有误；四是合同显失公平。以上内容，有的会导致合同无效，有的会导致合同可变更、可撤销。3.不违反法律和社会公共利益。不违反法律和社会公共利益，是合同生效的一个重要要件。这里主要针对合同内容和合同目的。所谓合同内容，是指合同中权利义务以及权利义务所涉及的对象。所谓合同目的，是指双方签订合同的内心原因。合同内容和目的的违法，将导致合同的无效。本案主要涉及的是一般生效要件的合同审查，通过对上述要件的在案分析，综合认定涉案结算协议依法有效。

（二）合同生效的特殊要件

一般而言，合同符合《民法典》第一百四十三条规定时即生效。但《民法典》第五百零二条第二款规定，"依照法律、行政法规的规定，合同应当办理批准等手续的，依照其规定"，此规定意味着有的合同，要经过批准、登记才能生效。主要有以下几种情形：1.根据法律规定应当批准、登记的合同：（1）中外合资经营企业、合作经营企业合同；（2）对外合作开采石油合同；（3）大陆企业与港澳同胞、华侨签订的合资、合作经营企业合同。2.附条件或者附期限的合同。根据《民法典》第一百五十九条、第一百六十条规定，附期限或者附条件的合同，在期限到来或条件达成时合同生效。本案中并不涉及特殊生效要件，适用一般生效要件来进行审核即可。

同时，还需说明，审判实践中经常存在将合同成立、有效、生效等相互混淆的问题，其原因在于对这些法律概念之间的联系与区别认识不清。合同的生效与有效，皆以合同成立为前提，若合同根本不成立，则谈不上生效或有效的问题。合同成立和生效属于事实判断，合同有效则属于法律价值判断，不能将"有效"和"生效"等同。这里应当注意未生效合同的处理问题。在合同所附条件、期限未成就，或者批准、登记等手续未完成的场合，法院应尽量促使当事人完成生效要件。在因未办理批准或登记手续等导致合同未生效的场合，诸如违约责任、解决争议的方式等条款，应当被认定为已经生效。

普法提示

关于委托理财合同终结后达成的清算协议引发的诉讼，本文提出如下几点风险提示。

（一）协议内容违反效力性强制性规定可能引发合同无效后果

2009年2月，最高人民法院出台了《关于适用〈中华人民共和国合同法〉

若干问题的解释（二）》（现已失效），该解释第十四条明确规定，《合同法》第五十二条第五项规定的"强制性规定"是指效力性强制性规定。至此，最高人民法院以司法解释的形式正式提出了"效力性强制性规定"这一法律术语。2009年7月，最高人民法院在《关于当前形势下审理民商事合同纠纷案件若干问题的指导意见》中又明确指出："人民法院应当注意根据《合同法解释（二）》第十四条之规定，注意区分效力性强制规定和管理性强制规定。违反效力性强制规定的，人民法院应当认定合同无效；违反管理性强制规定的，人民法院应当根据具体情形认定其效力。"上述最高人民法院司法解释的观点，在2017年10月1日实施的《民法总则》第一百五十三条第一款中得到了体现和明确："违反法律、行政法规的强制性规定的民事法律行为无效，但是，该强制性规定不导致该民事法律行为无效的除外。"这里的但书表明的是，在法律和行政法规的规范中，有一些虽然也是强制性规定，但却不是效力性强制性规定，而是管理性强制性规定，这两种规定的性质是不同的，违反效力性强制性规定，直接导致的后果就是民事法律行为无效，但是违反管理性强制性规定，并不一定就直接导致该民事法律行为无效，而是要看所违反的管理性强制性规定的法律属性。2021年1月1日起实施的《民法典》第一百五十三条延续了该款规定。由此可见，将合同法中"强制性规定"区分为"效力性强制性规定"和"管理性强制性规定"不仅在司法实践中被广泛使用，而且在立法上也已经得到明确。

（二）在清算协议中的虚伪表示可能导致合同效力瑕疵

《民法典》第一百四十六条规定的虚伪表示，弥补了现行法规定的以合法形式掩盖非法目的的合同无效规则不能解决全部相关案件的不足。在清算协议中的虚伪表示可能导致合同效力瑕疵。通谋虚伪表示包含了"虚假意思表示实施的行为"和"隐藏行为"两个层面的法律关系，基于民法公平原则、意思自治原则以及维护民事行为效力稳定的需要，"隐藏行为"的效力不应被绝对否定。只有当通谋虚伪表示具有"恶意"并达到了损害国家、集体或第三人利益的程度，或者隐藏行为之串通达到了违反法律法规强制性规定、违背公序良俗的程度时，才须以强制性的手段确定其表示行为和隐藏行为均自始、确定、当然之无效，此为最为严厉的效力否定性评价。但这两种情况已非《民法典》第一百四十六条的适用范围，而可直接适用第一百五十三条、第一百五十四条的规定。总之，传统民法上的绝对无效，其所评价的法律行为应具有违法性（无论是在内容上还是在形式上），正如有学者所称"绝对无效的法律行为，只规定违法和背俗两种即可"，但通谋虚伪表示不必然具有行为违法性，故应被定性为相对无效。

案例六 | **以入伙协议形式投资理财的法律后果**
——名为入伙协议实际不符合合伙的特征，不适用合伙企业法

宫颖[①]

案情回顾

近年来，随着公民投资理财意识的加强和金融创新业务的发展，社会上出现了诸多新型的投资理财形式，如私募投资基金形式、委托理财形式、签订入伙协议形式等。与此同时，有限合伙企业在税收政策和灵活性方面的优势逐渐体现，投资人选择加入有限合伙企业进行投资也成为一种较为常见的投资形式，由此引发了较多入伙协议相关纠纷案件。

本案原告范勇自己经营一家公司，经过几年的积累有了一些闲置资金，希望通过投资一定的产品来获取回报实现增值。此时，一个名为"美丽之都"的大型城市综合体项目吸引了范勇，"美丽之都"项目致力于在城市中心打造以"健身、健心、健家"为主题的运动社区。被告金华中心就是专项投资"美丽之都"的一家投资管理有限合伙企业，另一被告通达公司则是金华中心的普通合伙人。

2014年3月28日，范勇确定了投资意向之后，与金华中心和通达公司签订了《入伙协议》，约定："金华中心系由通达公司作为普通合伙人与中华公司作为次级有限合伙人发起设立的有限合伙企业，专项投资'美丽之都'项目，范勇拟以入伙方式成为金华中心的优先级有限合伙人。范勇同意签署本《入伙协议》，成为金华中心优先级合伙人并接受《有限合伙协议》之相关条款的约束。范勇认缴出资额为120万元，预期年化收益率为11%，投资期限为12个月，自实缴出资之日起计算，至期末分配之日止。金华中心每

[①] 北京市海淀区人民法院民事审判三庭（破产审判庭）法官助理。

半年向范勇分配一次收益，投资期限届满金华中心向范勇分配实缴本金及全部未分配收益。"《入伙协议》附件为《有限合伙协议主要条款摘录》，其中收益分配条款记载："合伙企业分配投资收益，以分配日前合伙企业实际已经实现的收益为基础，只分配在分配日前已经实际收到的收益。"

2014年3月29日，范勇向金华中心支付120万元。金华中心和通达公司向范勇出具了《投资确认函》，确认其实缴出资120万元，起息日为2014年4月1日，预期年化收益率为11%。

2014年9月28日，金华中心向范勇支付半年收益6.6万元。直至2015年11月，金华中心陆续返还范勇投资本金75万元，但剩余投资本金及收益一直迟迟未支付。

为此，范勇将金华中心和通达公司诉至法院，提出诉讼请求：1.金华中心向范勇返还投资本金45万元及收益（收益以实际尚欠本金为基数，按年利率11%，自2014年10月1日起计算至实际付清之日止）；2.通达公司对上述请求承担连带赔偿责任。

针对范勇的起诉，被告金华中心和通达公司辩称：一、双方系投资与被投资关系，根据双方签署的《入伙协议》及相关文件，范勇自愿以入伙方式加入金华中心成为有限合伙人，依法享受有限合伙人权益、承担有限合伙人义务，应适用《合伙企业法》的相关规定，而非适用《合同法》；并且依据《入伙协议》所附合伙协议主要条款，在金华中心未获得收益的情况下，不必向范勇进行分配。二、《入伙协议》约定的投资期仅意味着确定投资人入伙和预期退伙的期间，范勇应该适用《合伙企业法》规定的合伙人退伙程序，通过退伙的方式解除合伙关系，并根据合伙企业届时的资产状况获得受偿。三、在《入伙协议》的附件《有限合伙协议主要条款摘录》中对收益分配进行了限制性约定，《入伙协议》约定的投资收益为预期收益率，并非固定收益。另被告通达公司辩称，其未对范勇作出保证的承诺，因此并无义务向范勇支付投资款及收益。

法院经审理后认为，本案虽然名为入伙协议纠纷，但不符合合伙的法律特征，因此不应当适用《合伙企业法》而应当适用《合同法》。最终法院判决金华中心退还范勇投资本金 45 万元并支付利息，通达公司对此承担连带责任。

原审法院判决后，金华中心、通达公司不服提起上诉，称《入伙协议》及《有限合伙协议主要条款摘录》对新合伙人入伙作出特别约定，不适用全体合伙人一致同意的规定；范勇作为有限合伙人不对外执行合伙事务，合伙人之间缺乏"经营管理合伙企业的合意"不应成为否认范勇有限合伙人身份的理由；《入伙协议》对合伙人权利义务进行明确约定，因此规范双方关系应当适用《合伙企业法》。预期收益不等于固定收益承诺。范勇系金华中心合伙人，双方之间并非借贷关系，因此通达公司不必承担连带责任。故请求撤销原审判决。

二审法院经审理后认为，范勇与金华中心不符合合伙企业的基本法律特征，不应适用《合伙企业法》相关规定；双方签订的《入伙协议》合法有效，金华中心应当以协议约定的预期收益率支付相应的收益；通达公司系金华中心的普通合伙人，应对金华中心向范勇所负债务承担无限连带责任。故对金华中心、通达公司的上诉请求不予支持，维持原判。

法理分析

关于本案，需要厘清的主要问题有以下几点：

（一）双方当事人签订的《入伙协议》及其附件所确认的双方法律关系的性质并非合伙

合伙，是指二人以上按照合伙协议，各自出资、共同经营组成的营利性组织。合伙作为一种企业，是合伙人组成的团体组织，是营利性的商事主体。在我国，合伙企业是指自然人、法人和其他组织依照《合伙企业法》在中国境内设立的营利性组织，分为普通合伙企业和有限合伙企业。合伙协议是两个以上合伙人为明确出资数额、盈余分配、债务承担、入伙、退伙、合伙终止等事项所订立的协议，协议内容强调的是合伙人之间的权利义务关系。合伙企业以合伙协议为成立前提，要求合伙人必须共同出资、共同经营、共担风险、共享收益，具有较强的人合性。

《合伙企业法》第四条规定："合伙协议依法由全体合伙人协商一致、以书面形式订立。"第四十三条第一款规定："新合伙人入伙，除合伙协议另有约定外，应当经全体合伙人一致同意，并依法订立书面入伙协议。"本案中，从签订主体来看，《入伙协议》系范勇与目标合伙企业金华中心签署，而并非在全体合伙人之间签署，因此，从协议签订主体上来看不符合合伙的特征。

《合伙企业法》第十八条规定："合伙协议应当载明下列事项：（一）合伙企业的名称和主要经营场所的地点；（二）合伙目的和合伙经营范围；（三）合伙人的姓名或者名称、住所；（四）合伙人的出资方式、数额和缴付期限；（五）利润分配、亏损分担方式；（六）合伙事务的执行；（七）入伙与退伙；（八）争议解决办法；（九）合伙企业的解散与清算；（十）违约责任。"本案中，从合同目的看，范勇投入120万元仅用于专项投资"美丽之都"项目，并通过金华中心清偿本息的方式获取收益，不参与金华中心的经营管理，也并无证据表明范勇参与了金华中心的经营，合伙人相互之间仅有资金集合的事实，并没有共同成立有限合伙、经营管理合伙企业的合意。从合同内容来看，《入伙协议》强调的也不是合伙人之间的权利义务分配，而是投资人投资数额、投资期限、收益分配等内容。从收益分配方式看，范勇投资期限为12个月，该投资期自实缴出资之日起算，至期末分配之日止。金华中心承诺对于范勇的投资进行期中分配和期末分配，投资期限届满后金华中心向范勇分配实缴本金及全部未分配收益。即范勇与金华中心的合作由范勇投资款的汇入时间点开始，以12个月投资期限为界，投资期满后，金华中心则需返还本金、支付投资收益。从收益分配的标准来看，双方约定了11%的预期年化收益率，范勇亦认可收到金华中心支付的6个月的收益6.6万元。

综上，从签订主体、合同目的、合同内容以及合同约定的收益分配方式及标准来看，都不符合合伙的法律特征。因此本案不是合伙协议纠纷，不适用《合伙企业法》，而应当属于合同纠纷，双方关系受《合同法》调整。

（二）金华中心应当依据《入伙协议》及《投资确认函》向范勇返还本金及收益

上述第一个问题已明确本案不适用《合伙企业法》，而应当适用《合同法》。《合同法》第八条规定："依法成立的合同，对当事人具有法律约束力。当事人应当按照约定履行自己的义务，不得擅自变更或者解除合同。依法成立的合同，受法律保护。"① 本案中，范勇与金华中心、通达公司签订了《入伙协议》及《投资确认函》，系各方真实意思表示，且不违反法律、行政法规的强制性规定，因此合法有效，对各方具有约束力。

《合同法》第六十条规定："当事人应当按照约定全面履行自己的义务。当事人应当遵循诚实信用原则，根据合同的性质、目的和交易习惯履行通知、协助、保密等义务。"② 按照《入伙协议》及《投资确认函》的约定，范勇认缴出资额为120万元，投资期限为12个月，投资期限届满金华中心向范勇分配实缴本金及全部未分配收益。《入伙协议》明确载明"甲方每半年向新合伙人分配一次收益，投资期限届满甲方向新合伙人分配实缴本金及全部未分配收益"。依照约定，范勇应当履行支付出资款的义务，金华中心应当履行向范勇分配本金及收益的义务。后范勇依约支付了出资款120万元，在合同约定的投资期限届满后，金华中心应当依约返还出资款及收益，但金华中心未依约履行。

《合同法》第一百零七条规定："当事人一方不履行合同义务或者履行合同义务不符合约定的，应当承担继续履行、采取补救措施或者赔偿损失等违约责任。"③ 本案中，范勇依照约定履行了支付120万元出资款的义务，在投资期限届满后，金华中心仅返还了范勇本金75万元和前6个月的收益，尚

---

① 《中华人民共和国民法典》第四百六十五条规定，依法成立的合同，受法律保护。依法成立的合同，仅对当事人具有法律约束力，但是法律另有规定的除外。

② 《中华人民共和国民法典》第五百零九条规定，当事人应当按照约定全面履行自己的义务。当事人应当遵循诚信原则，根据合同的性质、目的和交易习惯履行通知、协助、保密等义务。当事人在履行合同过程中，应当避免浪费资源、污染环境和破坏生态。

③ 同《中华人民共和国民法典》第五百七十七条。

欠 45 万元本金及剩余收益未返还,所以金华中心构成违约,应当承担违约责任。所以范勇现要求其返还投资款 45 万元及收益,有事实及法律依据,金华中心应当依据《入伙协议》及《投资确认函》向范勇返还本金及收益。

(三)金华中心应当归还的利息金额

关于利息问题,依据《入伙协议》及《投资确认函》,范勇的投资期限为 12 个月,自实缴出资之日起算,至期末分配之日止,预期年化收益率为 11%。金华中心仅支付了前 6 个月的收益 6.6 万元,所以范勇有权要求金华中心以 120 万元为基数按照年利率 11% 的标准支付剩余投资期限内 6 个月的利息。

关于《入伙协议》约定的预期收益率,金华中心主张 11% 系预期收益而非固定收益,投资收益分配应以金华中心实际取得的收益为前提,在金华中心尚未取得收益的情况下,不具备分配收益的条件。对此,首先,双方当事人签订的《入伙协议》明确约定了投资的预期年化收益率为 11%,"甲方每半年向新合伙人分配一次收益,投资期限届满甲方向新合伙人分配实缴本金及全部未分配收益"。虽然在作为《入伙协议》附件的《有限合伙协议主要条款摘录》中对收益分配进行了限制性约定,但是《有限合伙协议主要条款摘录》是《入伙协议》的附件,当其与《入伙协议》约定不一致时,应当以双方签订的《入伙协议》为准。其次,该主要条款摘录是金华中心为重复使用而预先拟定的,且在订立合同时未与范勇协商,应认定为格式条款。《合同法》第四十条规定:"格式条款具有本法第五十二条和第五十三条规定情形的,或者提供格式条款一方免除其责任、加重对方责任、排除对方主要权利的,该条款无效。"[1]根据此条规定,提供格式条款一方免除其责任的,该条款无效。该主要条款摘录中,金华中心明显免除了其向范勇支付收益的责

---

[1] 《中华人民共和国民法典》第四百九十七条规定,有下列情形之一的,该格式条款无效:(一)具有本法第一编第六章第三节和本法第五百零六条规定的无效情形;(二)提供格式条款一方不合理地免除或者减轻其责任、加重对方责任、限制对方主要权利;(三)提供格式条款一方排除对方主要权利。

任,且没有证据证明金华中心已经尽到合理的提醒说明义务,在其未以合理方式向范勇告知的情况下,该免除责任的条款对范勇不具有约束力。

金华中心在投资期限届满后未归还本金,给范勇造成了资金占用的损失,范勇要求其以尚欠本金为基数,支付自2015年4月1日之后的利息,有事实及法律依据,但范勇主张在投资到期后仍按照11%计算利息,缺乏法律依据,金华中心对此标准亦不予认可,故法院最终按照银行同期贷款利率确定金华中心支付利息的标准。

（四）通达公司应当承担连带责任

本案中,范勇的诉讼请求中要求通达公司承担连带赔偿责任,《合伙企业法》第二条第三款规定:"有限合伙企业由普通合伙人和有限合伙人组成,普通合伙人对合伙企业债务承担无限连带责任,有限合伙人以其认缴的出资额为限对合伙企业债务承担责任。"金华中心负有退还范勇资金的债务,通达公司作为金华中心的普通合伙人,应当对此债务承担无限连带责任。

知识拓展

本案作为签订入伙协议或者合伙协议形式的投资理财案件具有一定的代表性,在实际投资生活中,此类案件还会存在以下几种更进一步的延伸问题:

（一）投资期限届满后,合伙企业因无法清偿而出具承诺函,与合伙协议约定不一致的处理

以上述案例为基础,在此类投资理财案件中,有时还会出现有限合伙企业到期无法还本付息,因此向投资人出具承诺函或者还款协议的情况,但是承诺函或者还款协议与合伙协议的约定并不一致,在这种情况下法院一般会根据《民法典》第五百四十三条"当事人协商一致,可以变更合同"的规定来处理。合同的变更是指合同成立后,当事人在原合同的基础上对合同的内容进行修改或者补充。如果双方当事人就变更事项达成了一致意见,变更后

的内容就取代了原合同的内容，当事人就应当按照变更后的内容履行合同。

因此，在承诺函或者还款协议真实有效的情况下，当事人协商一致对合伙协议内容进行了变更，则应当按照出具在后的承诺函或者还款协议履行义务，与合伙协议约定不一致的部分，投资人可以向签订承诺函或还款协议的主体主张权利。

（二）名为入伙协议，实际不符合入伙特征，假设认定为民间借贷纠纷，对收益率的限制

名为入伙协议或合伙协议，实际上不符合合伙的特征，实践中以此类协议提起的诉讼实质为合同纠纷或民间借贷纠纷。假如综合协议签订双方的意思表示、具体履行行为以及是否约定固定本息等要素考虑，法院将案由确定为民间借贷纠纷，则协议中对收益率的约定需要根据《最高人民法院关于审理民间借贷案件适用法律若干问题的规定》第二十五条规定："出借人请求借款人按照合同约定利率支付利息的，人民法院应予支持，但是双方约定的利率超过合同成立时一年期贷款市场报价利率四倍的除外。前款所称'一年期贷款市场报价利率'，是指中国人民银行授权全国银行间同业拆借中心自2019年8月20日起每月发布的一年期贷款市场报价利率。"贷款市场报价利率就是大家通常说的LPR（Loan Prime Rate），是我国利率改革的产物，替代了原人民银行规定的同期贷款利率，其他约定贷款利率通常以此为基础加减点确定。2020年8月20日前，借贷利率的司法保护上限为"两线三区"的格局：年利率24%以下是法律保护区；年利率36%以上是无效区；年利率24%到36%，未支付的不支持，已支付的不返还。2020年8月20日之后，借贷利率的司法保护上限只为合同成立时一年期LPR的四倍，超过部分系无效区。同时，第三十一条第一款和第二款规定："本规定施行后，人民法院新受理的一审民间借贷纠纷案件，适用本规定。2020年8月20日之后新受理的一审民间借贷案件，借贷合同成立于2020年8月20日之前，当事人请求适用当时的司法解释计算自合同成立到2020年8月19日的利息部分的，人民法院应予支持；对于自2020年8月20日到借款返还之日的利息部分，

适用起诉时本规定的利率保护标准计算。"

（三）签订入伙协议投资私募投资基金，也会存在"名实不副"的情况

实践中，以签订入伙协议形式进行投资的案件还存在与私募投资基金结合的形式，即投资人以《入伙协议》或《合伙协议》的形式认购私募投资基金份额，协议中约定投资期限及收益率等。在此类案件中首先需要确认的是此种所谓的"基金"是否符合法律规定。

2014年6月30日中国证券监督管理委员会通过的《私募投资基金监督管理暂行办法》规定，私募投资基金是指以非公开方式向投资者募集资金设立的投资基金。非公开募集资金，以进行投资活动为目的设立的合伙企业，资产由普通合伙人管理的，其登记备案、资金募集和投资运作适用该办法。根据上述暂行办法，私募投资基金具有以下特点：1.私募基金管理人在中国证券投资基金业协会（以下简称基金业协会）注册；2.私募基金应当在基金业协会备案；3.应当向合格投资者募集，合格投资者投资于单只私募基金的金额不低于100万元，且符合相应的资产或收入条件；4.私募基金管理人私募基金销售机构不得向投资者承诺投资本金不受损失或者承诺最低收益。现在有一些投资理财产品打着私募基金的旗号，实际并不符合相关的规定，有的甚至可能涉及非法集资类刑事犯罪。投资者如果因投资名为私募投资基金的项目产生纠纷起诉至法院，法院通常要综合被告的主体资质、投资项目的真假、投资人的数量、发行过程中的宣传方式和内容、合同约定的具体条款等具体案情进行考量。如果不符合规定，如没有进行备案登记、未向合格投资者募集、作出保本及固定收益的约定等，那这些所谓的"私募投资基金协议"表面上是以非公开方式向投资者募集资金设立的投资基金，实际并不属于合法的私募投资基金，属于以私募为形式，以借贷为实质。法院会将此类案件作为民间借贷案件进行审理。此外，如果涉及的投资项目均为虚构，款项亦未进行实际投资，此时可能涉及非法集资类刑事犯罪，移送公安机关。

普法提示

随着金融市场的发展和民众投资理财意识的提高,各种类型的投资理财产品层出不穷,因此而引发的纠纷也呈多发态势。对此,通过上述案例希望能对投资者和投资理财产品提供者作出提示。

(一)对投资者的提示

1. 甄别不同的投资形式是否符合规定

入伙协议形式的投资理财,签订的入伙协议或者合伙协议需符合合伙的特征,即合伙人必须共同出资、共同经营、分享收益、风险共担,具有共同经营的合意,具备较强的人合性;同时要注意新合伙人入伙时需经全体合伙人一致同意。私募投资基金形式的投资理财,要注意符合《私募投资基金监督管理暂行办法》对私募投资基金的规定:基金管理人在基金业协会登记;基金在基金业协会备案;向合格投资者募集,合格投资者投资于单只私募基金的金额不低于100万元,且符合相应的资产或收入条件;不得承诺保本保收益。若不符合相关法律规定,法院会按照合同内容判断双方真实的法律关系性质进行处理。而对于一些非法设立或者没有从业资质的投资平台,法院可能认定双方签订的合同无效,并按照合同无效的法律后果进行处理。

2. 注意审查投资理财合同中的收益回报条款和保底条款

投资者要认真阅读合同中的收益条款及风险介绍,明确承诺的预期收益率是否真实确定以及和实际收益的区别。有的投资理财产品为吸引客户,往往会口头宣传产品的预期收益率,但合同中并没有保证预期收益率的相关内容,同时要求投资者作出"自行承担投资风险"的承诺。一旦投资者的实际收益达不到预期收益,以口头宣传的预期收益率主张金融机构承担责任时,如合同相对方不予认可,投资者的主张无法获得支持。同时,根据前文所述《最高人民法院关于审理民间借贷案件适用法律若干问题的规定》第二十五条、第三十一条的规定,实践中以各种形式作为外在表现的投资理财合同,很大一部分因符合借贷的特点会被认定为民间借贷纠纷,此时投资者还要注意协议中约定的年利率上限问题。对于合同中约定了保底条款的，虽然不会绝对被认定为无效，但是在证券、期货、基金等高风险的投资交易中，合同一旦约定了保底条款，实践中大部分会被认定为无效条款。例如，《证券法》第一百三十五条规定："证券公司不得对客户证券买卖的收益或者赔偿证券买卖的损失作出承诺。"另外，《全国法院民商事审判工作会议纪要》也明确"信托公司、商业银行等金融机构作为资产管理产品的受托人与受益人订立的含有保证本息固定回报、保证本金不受损失等保底或者刚兑条款的合同，人民法院应当认定该条款无效"。

3. 谨防刑事风险，投资产品涉嫌刑事犯罪要及时报案

很多投资理财产品如果具有未经国家金融机构批准从事相关业务、借用合法经营形式变相吸收公众存款、虚假宣传"专业指导、稳赚不赔"骗取投资者信任处分财产等特征，投资者就要警惕其可能涉及非法吸收公众存款或诈骗的刑事犯罪。投资者如发现自身所投资的项目涉嫌刑事犯罪的，应及时向公安机关报案。依据《最高人民法院关于在审理经济纠纷案件中涉及经济犯罪嫌疑若干问题的规定》的规定，法院在审理上述民事案件过程中，如发现投资者起诉涉及的纠纷已被公安机关等部门立案侦查，且尚未处理完毕的，法院会就该民事案件裁定驳回起诉，并将相关的案件材料移送公安机关。

（二）对投资理财产品提供者的提示

除了上述对投资者的提示之外，对于那些合法经营的投资理财产品提供者，在投资理财合同真实合法的前提下，还要注意对其中格式条款的提示义务。关于提示的形式，一般来说，可采取宣读、讲解、声明、在书面材料中特别标出、以书面形式特别告知等方式，需要能引起相对人对该条款足够的注意。为了使相对人在签署合同之前对免责或限制责任条款有充分的了解，合同需在其真正了解该条款内容的基础上签订，合理的提示可以是以引人注目的特殊字体、在显著位置标出，从而使对方一眼就能注意到，或者是另以口头或书面方式，特别提请对方阅读该条款。实践中很多格式条款一般字体和其他条款相同，没有起到引人注目的效果；在合同的开始部分也没有提示相对人阅读该格式条款的内容；而且提供人在合同签订时也往往不会告知相对人特别注意该条款，此时往往会认定提供方没有依法履行提示义务。关于提示的时间，提示必须在格式条款签署之前进行。对于之后才知道免责或限制责任条款存在的，相对人有权不对该条款负责。实践中也较多存在相对人在签订合同后才知悉格式免责或限制责任条款存在的情况，对此法院也通常会认定提供方未履行提示义务。

案例七 | 名为委托理财实为借贷的合同性质认定及法律后果
——按照民间借贷法律规定还本付息

李梦杨[①]

案情回顾

随着经济的发展和社会的进步，老百姓的生活越来越好。很多人不仅吃饱穿暖，实现了小康生活，对于收入的管理理念也在逐步更新，更愿意将资金投入理财之中。不过市场上的理财产品复杂多变，理财这一行当确实存在着一定门槛，于是许多民众转而选择委托理财的方式。然而，在一些高额回报或者熟人作保的委托理财面前，人们往往容易失去理性的思考，从而产生一系列的问题。姜女士就陷入了这样的麻烦中。

今年光景不错，姜女士的生意越做越红火，有了一笔可观的收入。在她考虑是用这笔钱扩大经营还是给儿子买房付首付的时候，邻居张大妈给她出了个主意——委托理财。姜女士起初并没有当回事，理财产品花样百出，自己都挑不过来，搞不懂其中的弯弯绕绕，更何况上了岁数的张大妈。于是姜女士反而劝张大妈要小心，别上了什么骗子的当。张大妈听了这话不乐意了，便拿出了自己的合同和银行转账记录。姜女士一看，每月竟然有高达2万元的入账，于是忙问张大妈做的是什么委托理财。张大妈告诉她，就是把钱交给一家公司，后面什么都不用管，省心又能赚钱，到时候不仅本金妥妥都能回来，每个月还都能拿到高额的回报。

原来，张大妈和一家理财公司签订了《个人委托理财协议书》，把自己的50万元养老钱都投了进去，并约定红利不低于年30%，而张大妈的银行记录也明明白白地显示，每个月都如数收到了红利。张大妈告诉姜女士，她

[①] 北京市海淀区人民法院民事审判三庭（破产审判庭）法官助理。

还打算追加一些钱进去。闻言，姜女士有一些心动，儿子准备买房正是用钱的时候，这个所谓委托理财可比自己辛辛苦苦做生意来钱快多了。虽然心里仍有一丝怀疑，但是张大妈一再表示不少老姐妹都通过这个赚到了钱，过了这村就没这店了，姜女士看着那高额的回报，还是一狠心把钱都投了进去，想着赚上一年的红利就取出来。

在张大妈的介绍下，姜女士和理财公司也签订了《个人委托理财协议书》，同样约定红利为年30%，且到期返还本金。在签订协议书之后的两个月里，姜女士果然收到了理财公司打来的红利款，可惜还没等她高兴多久，理财公司就不再打款了。每次去问，理财公司也总是推脱说最近资金周转出现了问题，等到问题解决之后就把红利补上。可是具体什么时候能解决问题，理财公司却没有给出个说法。一晃一年过去了，理财公司的"资金周转问题"仍然没有解决，不仅后续的红利没个影儿，连本金也没能返还。姜女士去找张大妈想要讨个说法，但是张大妈说这个事都是大家自己愿意的，赖不了别人，再说了，张大妈自己的养老钱同样没能周转回来，也正上火呢。张大妈说，这种情况，也只能是等着了。

经过几个月焦急的等待后，姜女士终于坐不住了，一纸诉状将理财公司告上了法庭。姜女士认为，自己与理财公司签订《个人委托理财协议书》，理财公司除了应该将100万元本金返还自己，还应按照约定的年30%红利向自己支付收益。而理财公司则辩称，理财有风险，姜女士自己选择进行委托理财，就应该考虑到可能出现的后果。现在理财产品处于亏损状态，无法付款，即使是能够付款，也不同意按照《个人委托理财协议书》约定支付红利。

法院经审理查明，姜女士作为委托人、乙方，理财公司作为受托人、甲方共同签订了《个人委托理财协议书》，约定乙方出资100万元，委托甲方投资理财，以期获得较好的理财收益。委托方式为以一年为期进行委托，其间资金不得撤回，在一年委托期内，甲方保证按照年30%的标准每月向乙方支付红利。待委托期限到期后，乙方可以选择收回投资或者继续投资。

经审查，姜女士与理财公司签订《个人委托理财协议书》，虽然名称系委托理财协议，但是该协议书中对于理财项目并无具体约定，只是约定由姜女士出资 100 万元，理财公司保证以年 30% 的标准支付红利，期满返还本金。而且经法院询问，姜女士对于该理财公司具体经营何种理财产品、收益情况几何等均不清楚，对于理财过程、理财产品收益分成等也并无预期，签订协议书单纯是为了理财公司所承诺的保证本金以及年 30% 的红利回报。因此，从《个人委托理财协议书》的约定以及该协议书的实际履行情况来看，姜女士与理财公司之间的法律关系应认定为民间借贷关系。经法院释明，姜女士申请变更案由，以民间借贷纠纷为由，要求理财公司还本付息。

法院经审理认为，因该《个人委托理财协议书》名为理财，实为借贷，且该借贷关系是双方当事人的真实意思表示，不违反法律、行政法规的强制性规定，双方均应按照约定履行各自的义务。现协议书约定的期限届满，理财公司应向姜女士返还本金。至于《个人委托理财协议书》所约定的年 30% 的红利，其性质应认定为利息，而超过法律规定年利率 24%[①] 的部分，法院不予支持。据此，法院判决理财公司偿还姜女士借款 100 万元并按照年利率 24% 的标准支付利息。

此后，理财公司不服，向上级法院提起上诉，称姜女士是以委托理财合同为由向法院起诉，双方均认可该委托理财关系，法院不应认定本案为民间借贷关系。因为双方是委托理财关系，所以委托理财的风险应该由姜女士自行承担。二审法院经审理后认为，诉讼过程中，当事人主张的法律关系的性质或者民事行为的效力与人民法院根据案件事实作出的认定不一致的，人民法院应当告知当事人可以变更诉讼请求。经告知，姜女士按照民间借贷纠纷

---

① 《最高人民法院关于审理民间借贷案件适用法律若干问题的规定》第二十五条规定，出借人请求借款人按照合同约定利率支付利息的，人民法院应予支持，但是双方约定的利率超过合同成立时一年期贷款市场报价利率四倍的除外。前款所称"一年期贷款市场报价利率"，是指中国人民银行授权全国银行间同业拆借中心自 2019 年 8 月 20 日起每月发布的一年期贷款市场报价利率。第三十条规定，借款人可以提前偿还借款，但是当事人另有约定的除外。借款人提前偿还借款并主张按照实际借款期限计算利息的，人民法院应予支持。

变更诉讼请求，符合法律规定。因为双方当事人在合同的约定以及履行过程中并非以委托理财为目的，双方当事人的真实意思表示系民间借贷关系。虽理财公司对此予以否认，但其并未提交充分、有效的证据予以证明，且对于涉案理财产品的情况无法明确说明，故对其意见不予采纳，一审法院对此作出的认定于法有据，应予维持。

法理分析

在审理此案时，最重要的在于认定涉案《个人委托理财协议书》的性质，从而适用相应的法律规定，并且明确该法律关系的法律后果。对此，我们从以下几个方面予以分析。

（一）委托理财关系与民间借贷关系的概念辨析

在实践中，因为理财产品的样式复杂多变，使得委托理财合同也往往有着各种类型。因此对于广大民众而言，如何认定此类合同的性质就成了难题，尤其是分辨那些打着理财旗号，实际却是借贷性质的法律关系。对此，我们首先要对这两者的概念有一定的了解，不能只看到表面的名称及形式，而应该充分理解概念背后的法律关系及权利义务内容。

1. 委托理财关系的概念

委托理财是指委托人和受托人约定，委托人将其资金、证券等金融性资产委托给受托人，由受托人在一定期限内管理、投资于证券、债券、期货等金融市场并依约支付给受托人一定比例收益的资产管理活动。[1]对该法律关系进行约定的合同即为委托理财合同。这里委托人一般包括企事业单位和个人，受托人一般为金融、非金融投资机构或者个人。

严格来讲，委托理财并非法律概念，委托理财合同在《合同法》《民法典》

---

[1] 高民尚：《审理证券、期货、国债市场中委托理财案件的若干法律问题》，载《人民司法》2006年第6期。

中亦未有专门合同类别的规定，属于无名合同。从内容和形式来看，委托理财关系与现有法律中明文规定的委托、信托、行纪、借贷、合伙等制度有一定类似性，但也存在根本性的区别。

2. 民间借贷关系的概念

民间借贷主要指自然人之间、自然人与法人或其他组织之间，以及法人或其他组织相互之间，以货币或其他有价证券为标的进行资金融通的行为。当然，经金融监管部门批准设立的从事贷款业务的金融机构及其分支机构，发放贷款等相关金融业务，有专门的法律规定，不属于民间借贷关系。在民间借贷关系中签订的合同系借款合同，借款合同是借款人向贷款人借款，到期返还借款并支付利息的合同。

可以看出，委托理财关系与民间借贷关系有一定的相似性，但是也存在着根本性的区别。单从表现形式上来看，从标的物方面，委托理财关系的标的物内容广泛，可以是股权、期货、证券、金钱或者无形资产，而民间借贷关系一般为金钱；从收益约定方面，委托理财关系的收益是委托人对于理财投资项目或者理财产品的期待收益，民间借贷关系一般约定的是利息收益。但是，由于委托理财协议约定内容的复杂性，从表面分析往往无法真正确定协议的性质，故接下来以本案为例对其法律关系的判定进行分析。

（二）为何涉案委托理财协议实为借贷关系

法律关系的性质不能简单地根据当事人之间签订合同的名称和表面形式来判定，而是要根据合同的性质、实际履行与当事人的真实意思表示来决定。

首先，从合同性质来看。在涉案合同中，约定了到期返还本金且红利为年30%，即保证本息固定回报。这一形式实际上是委托人将资产投资收益权全部让渡给受托人，对于委托人而言，其是通过让渡资金的使用权取得固定收益，缔约目的和合同预期只是取得资产的固定本息收益，而对受托人管理资产行为及收益后的分成并无预期，合同的目的是保障出借资金与收益的安全，并无委托理财的真实意思表示和约定，其约定的"理财收益"的实际性质是资金占用费。

其次，从当事人意思表示来看，委托人一方是为了通过出借资金取得收益，对于理财的项目、方式甚至是否真正进行理财均无预期；受托人一方也只是为了取得资金，并没有帮助委托人管理资金，购买理财产品等意图，可见涉案委托理财协议的双方当事人的意思表示均非委托理财，或者说其认为的"委托理财"并非真正的委托理财关系。《民法总则》第一百四十六条规定，行为人与相对人以虚假的意思表示实施的民事法律行为无效。以虚假的意思表示隐藏的民事法律行为的效力，依照有关法律规定处理。[①] 法院在审判中，既要审理虚伪表示，也要审理隐藏行为，不受当事人主张的法律关系性质的约束。在本案中，投资理财者虽然最初系以委托理财为目的，签订了名为委托理财的合同，但是其所认可的合同约定，实际上只是通过交付资金取得固定回报，而合同的受托方对此亦属明知，因此即使双方均认定或以为此合同关系为委托理财，亦不能改变其根本性质，其真实的意思表示为民间借贷。

最后，从合同的实际履行来看，委托人一方已经交付了资金，受托人一方也实际收取了资金，并曾经按照约定支付红利。但是受托人一方在所谓理财过程中并未向委托人报告理财的过程和结果，委托人一方对此也并未询问，只是关心是否能够返还本金，按时支付红利。

综上，涉案委托理财协议实际上符合借贷法律关系的特征，应认定为民间借贷关系。

（三）名为委托理财协议实为借贷关系的法律后果

通过分析可知，判定涉案合同性质名为委托理财实为借贷关系的主要依据，在于合同中约定了保证本息固定回报，这一条款即属于一般所称的保底条款。实务中的保底条款通常包括如下类型：一是保证本息固定回报条款，即委托人与受托人约定，无论发生何种情况，受托人均承诺返还全部本金，在本金不受损的情况下还保证给付委托人约定利息；二是保证本息最低回报

---

① 同《中华人民共和国民法典》第一百四十六条。

条款，即委托人与受托人约定，无论发生何种情况，受托人均承诺返还全部本金，在本金不受损的情况下还保证支付委托人一定比例的固定收益，对超出部分的收益，双方按约定比例进行分配；三是保证本金不受损失条款，即委托人与受托人约定，无论发生何种情况，受托人均承诺返还全部本金，在本金不受损的情况下，对收益部分，双方按约定比例进行分配；四是受托人承诺填补损失条款，即双方在合同中没有约定亏损分担，但在发生损失后，受托人承诺会对委托人的本金及利息进行补偿。

委托理财实质是一种委托投资行为，而投资的本质特征必然存在一定风险。上述条款在理财风险客观存在、回报并不能保证的前提下，将本该由委托人承担的投资风险转嫁到受托人一方，违背了基本的经济规律和资本市场规则，违背了委托关系中责任承担、投资风险自负的规则，也违背了合同法基本的等价有偿和公平的原则。这种双方权利义务明显不相对等的约定是与投资的本质相悖的。

在名为委托理财实为借贷的合同中，最为常用的即采取保证本息固定回报这一形式，因为这一形式操作简单，说明便捷，在保证本金无风险的同时还能承诺较高的回报，更加容易吸引投资理财者。但是由于双方的法律关系实际为民间借贷关系，因此对于此类案件的审理应按照民间借贷相关法律规定作出处理，即双方均应按照约定履行各自的义务。在借款人履行了资金出借义务后，借款人应当在合同期满后按照约定承担还本付息的责任。需要注意的是，在此类案件中，往往对固定回报有较高的约定，无论是以何名目，红利、分红或是收益回报，其性质都是资金占用的利息，按照法律规定，不得超过年利率24%[①]，超过的部分无效，法院不予支持。由此可见，虽然投资人愿意进行此类"委托理财"，一般是为了获得合同所约定的高额利息，但是超过法律规定的部分并不能得到支持，投资人的目的往往不能实现。

---

① 《最高人民法院关于审理民间借贷案件适用法律若干问题的规定》（2020第二次修正）第二十五条规定，出借人请求借款人按照合同约定利率支付利息的，人民法院应予支持，但是双方约定的利率超过合同成立时一年期贷款市场报价利率四倍的除外。前款所称"一年期贷款市场报价利率"，是指中国人民银行授权全国银行间同业拆借中心自2019年8月20日起每月发布的一年期贷款市场报价利率。

知识拓展

（一）在实践应用中需要区分委托理财关系和借贷关系的其他情况

1. 名为借贷，实为委托理财

在审判实务中，存在当事人以民间借贷纠纷为案由进行起诉的案件，但是实际法律性质却是委托理财。对于此类情况又应如何处理呢？

根据我国法律规定，原告以借据、收据、欠条等债权凭证为依据提起民间借贷诉讼，被告依据基础法律关系提出抗辩或者反诉，并提供证据证明债权纠纷非民间借贷行为引起的，人民法院应当依据查明的案件事实，按照基础法律关系审理。当事人对自己提出的诉讼请求或反驳对方的诉讼请求有责任提供充分证据加以证明。没有证据或者证据不足以证明当事人主张的，由负有举证责任的当事人承担不利后果。

据此，原告提供证明借款关系存在的初步证据，被告主张双方存在投资理财协议的，应提供充分证据予以证明，如双方曾经签订委托理财合同，或者双方对于委托理财事宜有着明确的约定。对于相应合同或法律关系的认定，仍应根据合同性质、当事人意思表示、实际履行等具体情况进行判断。如果证据不足以支持成立委托理财关系，则仍然按照民间借贷关系进行审理，如果证据显示能够确定法律性质系委托理财关系，则应按照委托理财的法律关系进行审理。

2. 借款用于委托理财

在民间借贷关系中，亦存在借款用于委托理财的情况，这与委托理财关系存在本质上的区别。虽然此类情况比较简单，但是在实践中却常常出现，即出借人将款项交付借款人后，借款人将款项用于委托理财或声称用于委托理财，进而辩称双方属于委托理财关系。在此类案件中，虽然借款人可能在沟通中表示自己将款项用于了委托理财，或是以委托理财收益来向出借人支付利息，如在双方聊天记录中提及"等理财收益到账后就可以还款""款项都投入委托理财了"等。但双方之间并未有委托理财的意思表示，亦不存在任何委托关系，仅凭此证据不能证明双方系委托理财关系。借款人收到出借人的款项后，对该款项如何使用以及是否使用，均不影响对双方间存在民间借贷关系的认定，即无论借款人的借款目的及用途是什么，均与借款人是否对借款承担还款责任无关。

（二）法院在实际审理中的案由确定

《最高人民法院关于民事诉讼证据的若干规定》第五十三条规定，诉讼过程中，当事人主张的法律关系性质或者民事行为效力与人民法院根据案件事实作出的认定不一致的，人民法院应当将法律关系性质或者民事行为效力作为焦点问题进行审理。但法律关系性质对裁判理由及结果没有影响，或者有关问题已经当事人充分辩论的除外。存在前款情形，当事人根据法庭审理情况变更诉讼请求的，人民法院应当准许并可以根据案件的具体情况重新指定举证期限。无论当事人对合同性质是否存在争议，人民法院都有依职权审查合同性质的权力，并基于合同性质的认定确定各方的权利义务关系，也即确定应适用的案由。因为合同性质的界定是认定合同效力以及当事人责任承担的前提和基础，在审理案件过程中，法院不能简单地通过合同的标题和外在形式来确定合同的实际性质，而应深入了解案情，进一步区分实质的合同内容以及权利义务的约定等，以界定其真实的法律关系，确定案由，并向各方当事人予以释明。

本案中，姜女士最初认为自己签订了委托理财协议，系以委托理财关系进行起诉。法院经审理查明，因为双方当事人在合同中的约定和事实行为皆表明，涉案《个人委托理财协议书》名为理财，实为借贷，应认定双方成立民间借贷关系，应适用借贷相关法律、行政法规和司法解释的规定予以处理，故法院向当事人释明相关法律关系，以民间借贷纠纷确定案由进行审理。姜女士申请变更案由为民间借贷，并按照民间借贷关系变更了诉讼请求，符合法律规定，并无不当。

（三）名为委托理财协议实为借贷关系的利息处理

《最高人民法院关于审理民间借贷案件适用法律若干问题的规定》第二十五条规定，出借人请求借款人按照合同约定利率支付利息的，人民法院应予支持，但是双方约定的利率超过合同成立时一年期贷款市场报价利率四倍的除外。前款所称"一年期贷款市场报价利率"，是指中国人民银行授权全国银行间同业拆借中心自2019年8月20日起每月发布的一年期贷款市场报价利率。

在民间借贷关系中，利率的认定是非常重要的一个部分。名为委托理财实为借贷的法律关系亦需要按照借贷关系的利率规定来进行处理。因为名为委托理财的合同一般都约定了回报，故而对于利息约定不明等情况不加赘述。对于名为委托理财实为借贷的法律关系，需要注意的是利率规定存在限制，并非当事人通过合同约定即为有效。在2015年6月23日通过的《最高人民法院关于审理民间借贷案件适用法律若干问题的规定》中将利率判定分为三个部分：第一部分，年利率小于等于24%，符合法律规定，出借者按照此合同约定要求支付利息的，法院予以支持；第二部分，年利率在24%至36%的，如果借款方愿意支付，仍然有效，如果借款方不同意支付，则无法支持；第三部分，年利率高于36%的，超过部分无效，法院不予支持。在2020年两次修正后，对于利率的规定进行了更为清晰简洁、符合现今社会情况的确定，即利率超过合同成立时一年期贷款市场报价利率四倍的不予支持，能够让广大群众在确立合同时更为便捷地判断约定利息是否符合法律规定，规避不合法的高标准利息陷阱。

普法提示

现在社会经济发展迅速，人们的理财观念也在不断进步，将手头余钱通过委托理财的方式进行管理无可厚非。但是，一来在市场中存在着一些不规范的理财者、理财机构；二来投资理财者可能在没有了解清楚之前就盲目决定，往往导致了诸多纠纷的产生。因此，在这里提示广大投资理财者注意以下几点。

（一）理财者需要树立风险意识，理财前做好风险评估

在理财的过程中，我们一定要树立风险意识。首先，要谨记任何投资都是有风险的，不能轻易相信所谓"只赚不赔"或者"低风险高收益"的理财宣传。在现实生活中，对于亲属、熟人所介绍的理财产品或者理财公司也不能盲目信任。有的当事人出于信任或者顾及面子，甚至连书面协议都不签订，只是通过口头约定的方式进行委托，大大增加了风险，在发生纠纷后反而对人际关系也造成了极大的伤害。

另外，要对自己的风险承受能力有正确的评估，选择适合自己的理财方式。在遇到不确定的情况或者无法理解的内容时，要及时与受托人沟通，并可以选择询问专业相关人士。在进行理财时，避免将全部家庭收入都投入理财，切记不可贪多，而应留有足够进行日常生活的资产。

（二）理财者需要保持理性意识，理财时进行充分了解

如果确定选择委托理财，也应当在委托理财合同签订前对于委托理财的过程，尤其是委托理财的平台和产品多加了解，不要认为委托给他人就能万事无忧，放心当"甩手掌柜"。

第一，在委托理财时尽量选择正规渠道，而非依靠"小道消息"或熟人介绍。可以从以下几个方面来考量理财平台是否正规：其一，要具有合法的资质，可以了解该理财公司是否有工商行政管理部门颁发的营业执照和银行业监督管理机构颁发的金融许可证，是否为合法注册的法人机构，是否有相应的资质和实力；其二，要签订正规的书面委托理财合同，而非简单的口头协议，且要注意合同条款是否完备，是否有隐藏条款，内容是否合乎法律规定；其三，要通过合法的方式进行支付，支付方式要符合合同约定，避免现金交易，避免向无关的第三方账户支付，避免向个人账户支付。当然，如果受托人是个人，则更要对其理财能力多加衡量，并且要明确合同相对方，甄别其是作为个人接受委托还是代表公司接受委托，如果是代表公司还要确定

其是否与公司有合法有效的人事关系，是否具有签约资格等，不要听信相关从业人员有"内部渠道"的说法而与个人达成委托。

第二，在签订委托理财协议前要确定双方的权利义务，对于理财产品的种类、操作方式、资金流向和用途、履行期限、收益模式等重要内容均要有所了解，尽量了解相关的法律知识。如果自身不具备相应的理财基础及法律知识，可向具备相关知识的亲友或者专业人士寻求帮助。

（三）理财者需要坚定维权意识，发现问题后及时采取措施

如果前期准备工作没有做好，在委托理财的过程中产生了纠纷，要有良好的维权意识，不要盲目等待。

第一，在委托理财之后，尽量对理财公司或理财产品进行持续关注，和受托人保持一定程度的沟通，及时了解情况。在发现受托人出现非正常经营行为或者合同已经到期却未能履约的情况时，要及时采取措施，不要存在侥幸心理。尤其是避免在受托人不能履约、本金收益未能取出的情况下，因为受托人的承诺和保证而继续投入资金的行为。在与受托人协商无效的情况下，要善于利用法律武器维护自己的合法权益。

第二，在委托理财的过程中要注意保存证据。在审判实务中，经常出现由于投资人证据意识不强，未能及时有效保存证据从而维权带来极大困难的情况，有些当事人甚至在签订合同后并不索要合同原件，或者对于签订文件毫不在意。在委托理财过程中，要注意留存并且妥善保管整个过程中所涉及的系列证据。首先，委托理财协议作为重中之重，要注意保存原件，这往往是认定双方法律关系的关键；其次，在支付资金时尽量选择通过银行转账的方式进行，并且可以在转账的同时在资金用途处予以备注，以便在需要时可以调取完整的银行转账记录。如果必须采用现金方式支付，则要求受托方出具收据，对于时间、金额等情况最好都详加记录；最后，对于双方的沟通过程也尽量留痕，包括但不限于电话录音、短信记录、微信聊天记录等，这些沟通的细节也可能对法律关系的认定起到重要作用。

第二章

涉股票、基金、期货类

案例一 | **股票投资的法律风险**
——正常的股票投资风险自担

库颜鸣[①]

案情回顾

（一）花甲老人购买股票赔钱

随着社会的发展和人们生活水平的提高，大家的理财意识也越来越强，"钱搁着不投资赚钱那就是赔钱""买理财，灵活收益高""不理财、财不理"等宣传语吸引着很多人的目光，各类投资理财产品令人目不暇接。年过花甲的张大爷万万没想到，正是因为投资理财，让他遭受了巨大的经济损失。

2015年的一天下午，张大爷在家偶然间看到了电视上播出的金融市场资讯信息和系列讲座的广告，对投资理财产生了浓厚的兴趣，一想刚好手里还有一些资金，不如"钱生钱"赚些收益，于是一拍大腿，怀着激动的心情拨打屏幕下方的热线电话进行深入了解。

张大爷称，在此之后自称新鑫公司工作人员的王小姐通过电话销售，拨打张大爷的手机与其建立联系。此后，王小姐通过明示或暗示的方式，宣称新鑫公司拥有央视证券资讯频道的官方背景，资源雄厚，人脉广泛，掌握新三板赴主板上市的内幕消息，只要张大爷按照新鑫公司提供的内幕消息购买新鑫公司推荐的新三板股票，购买股票后最短五个月，最长不超过八个月，张大爷购买的股票就一定会在主板上市，若股票无法顺利在主板上市，新鑫公司承诺按照张大爷购买价格赎回股票。

张大爷本不具备购买新三板股票的资格，工作人员通过违规操作帮助张

---

① 北京市海淀区人民法院民事审判三庭（破产审判庭）法官助理。

大爷获取资格。随后张大爷陆陆续续共购买股票 103000 股，每股十几块一共投入一百多万元，但万万没想到的是，股票不升反降，张大爷因此遭受巨额经济损失，除此之外，张大爷还支付了较大额的咨询费，于是一纸诉状将新鑫公司诉至法院。

（二）双方当事人对簿公堂

"摊上官司"的新鑫公司也觉得冤枉。新鑫公司称，张大爷支付的费用不是咨询费，是对新鑫公司网上阅读版权的付费。张大爷于 2015 年通过新鑫公司业务员蒋大东订立了电子阅读的合同，合同期限是一年，合同金额 1.98 万元，后又签订同类型合同，金额 9.8 万元。新鑫公司在有线电视上会定期播出金融市场的资讯信息，还有一些老师的相关讲座。电视播出之后，如果观众觉得某些老师的课讲得好，想更进一步听课了解相关的知识，就可以拨打电话或线下联系新鑫公司，通过付费得到新鑫公司提供的账号密码进一步听课，课程期限一般是 12 个月。张大爷 2015 年向新鑫公司购买的就是对网上阅读版权的付费。

众所周知，股票市场是有起伏的。2015 年 2 月，张大爷找到新鑫公司，认为其炒股亏损很多，上课并没有达到自己的预期，要求新鑫公司退费。新鑫公司在 2015 年 2 月 17 日退了其中一个合同一半的款项，即 4.9 万元。2015 年 3 月 3 日，张大爷通过新鑫公司业务员刘大强签订了另一个板块的合同，也是购买课程，9 月 18 日课程结束合同履行完毕后张大爷又以各种理由要求退款，新鑫公司刚开始是不同意的，最后还是退了 1.5 万元。之后在长达两年的时间里，张大爷都没有起诉，现在又起诉要求退款，违背诚实信用原则。

新鑫公司称，张大爷所说的其购买了新三板股票等业务，新鑫公司并没有参与其中。张大爷所称的王小姐与新鑫公司没有任何关系，并非新鑫公司的员工，王小姐的行为是其个人的行为，应当由其承担相应的责任，张大爷应当向王小姐而非新鑫公司主张权利。证据材料方面，张大爷提交的微信聊天截图仅是聊天记录的一部分，不能说明其购买股票的事情与新鑫公司存在任何关联，从截图看王小姐聊天记录中的陈述也没有任何的诱导性，内容都是信息的传递。张大爷作为完全民事行为能力人，其购买新三板股票的行为是基于自身判断独立完成的，且张大爷和王小姐的聊天发生在新鑫公司与张大爷合同终止之后。张大爷向其他人打款、订立合同等情况新鑫公司均不知情也与新鑫公司无关。

（三）依法依据定分止争

诉讼过程中，张大爷提交了其微信聊天记录的公证件，主张系与新鑫公司工作人员王小姐的微信聊天记录，其上记载：2017年8月2日，该微信号向张大爷发送微信为："金额是三万。"2017年8月3日，该微信号向张大爷发送微信为："单位名称：新鑫传媒有限公司。开户行：中国农业银行某某支行以及账号。""张先生您的操作名额给您安排好了，您保存一下梁老师的办公电话。明天注意接听。"2017年8月16日，该微信号向张大爷发送了赵豆丁名称及银行账号，并要求张大爷发送身份证及券商关联银行卡的照片。2017年8月23日及9月26日，在该微信号的指导下，张大爷填写下单信息购买了股票。此外，该微信号还发送过张大爷所购股票的相关资讯等。

新鑫公司主张2015年其收取张大爷两笔费用向其提供在网上电子阅读资讯课程的服务，并提供了证券资讯频道资讯系统客户端网页截图。张大爷称其之前付费给新鑫公司确为使用该客户端，但这次诉讼所主张的2017年的3万元与此前的合同无关。

对于张大爷的举证，新鑫公司认为，公证书截取的聊天记录是断章取义，且是基于与王小姐的关系，与本案无关。公证书中与王小姐进行聊天的主体不明确，不清楚是否为张大爷，新鑫公司认为公证书本身就存在问题。张大爷提交的不是微信公众号，而是个人微信账号。王小姐也是微信上的虚拟人物，不是真实人物，无法判断其与本案是否有关系。公证书中显示王小姐的所在地区是马来西亚，下面显示个人相册，其中微信来源显示对方（即张大爷）通过搜索手机号添加，可以证明王小姐与对方是朋友关系。新鑫公司没有向张大爷提供内幕消息，王小姐也没有向张大爷提供内幕消息及进行承诺。王小姐的承诺在公证书中也没有显示，证据没有相关性。截至目前，张大爷的微信账号也是虚拟账号，张大爷未提供其微信号与本人真实信息的关系，也无法证实这两个微信账号与本案有关。

新鑫公司还认为此次诉讼可能是虚假诉讼，诉讼过程中新鑫公司专门进行查账，发现此前确实收到过张大爷的3万元，但没有相关材料证明钱款的来源，也没有任何人来找过新鑫公司，新鑫公司怀疑是张大爷炒股赔钱之后才来找新鑫公司，故不同意张大爷的诉讼请求。

张大爷主张新鑫公司承诺按照张大爷购买价格赎回股票，新鑫公司通过违规操作帮张大爷获取购买新三板股票的资格，诱使张大爷购买特定股票，骗取张大爷咨询费这些内容，均未能提供相关的证据予以证明。诉讼中的这些事实，有原告张大爷提交的证券账户对账单、银行账户明细、微信聊天记录公证书，被告新鑫公司提交的退款申请单、银行业务回单、网页截图等证据材料以及法院开庭笔录在案佐证。

法院经审查后认为，本案的争议焦点在于张大爷购买股票的行为及购买股票的方式与新鑫公司是什么关系，王小姐是否代表新鑫公司履行职务行为销售相关股票。张大爷提交的微信聊天记录等证据均不足以证明王小姐与新鑫公司之间的关系。张大爷主张新鑫公司承诺按照张大爷购买价格赎回股票，新鑫公司通过违规操作帮张大爷获取资格，诱使张大爷购买特定股票，这几项主张张大爷均未提供相关的证据。因新鑫公司主张其向张大爷收费系为张大爷提供网上资讯阅读服务的费用，同时其认可收到张大爷2017年8月3日支付的3万元，但就其已针对该款向张大爷提供网上阅读服务未提供证据，故张大爷要求其退还3万元，有事实及法律依据，法院予以支持。张大爷因购买股票支出了一百多万元，其要求新鑫公司支付该款，缺乏事实及法律依据，法院不予支持。张大爷要求新鑫公司支付公证费，缺乏相应的合同依据，法院不予支持。

法理分析

（一）购买股票的风险应由谁承担

《合同法》第六十条规定，当事人应当按照约定全面履行自己的义务。

当事人应当遵循诚实信用原则，根据合同的性质、目的和交易习惯履行通知、协助、保密等义务。①

诚实信用原则是指民事主体在从事民事活动、行使民事权利和履行民事义务时，应本着善意、诚实的态度，即讲究信誉、恪守信用、意思表示真实、行为合法、不规避法律和曲解合同条款等。其作为一项古老的法律原则，起源于古罗马，被称为"帝王规则"，在当下的中国，其是社会主义核心价值观在法律上的体现，同时也是构筑现代社会法律秩序的基石，起到了规范当事人行为、平衡利益等重要作用。

合同是当事人双方的意思表示，履行合同既是合同双方的义务，又是实现合同目的的根本方式，也是最终维护社会经济秩序的重要途径。张大爷与新鑫公司订立的合同为买卖线上课程使用权的合同，张大爷为购买课程服务支付对价，新鑫公司提供合同约定的课程服务，是合同履行的方式，双方均受合同约束。张大爷经人介绍认识王小姐，在王小姐的推荐甚至后续涉及的违规操作下购买股票，其投资行为与新鑫公司提供课程的行为并非处于同一个合同关系。在合同履行完毕之后，或者未完全履行已经解约、赔偿之后，合同权利义务消灭，张大爷购买股票后的经济损失与新鑫公司的课程服务没有因果关系。因此，张大爷基于投资股票产生的财产损失风险，由其自行承担。

（二）应区分个人行为与职务行为

张大爷诉新鑫公司合同纠纷案中，新鑫公司主张王小姐并非新鑫公司的工作人员，其行为自然不是代表新鑫公司的职务行为，新鑫公司不应当对此承担相应的责任。《民法总则》第一百七十条规定，执行法人或者非法人组织工作任务的人员，就其职权范围内的事项，以法人或者非法人组织的名义实施民事法律行为，对法人或者非法人组织发生效力。法人或者非法人组织

---

① 《中华人民共和国民法典》第五百零九条规定，当事人应当按照约定全面履行自己的义务。当事人应当遵循诚信原则，根据合同的性质、目的和交易习惯履行通知、协助、保密等义务。当事人在履行合同过程中，应当避免浪费资源、污染环境和破坏生态。

对执行其工作任务的人员职权范围的限制,不得对抗善意相对人。[①]也就是说,工作人员在职权范围之内的履职行为,其法律后果由单位承担,超出职权范围的行为,其自身应当承担相应的责任,更不用说非工作人员的行为了。

张大爷作为一名完全民事行为能力人,对于自己的行为,应当具备完全的认知和判断能力,其应当清楚,在经营场所之外进行投资交易,首先对王小姐是否为相关工作人员的身份应当进行仔细的甄别;其次对于王小姐提供的投资信息,应当进行充分的识别与判断,不应相信所谓的"内幕信息"及"收益保证";与此同时,当其进行任何涉及财产的转账等行为时,应当予以高度的警惕。张大爷在诉讼中并没有提交证据材料以证明其在购买股票时收到关于投资保底及新三板转主板上市的承诺,即使承诺,在法律上也是无效的。

知识拓展

通过前文分析,我们对合同主体的相对性、合同履行的方式及应当遵循的原则,投资过程中存在的工作人员个人行为与职务行为的关系及判断有了一定的了解,那么通过了解张大爷与新鑫公司合同纠纷的案件,在投资中,我们有哪些应当注意的问题呢?下文予以进一步展开分析。

(一)投资者应充分了解各类金融产品的特点和交易规则

股票市场的确存在起伏,且伴随着高风险高收益的特征,合理范围内的投资风险是投资人应当接受的,但不意味着投资人不能规避额外的、本能避免的基于对市场规则不了解的风险。无论是购买理财产品等金融消费还是股票投资,投资者都应当充分了解产品的性质、收益回报、客观风险等,做到心中有数,量力而行,避免超出承受能力之外的风险。

张大爷购买的非大家平时所说的"A股",而是在全国中小企业股份转让系统转让股权的"新三板"。对于新三板而言,其主要功能在于为中小企

---

① 同《中华人民共和国民法典》第一百七十条。

业提供股权转让平台,为创新型、创业型、成长型中小微企业的发展服务。这类企业可能普遍规模较小,尚未形成稳定的盈利模式,这也为符合要求的个人投资者提供了一个新的投资渠道,但相较于主板而言,新三板的功能价值主要在于中小微企业与产业资本的服务媒介,主要是为企业发展、资本投入与退出服务,不以交易为主要目的,不以赚取差价为主要盈利方式。

《全国中小企业股份转让系统投资者适当性管理细则》就新三板个人投资者需要具备的资质进行了规定:第一,在签署协议之日前,投资者本人名下最近10个转让日的日均金融资产500万元人民币以上。金融资产是指银行存款、股票、债券、基金份额、资产管理计划、银行理财产品、信托计划、保险产品、期货及其他衍生产品等。第二,具有2年以上证券、基金、期货投资经历,或者具有2年以上金融产品设计、投资、风险管理及相关工作经历,或者具有证券公司、期货公司、基金管理公司及其子公司、商业银行、保险公司、信托公司、财务公司,以及经行业协会备案或者登记的证券公司子公司、期货公司子公司、私募基金管理人等金融机构的高级管理人员任职经历。

我国新三板市场中的"合格投资者"制度应朝着"理性投资者"制度方向进行改革,既要考察投资者的风险承受能力,又要考察其风险认知能力,对"投资者具有自我保护能力"的理解不能过于泛化。[①]因此符合交易门槛的个人投资者应当在充分了解交易特征后进行投资交易。之所以国家对新三板的个人投资者设下如此的门槛要求,是因为这类投资者普遍具有较强的风险识别与承受能力。相较于主板,新三板的股权更为集中,一旦企业陷入经营困难甚至破产清算,对于个人投资者而言损失更大。

个人投资的准入门槛默认投资者具有较为专业的金融知识,具有较高的风险识别能力,随着经济的发展,国家会对个人准入门槛的资格进行调整,但无论怎样变化,投资者在进行投资之前,都应当进行充分的信息收集,通过全国企业破产重整案件信息网、中国执行信息公开网、中国裁判文书公开

[①] 邢会强:《新三板市场的合格投资者制度及相关制度改革》,载《环球法律评论》2018年第6期。

网等查看企业的经营情况及变更信息、法定代表人情况等，通过投资前的准备，及时发现目标企业可能存在的问题，尽可能避免投资损失。

（二）相关主体应切实履行风险告知、警示义务

在风险高变化多的金融投资市场，各类信息发布者都应当充分履行风险告知、警示义务。"投资有风险"是各类投资理财项目几乎都会有的风险提示标语，不规范的投资交易可能造成企业的融资、交易成本上升，同时也会挫伤投资积极性，损害投资者的利益。事实上，大多数投资者都具有风险意识，只是更倾向于在资本市场通过发现价格的过程，为期待收益赌一把，基于此风险提示的方式和标准可以根据社会发展的需求进一步完善。

我国资本市场在风险提示以及风险自主评估方面一直在进行不断的尝试和优化，比如上海证券交易所发布实施的《上海证券交易所个人投资者行为指引》，对投资者在实践中容易忽视或发生的具体问题，提出了针对性要求，引导投资者妥善评估自身的风险能力，谨慎参与高风险的证券品种和业务，依法自我保护。现在很多证券公司要求新开户的投资者填写《个人情况表》，签署《风险承受能力评估表》，并对客户风险承受能力进行评估，贯彻了法律规范中要求对投资者进行风险评估和检测的规定。[①]与此同时，合同双方应将权利义务具体化、明确化，避免日后产生纠纷。

除此之外，伴随着市场经济形态的变化，资本市场也会有新的发展，生活中，电信诈骗等多种会使老百姓财产受到损失的活动也日新月异。对于年纪稍长的投资者，在风险提示贯穿投资始终的同时，应当进行更加深入的释明，实现"评估+释明"双保险，避免其因为一时兴起误入投资盲区。

普法提示

随着科技的进步，人们获取和传播信息的方式日新月异，"互联网+"

[①] 徐冬根：《法律社会学语境下新三板市场投资者准入限制制度的社会利益目标分析》，载《比较法研究》2016年第4期。

逐渐成为引导经济转型升级和持续增长的新动力。互联网影响经济增长方式、金融产品类型、消费投资理念等众多领域。互联网媒介的引入有助于降低股票等风险金融投资的交易成本；同时互联网媒介的引入打破了原有的以实体金融机构为主的交易方式，有助于克服金融可得性和有限参与机会的约束。[①]在新媒体环境下，信息具有更新快、识别难以及传播广的属性，因此投资者要进行不断地学习，掌握金融知识的同时提升识别与规避风险的意识和能力。

与此同时，投资者应当保留涉及投资理财的关键证据。民事诉讼以"不告不理"为原则，当事人应提出诉讼请求并为其主张进行充分的举证，法官依据当事人提交的证据材料进行法律事实层面的判断，有证据材料支撑的事实或许某种程度上会与真正的事实存在出入，但这正是证据规则对自由裁量权的约束。在此基础之上，人们在进行民事法律行为的时候，在提高风险意识的同时，证据保存的意识显得尤为重要。

除此之外，金融机构应当培训销售人员，规范其履职行为，事前事中严格履行风险提示义务，禁止用内幕消息、保底的委托理财等吸引客户，禁止违规操作，遵守职业规范。

[①] 周广肃、梁琪：《互联网使用、市场摩擦与家庭风险金融资产投资》，载《金融研究》2018年第1期。

案例二 | **期货交易的性质认定及效力判断**
——场外期货交易合同无效

唐盈盈[①]

案情回顾

近些年来，非法期货交易活动一直处于频发、多发状态，打着"商品现货投资"旗号而进行非法期货交易的场所屡禁不止，诸如各类炒黄金白银等贵金属的"电子盘"。而投资者往往对该类非法交易行为缺乏足够的辨识度，亦对相应规定不够关注，导致频频投入资金参与到上述非法期货交易活动中，产生重大损失。基于此，本文选取如下一则相关案例予以展开介绍，以期为投资者辨识非法期货交易活动提供现实参考，起到警示作用。

2014年5月，张大勇接到了一个自称东华投资公司业务员小李的电话。小李称东华投资公司近期要在星美酒店举行一场免费的理财讲座，其间会有理财投资行业的专业分析师授课，讲座结束后还有精美的礼品赠送，并询问张大勇是否有时间愿意参加。因张大勇平时一直有炒股的爱好，也偶尔关注各种投资行情资讯，他想着可以免费听讲座还有礼品领取，就欣然同意了。挂了电话，小李就将讲座的时间和地点发给了张大勇。

2014年6月3日，张大勇按时到星美酒店参加了理财讲座，对授课内容非常满意。讲座结束后，东华投资公司的业务员介绍称，当前该公司有个投资贵金属的活动，如一个月内在该公司网站开户进行贵金属交易并投入10万元，东华投资公司可以另赠送5000元给投资者作为交易资金。张大勇听了非常心动。

一回到家，张大勇就打开电脑浏览了东华投资公司的网站。该公司网站

---

① 北京市海淀区人民法院民事审判三庭（破产审判庭）审判员。

介绍东华投资公司于2013年12月4日在江北区工商局登记设立,公司有东华大宗商品交易客户端,投资者开户后可通过该客户端进行贵金属交易。该公司网站首页显示的标准仓单交易品种包括：现货白银、现货铂金、现货钯金和现货原油；大标仓单交易品种包括：白银300、白银100、铂金5、钯金5、原油2000。订货比例为预付2%。网站介绍了贵金属现货延期交收交易业务具有低保证金和高杠杆比例的投资特点,以及东华投资公司以伦敦贵金属现货市场价格为基础,综合国内贵金属市场价格及中国人民银行人民币兑美元基准汇率,连续报出交易所贵金属现货的人民币中间指导价。该网站还列明了具体开户的流程及所需材料、交易须知、交易制度规则及风险提示。张大勇按照流程提交了身份证、银行卡等基本资料在该网站完成开户,东华投资公司向张大勇提供了交易账号和初始密码。

2014年6月15日,张大勇向东华投资公司指定账户汇入10万元,东华投资公司按等额比例在张大勇的交易账号中注入交易资金。之后,张大勇从东华投资公司网站下载了东华大宗商品交易客户端,登录账号开始进行交易操作。张大勇通过上述客户端交易的产品为"东华标准银"。交易中除价额一项外,交易单位、最小变动单位、报价单位、最小交易限额单笔最大、最大持仓量、点差等合约要件均已事先确定。张大勇在东华大宗商品交易客户端中的交易以平仓记录的形式反映,每次交易在平仓记录中体现的要素包括：建仓时间、平仓时间、建仓单号、平仓单号、建仓价、持仓价、平仓价、商品名称、手数、买卖方向、盈亏、开仓手续费、平仓手续费。

截至2014年7月26日,张大勇共计在该客户端中完成了15笔交易,其中9笔订单为在当日内完成对冲开仓平仓,6笔订单为在开仓日的次日完成对冲平仓。在此期间,张大勇共计投入的金额为10万元,加上东华投资公司开户赠送的5000元,取出的金额为61586元,差额43414元为手续费和盈亏之和。

因为一个多月就亏损了4万多元,张大勇非常难以接受,所以他就四处咨询这种情况。后其通过朋友了解到东华投资公司所开展的这种交易并未获得国家法定的经营许可,该公司属于未经国家批准,私自定制电子盘软件,通过网络开展"东华标准银"合约交易，交易中非法操控行情K线，属于非法期货交易。张大勇在交易过程中从未提取过白银实物，并且其参与交易的目的也不是购买白银，而是通过买卖白银合约予以获利。张大勇账户内进行的每一笔交易均应当属于无效交易。基于此，东华投资公司通过非法期货交易从张大勇处所赚取的款项应当予以返还。所以，张大勇以此为由与东华投资公司多次沟通要求返还款项。双方经过协商未能达成一致。后张大勇至法院起诉，要求确认其与东华投资公司在东华大宗商品交易客户端中关于"东华标准银"的全部交易无效；东华投资公司返还其合同款43414元。

被告东华投资公司不同意张大勇的诉讼请求。其主张，第一，张大勇是完全民事行为能力人。作为常识，张大勇应当知晓投资交易市场有风险，入市需谨慎。并且，东华投资公司网站上亦对贵金属交易投资可能存在的政策风险、价格波动风险、技术风险、交易风险、不可抗力风险等予以说明。张大勇开户时，东华投资公司亦对其进行了风险揭示，包括如下内容：投资者在参与该市场投资之前，应认真地对可能存在的风险因素有所了解和掌握，建议投资者从风险承受能力等自身实际情况出发，审慎地决定是否参与此市场的贵金属投资，合理配置自己的金融资产。张大勇基于其真实意思表示作出的行为所产生的损失，因由其自行承担。第二，涉案的交易属于合法的现货交易，根本不具备《期货交易管理条例》规定的期货交易所应具备的核心特征，不属于期货交易，故涉案交易合法有效。另外，涉案交易模式是否属于非法期货交易也应当由行政机关进行认定，未经行政前置程序，法院无权直接认定。综上，请求驳回张大勇的全部诉讼请求。

法院经审查后认为，从东华投资公司的东华大宗商品交易客户端中的交易模式及双方的实际交易流程来看，东华投资公司通过互联网交易平台同时与众多客户开展买卖行为。东华投资公司通过以国际现货白银市场价格为基础形成的系统价格不断向买卖双方提供报价，并按照自身提供的报价接受客户的买卖要求。客户通过东华投资公司设立的网络交易平台与东华投资公司进行白银交易。在涉案的预付款买卖模式下，客户不进行实物交割，双方交易的实质是将来某时点，在东华投资公司的交易平台上交割一定数量标的物合约或现金，这种交易实际为白银合约的交易，没有标的物的实际交付。客户在开通买卖账户后，可以进行多次买卖，买卖的目的并非收取白银制品的实物，而是通过买入卖出实现盈利。上述操作流程实为买卖东华投资公司设置的白银合约。客户只要通过东华投资公司的审核，就可在东华投资公司开设的网络交易平台开户，向其指定的账户汇入一定数量的资金作为买卖的预约金即可与东华投资公司开展交易，因此，就单独客户而言，其与东华投资公司是一对一的交易，但东华投资公司是同时与众多客户开展买、卖行为，实际上构成了集中交易的结果，并实行预约金、风险提示、限仓、强行平仓等制度。上述交易属于期货交易。根据《期货交易管理条例》第四条和第六条的规定，期货交易应当在依法设立的期货交易所、国务院批准的或者国务院期货监督管理机构批准的其他期货交易场所进行。东华投资公司未经批准设立白银交易平台进行白银期货交易，其行为违反了法律法规的强制性规定，应属无效。张大勇要求确认其与东华投资公司在东华大宗商品交易客户端中关于"东华标准银"的全部交易无效，有事实及法律依据，应予以支持。就东华投资公司主张的非法期货交易应当由行政机关进行认定的问题，《期货交易管理条例》仅明确了期货监督管理的主管机关，并未明确规定期货违法行为应经行政前置程序认定；《关于认定商品现货市场非法期货交易活动的标准和程序》中仅要求各地证监局对于非法期货交易活动予以查处，亦未明确规定非法期货活动的认定仅能由地方证监局进行。鉴于当前并无任何法律法规对于非法期货交易应由行政机关先行认定作出规定，故本案无须经过行政前置程序，法院有权对包括非法期货交易在内的事实直接进行认定和裁决。合同无效后，因该合同取得的财产应予以返还。有过错的一方应当赔偿对方因此所受到的损失，双方都有过错的，应当各自承担相应的责任。最终法院判令东华投资公司返还张大勇的大部分亏损金额。

那么，张大勇的诉讼请求是否于法有据？东华投资公司辩称其所提供的交易为合法的现货交易而非期货交易，能否得到支持？继而该交易行为的效力如何以及相应的法律后果是什么？对于此，下文予以进一步解释。

法理分析

（一）张大勇在东华投资公司客户端的交易行为的性质属于期货交易

期货交易，是指采用公开的集中交易方式或者国务院期货监督管理机构批准的其他方式进行的以期货合约或者期权合约为交易标的的交易活动。期货合约是指期货交易场所统一制定的、规定在将来某一特定的时间和地点交割一定数量标的物的标准化合约。

期货交易的重要特征包括：1.标的物为标准化合约，其条款一般包括交易商品的数量、保证金、交易时间、报价单位、最小变动单位、交割质量标准等，各要素中仅有价格一项未事先确定。2.交易双向性，交易者可以买入期货合约作为期货交易的开端，即买空，也可以卖出期货合约作为交易的开端，即卖空。3.对冲机制，可以通过与建仓时的交易方向相反的交易来解除履约责任。4.杠杆机制，期货交易实行保证金制度，交易者在进行期货交易时需缴纳少量保证金，就能完成数倍的合约交易。5.交易方式集中化。6.期货交易的目的在于通过期货市场价格的波动获得风险利润，转移现货市场的风险。而在现货交易中，交易标的物为实物商品或以实物商品为标的的仓单、可转让提单等，目的在于货物所有权的转移，且不允许采取对冲方式进行交易等。

结合本案，首先，张大勇在客户端上操作的交易除价额一项外，交易单位、最小变动单位、报价单位、最小交易限额单笔最大、最大持仓量、点差等合约要件均已事先确定。张大勇下单买卖的实际上是以"东华标准银"为名称的标准化合约。其次，客户只要通过东华投资公司的审核，就可在东华投资公司开设的网络交易平台开户，向其指定的账户汇入一定数额的资金作为买卖的预约金即可与东华投资公司开展交易。因此，就单独客户而言，其与东华投资公司是一对一的交易，但东华投资公司是同时与众多客户开展买、卖行为，实际上构成了集中交易的结果，并实行预约金、风险提示、限仓、强行平仓等制度。最后，张大勇的交易以平仓记录体现。其在建仓时可以买入也可以卖出，也就是说东华投资公司通过以国际现货白银市场价格为基础形成的系统价格不断向买卖双方提供报价，并按照自身提供的报价接受客户的买卖要求。在张大勇与其所有的交易中始终没有实物交割，均是通过与建仓相反的操作了结合同义务。由此事实可知涉案交易行为之目的并非转移现货白银的所有权，而是通过价格涨跌获得利润。该交易行为采用了期货交易的规则，与现货交易存在本质差别。东华投资公司辩称涉案交易行为属于现货交易，与事实不符，应不予采信。

（二）张大勇上述交易行为的效力判断

《民法总则》第一百五十三条第一款规定，违反法律、行政法规的强制性规定的民事法律行为无效，但是该强制性规定不导致该民事法律行为无效的除外。《合同法》第五十二条第五项规定，违反法律、行政法规的强制性规定的，合同无效。《最高人民法院关于适用〈中华人民共和国合同法〉若干问题的解释（二）》（现已失效）第十四条规定："合同法第五十二条第（五）项规定的"强制性规定"，是指效力性强制性规定。"[1]

由于期货交易具有特殊的金融属性和风险属性，直接关系到社会稳定和经济金融安全，所以《期货交易管理条例》第四条规定，期货交易应当在依法设立的期货交易所、国务院批准的或者国务院期货监督管理机构批准的其他期货交易场所进行。禁止在前款规定的期货交易场所之外进行期货交易。第六条第二款规定，未经国务院批准或者国务院期货监督管理机构批准，任何单位或者个人不得设立期货交易场所或者以任何形式组织期货交易及其相关活动。另外，2011年11月，《国务院关于清理整顿各类交易场所切实防范金融风险的决定》明确指出，自本决定下发之日起……除依法经国务院或国务院期货监管机构批准设立从事期货交易的交易场所外，任何单位一律不得

---

[1] 《中华人民共和国民法典》第一百五十三条第一款规定，违反法律、行政法规的强制性规定的民事法律行为无效。但是，该强制性规定不导致该民事法律行为无效的除外。

以集中竞价、电子撮合、匿名交易、做市商等集中交易方式进行标准化合约交易。2018年8月,《电子商务法》第四十六条进一步明确规定,电子商务平台经营者为经营者之间的电子商务提供服务,应当遵守法律、行政法规和国家有关规定,不得采取集中竞价、做市商等集中交易方式进行交易,不得进行标准化合约交易。

根据上述规定,期货交易应当在依法设立的期货交易所、国务院批准的或者国务院期货监督管理机构批准的其他期货交易场所进行。本案东华投资公司未经批准设立上述交易平台进行白银期货交易,其与张大勇之间的交易行为违反了法律、行政法规的强制性规定,应属无效。

(三)涉案交易行为无效所产生的法律效果

《合同法》第五十八条规定:"合同无效或者被撤销后,因该合同取得的财产,应当予以返还;不能返还或者没有必要返还的,应当折价补偿。有过错的一方应当赔偿对方因此所受到的损失,双方都有过错的,应当各自承担相应的责任。"[1]

结合本案,东华投资公司在不具备期货交易资质的情况下与张大勇进行期货交易,是合同无效的主要过错方。张大勇在应知东华投资公司不具备期货交易资质的情况下仍与其进行期货交易,对涉案合同的无效亦有过错。双方应当各自承担相应的责任,故法院最终判决东华投资公司返还张大勇的大部分亏损金额。

知识拓展

通过前文分析,我们对期货交易的概念及主要特征进行了详细介绍。那

---

[1] 《中华人民共和国民法典》第一百五十七条规定,民事法律行为无效、被撤销或者确定不发生效力后,行为人因该行为取得的财产,应当予以返还;不能返还或者没有必要返还的,应当折价补偿。有过错的一方应当赔偿对方由此所受到的损失;各方都有过错的,应当各自承担相应的责任。法律另有规定的,依照其规定。

么，大家肯定对如何辨别现货交易与非法期货交易、如何识别打着"商品现货投资"旗号的非法期货交易的问题存有疑惑。另外，前文东华投资公司所属类型虽提供了非法期货网络交易平台，但其实际作为"做市商"参与买卖，张大勇等投资者的交易对手为东华投资公司。而另一种类型为相关单位提供非法期货交易平台，采用撮合制交易，其本身不参与买卖，投资者交易的对手为其他投资者，此种情形下该单位是否应当承担责任？下文予以进一步展开分析。

（一）商品现货投资与非法期货交易的区别

因《期货交易管理条例》明确规定合法的期货交易必须在依法设立的期货交易所、国务院批准的或者国务院期货监督管理机构批准的其他期货交易场所进行。所以，为规避该规定，在商品现货交易市场上打着"商品现货投资"旗号而组织非法期货交易活动的现象频频发生。一旦投资者产生重大损失，双方出现纠纷时，该组织单位往往以其提供的为商品现货交易而非期货交易、损失为正常的投资风险等为由拒绝承担责任。因此，投资者掌握现货交易与非法期货交易的区别，识别商品现货市场上的非法期货活动，对其自身权益的维护至关重要。

现货交易是指买卖双方以实物商品交收为目的，采用协商、单向竞价等方式达成一致，约定立即交收或者在一定期限内交收的一种交易方式。按照交割时间的不同，分为即期现货交易和远期现货交易。即期现货交易是指买方和卖方直接交割，即时成交，现买现卖，钱货两讫。而远期现货交易是指买卖双方先签订合同，此后在一定期限内再进行交割。而商品现货市场，根据《商品现货市场交易特别规定（试行）》第三条第一款的规定，是指依法设立的，由买卖双方进行公开的、经常性的或定期性的商品现货交易活动，具有信息、物流等配套服务功能的场所或互联网交易平台。期货交易是在现货交易基础上发展起来的，通过在期货交易所内进行集中交易标准化合约的一种交易方式。其交易目的并非像现货交易旨在商品所有权的转移，而是通过买卖期货合约，以规避现货价格风险。

现货交易与期货交易相比，有如下几方面不同：1.交易对象上，现货交易的对象主要包括实物商品及以实物商品为标的的仓单、可转让提单等提货凭证；而期货交易的对象为期货标准化合约。2.交易目的上，现货交易系为了当时或者在未来某一时间点获得或者出让商品的所有权；而期货交易的目的并非获得实物，而是期望从期货市场的价格波动中获取风险利润。3.交易方式上，现货交易通常采取"一对一"的方式协商确定交易的品种、价格、数量、交货时间、地点等合同条款；而期货交易采取集中交易方式，合约一般均由相关组织单位统一定制。

针对如何认定在商品现货市场非法组织期货交易活动的问题，中国证券会曾颁布《关于认定商品现货市场非法期货交易活动的标准和程序》。其中指出认定商品现货市场非法组织期货交易活动应采取目的要件和形式要件相结合的方式。就目的要件而言，非法期货交易主要以标准化合约为交易对象，允许交易者以对冲平仓方式了结交易，而不以实物交收为目的或者不必交割实物。就形式要件而言，非法期货交易一般具有两大特征，即交易对象为标准化合约，交易方式为集中交易。

以张大勇案件为例，张大勇进行交易时并非全额付款，而是缴纳商品价值的一定比例作为保证金即可买入或者卖出。合约订立后，允许张大勇不实际履行，而是通过反向操作、对冲平仓的方式了结权利义务。东华投资公司亦认可其所经营的平台实物交收比例较低，绝大部分投资者通过对冲平仓的方式了结权利义务。据此可认定涉案交易的目的并非转移"现货白银"等商品的所有权，交易双方不期待真实交付，而是期望通过价格涨跌获取利润。另外，东华投资公司提供的电子交易合同除价格一项外，其他合约要素均已提前确定，具体交易价格是东华投资公司进行的实时报价，该情况符合标准化合约的特征。虽然就单独投资者如张大勇而言，其与东华投资公司是一对一的交易，但就东华投资公司而言，其同时与多名投资者进行交易，实际上构成了集中交易的结果。故东华投资公司提供的上述交易属于非法期货交易，而非其所谓的现货交易。

（二）相关单位仅提供非法期货交易平台，本身不参与买卖，亦应承担责任

与前文所述的东华投资公司作为"做市商"自身参与买卖的经营类型不同，市场上还普遍存在一种情况，即相关单位仅提供非法期货交易平台，采用撮合制交易，其本身不参与买卖。投资者交易的对手为其他投资者，投资者与该相关单位之间并无期货买卖合同。此种情况下，投资者如何维护自身权益，该单位是否应当承担责任？参考下面一则案例。

三世交易所是一家经批准的现货交易所，通过其网络平台"三世贵金属平台"向投资者提供电子交易服务，采用撮合制交易，本身不参与买卖。该平台实质上是面向不特定投资者提供贵金属标准化合约来进行集中交易的平台，符合期货交易的特征。因其未获得期货监管机构的批准，故其提供的服务属于组织非法期货交易活动。赵二妹作为投资者在该平台上进行交易产生亏损，故以该交易所组织非法期货交易活动为由将其诉至法院，要求其赔偿损失并退还已支付的各种手续费。

人民法院经审理后认为，一般而言，在市场交易活动中，如投资者明知或者应当知道存在交易风险，其应自行承担该风险。但期货交易具有不同于一般市场交易的特殊性，其市场风险远高于现货交易，对投资者的专业性和风险承受能力的要求也更高。基于此，我国对于期货交易实行严格的行政监管，并要求对期货投资者的适当性进行管理。三世交易所以现货交易为名组织非法期货交易，其虽未直接参与交易，但交易规则由其制定、交易平台由其提供、其对于投资者的适当性亦未进行任何审查与管理。该违法行为使得投资者暴露于远比合法现货交易更高的风险之中，即存在更高的交易亏损可能性。所以，应认定三世交易所的行为与赵二妹的亏损之间存在相当因果关系，其应对此承担侵权责任。但三世交易所的行为并非赵二妹交易亏损的唯一原因。赵二妹自愿在网络平台上开户，根据自己的判断下单，与其他投资者签订交易合约。"三世贵金属平台"上的投资者均系通过对冲平仓的方式了结权利义务，均不以实物交收为交易目的，而具有明显的期货交易的投机

性特征。因此，赵二妹在进行交易前，对于三世交易所采取的是公开集中竞价和标准化合约的交易模式、交易流程、交易杠杆风险率等，都是明知或应当明知的。在此情况下赵二妹自主决定开户并交易的行为，是造成其亏损的主要原因。故双方对于该非法期货交易行为产生的后果，均有过错责任。法院根据过错与责任相当的侵权责任赔偿原则，酌定三世交易所对赵二妹交易亏损金额的30%部分承担责任。此外，三世交易所向赵二妹收取的手续费、延期费等均是因组织非法期货交易直接向投资者收取的费用，应全部退还给赵二妹。

普法提示

随着国民经济的持续快速发展，百姓手里的闲钱随之增多，其投资理念亦从最早的存钱理财转变为多渠道、多方向的投资理财。"炒黄金白银"等贵金属成为大家在投资市场中所喜爱的投资产品，而一些陷阱与骗局也随之悄然出现。如前述案例所涉及的商品现货平台以现货交易名义，实际开展类期货交易的违法操作，因存在较强的迷惑性和隐蔽性，对投资者权益的损害更大。基于此，本文对投资者如何快速辨识非法期货交易提出如下几点建议：

（一）期货交易重资质，切勿为非法设立的平台所骗

期货业务应当在经批准的期货交易场所进行，否则即为非法期货交易。我国现有的期货交易所仅有郑州商品交易所、上海期货交易所、大连商品交易所、中国金融期货交易所四家。投资者可登录中国证监会网站、中国期货业协会网站查询相应机构是否具有资质，一旦发现自身已卷入非法的期货交易活动中，可向证监会、公安机关等相关单位举报，维护自身合法权益。

（二）谨防夸张的营销方式，切记"天上不会掉馅饼"

市场上的一些不法分子常常自称"期神""老师"，以极其夸张的方式、犀利的语言表达"其能够准确预测市场波动，稳赚不赔""不跟着投资就等

于看着钱不要"等话术。投资者应当知晓高收益必然伴随着高风险，期货交易亦是如此。并且，正规的期货经营机构需要对投资者的适当性予以审查和管理，亦不会作出稳赚不赔的承诺。投资者遇到该种营销方式，应提高警惕，以防被骗。

（三）切勿盲目打款，辨识收款对象

正规的期货经营机构只能以公司名义对外开展业务，不会以个人名义开立银行账户。故针对款项的收款账户，应核实是否为公司对公账户，如款项系汇给个人，诸如推销人员或公司的法定代表人，则极大可能为非法机构，应提高注意，切勿汇款。

（四）辨识交易平台网址，切勿登录非法期货网站

从事非法期货交易的网站网址往往采用无特殊意义的数字和字母构成，或采用仿冒方法在合法期货经营机构网址的基础上变换或增加数字、字母。投资者可在中国证监会网站或中国期货业协会网站查询合法期货经营机构的网址，识别非法期货网站。

期货交易不同于一般市场交易，其具有特殊的交易规则，并且所承担的市场风险也远高于现货交易，对投资者的专业性和风险承受能力要求更高。所以投资者在选择该类投资方式时，务必清楚地了解有关的交易规则及风险，切勿抱着"一夜暴富"的心理，盲目跟风投资而卷入非法期货交易中，从而上当受骗。

案例三 | **私募股权投资中与融资企业对赌的法律效力**
——不存在法定无效事由的情况下有效

邹玉玲[1]

案情回顾

近些年来，私募基金向具有成长潜力的公司进行股权投资，以公司上市后售股获利为目的的投资活动较为活跃。然而，对赌投融资商业活动的开展一直面临对赌协议效力争议的法律风险。请看下面的案例：

青苗基金、稻花基金是两家私募基金有限合伙企业，经调查，决定投资一家成长型的高科技企业飞鸟公司。2011年6月2日，该两家基金与飞鸟公司，飞鸟公司创始人卫某、江某鹏、魏某及飞鸟公司的其他七位原股东共同签署《增资协议》，约定：青苗基金、稻花基金向飞鸟公司投资18765551元。投资以增资方式分两次进行，其中1637886元分两期计入注册资本，其余17127665元计入资本公积。如果飞鸟公司在2014年12月31日前未能首次公开发售股票，或公司2012年的营业收入相比2011年没有增加40%，投资方有权要求飞鸟公司在6个月内以现金回购投资方所持股份。股权回购价格＝增资的投资款＋投资收益（年化10%）－已支付的税后股利。飞鸟公司和创始人共同承诺，如果公司2012年实际净利润低于3200万元，则公司须以2012年实际净利润为基础，按照摊薄后的5.86倍市盈率重新调整本轮融资的"投资估值"。由公司调整投资方股权，调整后投资方的股权比例＝18765551元/（2012年实际经营净利润×5.86）。各方不得拖延、阻碍或拒绝调整股权，否则向投资方按日万分之五支付违约金。

根据2013年4月10日的审计报告，飞鸟公司2012年的税后净利润为

---

[1] 北京市海淀区人民法院民事审判三庭（破产审判庭）审判员。

10576701.58 元，未达到约定的 3200 万元。青苗基金、稻花基金与飞鸟公司及其创始人协商股权调整方案未果。两家基金诉至法院，认为自己已经履行了投资款支付义务，但飞鸟公司未为其办理股权工商变更登记且未实现约定的经营业绩，应依约定的计算公式为两家投资基金调增持股比例，三位创始人应在约定时间内向两家基金无偿转让部分股权，现其拒绝转让构成违约，应支付违约金。两家基金提出诉讼请求：1. 判令卫某、江某鹏、魏某分别向二原告各无偿转让所持股权的 8.77%、0.74%、0.63%；2. 判令飞鸟公司、卫某、江某鹏、魏某向二原告支付违约金（以 18765551 元为基数，按日万分之五计算，自 2013 年 10 月 10 日暂算至 2015 年 12 月 22 日，为 7534368.73 元）。被告飞鸟公司、卫某、江某鹏、魏某则认为，协议约定的投资款有很大一部分是由二原告提供的借款转化而来，而企业之间借款应属无效，因而约定的投资数额尚未完全到位，二原告构成违约。根据协议约定的回购条款，二原告不承担投资风险且有 10% 的回报率，这并非投资，而是借款。二原告应将《增资协议》中所有的签字股东都作为被告起诉。

本案的争议焦点在于《增资协议》的性质和效力。协议约定的公司和创始人共同承诺在经营目标未能实现情况下对投资方的股权补偿是否有效？

法理分析

协议效力判断是纠纷解决中首要的、无法回避的问题。对赌协议的效力判断及履行关系到企业融资渠道、融资成本及投资者权利保护，对私募股权投资这一商业活动具有重要的司法指引及规范作用。

（一）《增资协议》的性质和效力

《增资协议》的主要内容是二原告作为投资方与融资方飞鸟公司及其原股东达成的以溢价增资方式进行股权投资，是以预估经营业绩为基础的股权估值调整与以首次公开发行股票或经营业绩为条件的股权回购安排，在性质上属于通称的对赌协议范畴。投资方与目标公司原股东之间的对赌属当事人之间的意思自治范畴，且不违反国家法律法规的效力性强制性规定，合法有效。而投资方与目标公司之间的对赌，从目标公司一方的角度来看，其在本质上是融资方的公司经营行为，是公司经营过程中签订的合同，一般情况下债权人无权干涉。应主要从合同法的角度来审视各方之间的法律关系。股权估值调整机制、投资方的退出机制、损益分担方式等是当事人之间协商一致的结果，是各方基于投融资方对目标公司经营状况、盈利能力的信息不对称，融资方对资金的需求程度，各方对企业发展的预期等因素，综合权衡、相互妥协的结果。投资方股东身份的取得是合同签订并履行的结果，也带来合同法与公司法对各方之间关系的交叉调整。在公司法框架下，首先，公司法不禁止股东与公司之间进行交易。其次，就合同的履行来看，可以由公司以公积金转增注册资本的方式为投资方调增股权；同时，公司法也未禁止公司回购股份，公司也可以减资、另行转让方式处置回购的股份等。因此，不宜从协议违反风险共担，损害债权人利益角度一概否认股权投资方与目标公司之间对赌的法律效力。

具体到本案中，协议约定增资分两次完成，第一次增资，二原告均按照约定数额、时间支付了投资款；第二次增资，协议约定以投资方支付的过桥贷款中的一部分转增注册资本及资本公积的方式进行，其中，二原告各仅有最后一笔款项晚于约定时间两天支付，基本上如约履行了借款支付义务。通过债转股方式支付增资款不违反法律法规的效力性强制性规定，应属有效。因此，应认定二原告履行了投资款支付义务。飞鸟公司2012年的税后净利润为10576701.58元，低于约定的3200万元。现二原告根据协议要求飞鸟公司创始人无偿转让股份以调增其持股比例。协议约定的投资估值调整方法的机理是：双方事先协商确定的投资市盈率倍数为5.86倍，预估的下一年度即2012年的企业税后净利润为3200万元，二原告拟投资总额为18765551元，则持股比例原则上应为18765551元/（3200万元×5.86），并可以此确定购买每股股权的价格。鉴于2012年的经营业绩是预估的，股权价格的确定也建立在该预估数额的基础上，投资方相较于掌控企业经营的原股东及目标公司来说承担了更大的风险，为了避免投资价格与股权实际市场价值的过分悬殊而导致的对买方即投资方的不公平，双方协商确定待下一年度的实际净利润确定后，重新调整股权价格，即持股比例调整为18765551元/（10576701.58元×5.86）（约等于30.277%）。目的是弥补"质次价高"交易对投资方利益的损害，从长远及整体来看，有利于鼓励投资，有利于解决企业融资难的问题，降低融资成本。综上，应认定《增资协议》合法有效。

（二）具体的股权补偿方案应如何确定

涉案协议关于股权价格调整的具体约定有："6.1公司和创始人共同承诺，2012年公司税后净利润3200万元。6.2如果公司2012年实际经营净利润低于第6.1条所述的税后净利润，则公司须以2012年实际经营净利润为基础，按照摊薄后的5.86倍市盈率重新调整本轮融资的'投资估值'。由公司调整投资方股权，计算公式如下：调整后投资方的股权比例=18765551元/（2012年实际经营净利润×5.86）。6.3各方同意，公司有义务在第6.2条规定的审计报告完成之日起六个月内以本协议第6.2条约定的条款执行，各方不得以拖延、阻碍或拒绝调整股权。若有违反，则向投资方支付按日万分之五计算的违约金。"

首先，从约定内容的字面意思及内在逻辑来看，对飞鸟公司2012年净利润的共同承诺主体是"公司和创始人"，承诺主体应对实际净利润未达到承诺数额的后果承担责任，即由承诺主体为投资方调整股权投资价格及持股比例。

其次，综观协议的全部内容，其中涉及飞鸟公司作为义务人为投资方调整股权具体内容的条款仅有第3.1.3条，即"公司及公司原股东保证，当公司注册资本达到37531091元时，投资方持有的公司注册资本不低于3753110元，否则公司通过资本公积金转增注册资本的方式无偿为投资方补足上述差额"。该约定的目的是保证投资方的持股比例不因目标公司后续增资扩股行为被稀释。该条款适用的前提是公司注册资本达到37531091元，而根据涉案协议的约定，二原告全部投资完成后飞鸟公司的注册资本总额仅为14228856元，且无其他证据显示飞鸟公司在涉案协议之后采取过其他增资扩股行为，飞鸟公司目前的工商登记注册资本仍为按照涉案协议第一次增资后的13333332元。故第3.1.3条不具备适用条件。

再者，本案诉讼中，各方当事人均主张投资方股权比例的调增是通过飞鸟公司原股东向二原告无偿转让股权来实现的，调整部分股权的来源是原股东而非飞鸟公司，分歧仅在于股权的转让方应是全部原股东还是三位创始人。各方当事人对上述合同条款理解所达成的共识与合同的字面约定不悖，况且合同主体享有在不为第三方设定义务负担的前提下通过协商一致变更事先约定内容的权利，并且上述共识也不违背法律法规的效力性强制性规定。关于双方的分歧，根据约定，对2012年净利润的承诺主体是"公司和创始人"，相关后果应由承诺者负责；且不论是在协议签订前还是增资后，飞鸟公司创始人卫某、江某鹏、魏某始终掌握公司控制权，公司经营业绩预估在本质上也是控制股东对投资者的承诺。因此，由创始人负责向投资方无偿转让股权与合同的字面约定相吻合，符合对赌协议的本质且更具有合理性。

同时，二原告主张的按照三位创始人的持股比例分配各自应转让股权比例的计算方法与约定不悖，亦属合理。第二次增资后，虽未对各股东持股比例变更进行登记，但不影响各方依据协议所实际享有的股权权益，即卫某、江某鹏、魏某的持股比例分别为39.8701%、12.9903%、11.0659%，合计63.9263%；二原告的持股比例均为5.7555%。卫某、江某鹏、魏某三人的持股比例在第二次增资后虽未按照增资协议约定变更登记，但也确实在第一次增资后的股权比例的基础上进行过调整，目前登记的持股比例（43.6798%、13.8628%、11.8091%，合计69.3517%）与增资协议履行后的实际持股比例不符，故本院以约定的第二次增资后二原告、卫某、江某鹏、魏某的持股比例作为计算基础。协议已就未在约定时间内调整股权的违约行为专门约定了违约金，各方应遵照执行，二原告主张的违约金计算方式并无不当，法院予以支持。

综上，法院判决，卫某分别向青苗基金、稻花基金各转让其所持飞鸟公司5.85205%的股权；江某鹏分别向青苗基金、稻花基金各转让其所持飞鸟公司1.9067%的股权；魏某分别向青苗基金、稻花基金各转让其所持飞鸟公司 1.62425% 的股权；卫某、江某鹏、魏某向青苗基金、稻花基金支付违约金 7534368.73 元；驳回原告的其他诉讼请求。

宣判后，四被告向北京市第一中级人民法院提起上诉，之后又申请撤回上诉，一审法院判决现已生效。

知识拓展

（一）对赌协议的内在经济逻辑

关于对赌协议法律属性的认识分歧在根本上源于对对赌协议这一私募股权投资领域外来投资模式的不熟悉甚至认识误区。因此，厘清其内在运行机理是对其进行合理法律评价的前提。

对赌协议并非法律概念，一般是指在私募股权投资领域中应对股权估值不确定所约定的估值调整方式，其核心内容通常包括：如果被投资的目标公司未来实现约定业绩，则投资人须追加投资，减持股份等；反之，若目标公司未实现约定业绩，投资人将有权要求退回多收取的投资款、调增股权或回购股权。与之相伴的退出机制安排一般约定，如目标公司未能在某一时间上市，投资人可要求目标公司或其大股东按一定收益率回购其全部或部分股份。广义的对赌条款包括上述估值调整机制和投资退出机制。

1. 为什么要赌

从典型交易模式来看，对赌的原因可从融资企业及私募股权投资基金两方面来分析。从融资企业角度来看，其一般是发展较为成熟，尤其是有上市预期的公司，迫切需要现金流支持，一般选择溢价增资。从私募股权投资基金方角度来看：一方面，其投资目的是通过 IPO 或整体出售等方式套利而非长期持股培育，其投资目的及盈利模式决定其倾向于挑选发展成熟或上市筹备中的公司。另一方面，在对目标公司股权估值的判断上，与目标公司原股东尤其是控制股东或实际控制人相比，其处于信息不对称的劣势地位，其投资决策的作出依赖于目标公司控制人的信息披露与承诺。而因为投资模式一般是溢价增资，若投资目标无法实现，投资人将承受较大损失，该类投资本身隐藏着较大风险。综上来看，双方选择对赌的根本原因是为应对不确定性的风险。

2. 一般怎么赌

对赌中一般会涉及两个核心要素：市盈率与下一年度的净利润。市盈率是常被用来评估股价水平是否合理的指标。市盈率＝当日收盘价／上一年度每股税后利润，表示需要经过多少年的积累投资者的股本可以通过股利收回。因此，市盈率数值越小，代表股价泡沫越少，投资回收期越短，风险越小；市盈率越高，意味着股权价格越高，翻本期越长，风险越大。

投资价格，即股权价格的确定需要建立在预估下一年度企业净利润以及协商市盈率倍数的基础上。以常用的估值方法为例：甲私募基金欲通过增资扩股方式对乙公司（注册资金为2亿元）进行股权投资，假设双方约定市盈率为5倍，乙公司承诺未来一年度税后净利润不低于3亿元。在此情况下，甲拟投资2亿元，其所能购买乙公司的股权比例为：2÷（5×3）。如果下一年度乙公司能兑现其承诺的业绩，对双方来说都是理想的交易，说明甲购买的乙公司股权物有所值，符合等价交换原理。如果下一年度业绩不足承诺的3亿元，甚至远远低于该数值，说明甲购买的股权质次价高，对甲来说不公平，则乙应该按相应比例退还甲多付的投资款或调增持股比例。如果未来业绩高于3亿元，说明股权估值偏低，甲应向乙补交不足的投资款或调减持股比例。

（二）对赌协议纠纷裁判的发展与面临的问题

1. 发展与问题

对赌协议纠纷不是法定的诉讼案由，实践中，一般体现为股权转让纠纷、合同纠纷、出资纠纷等。

一是对赌协议纠纷裁判经过近几年的发展，裁判者对投资方与目标公司股东之间的对赌属于意思自治的范畴已经达成了广泛共识。目前争议主要存在于投资方与目标公司之间直接的估值调整及投资退出的法律效力判断问题。

二是对私募基金股权投资这一极富活力与创新性的实践领域缺乏足够的认知，对对赌协议本身的产生背景、内在经济逻辑及现实价值认识不清。

三是对对赌协议的内容，即估值调整机制及投资退出机制的法律属性认识不同，并进而影响对其法律适用的选择。既有的裁判，包括海富案，多从公司法的资本维持原则、股东损害债权人利益等公司法的角度对对赌条款的法律效力进行判断，而对对赌协议的契约属性重视不足。

四是随着司法实践的不断发展，对目标公司与投资者之间的投资估值调整条款（现金补偿约定）的效力，有裁判者在个案中从合同法的平等自愿、权义对等、诚实信用角度加以肯定，但对目标公司提出的投资者与目标公司其他债权人之间的利益平衡抗辩意见等回应不够。且目前的不同裁判观点仅停留在个案研究阶段，实践与理论层面均未对判断其法律效力的考量因素、理论及法律依据等达成共识。

五是对目标公司对投资者的股权补偿及回购承诺的法律效力及具体履行条件、障碍等问题鲜有实质涉及。2014年5月中国国际经济贸易仲裁委员会在其裁决的对赌案例中也仅认定大股东回购股权并支付价款，而未依据约定裁决目标公司对股权回购承担连带责任。法院认定目标公司与投资人对赌有效的案例中，因合同未约定或原告未要求目标公司承担回购义务而仅要求支付回购价款等原因，均未判决目标公司承担股权回购义务。

从总体上看，不管是投资者与目标公司之间的投资估值调整条款还是股权回购条款，其法律效力判决是首要的问题，其中需要考量的利益相关主体范围及具体因素是需要进一步深入研究的重点所在；同时，股权回购条款的具体履行条件及方式关系到对赌协议的执行，也是无法回避的问题。

2. 投资者与目标公司之间对赌的法律效力

目前关于投资者与目标公司之间对赌的法律效力存在几种不同观点：无效；有条件的有效；有效。

主张无效的代表性理由与最高人民法院海富案的判理基本一致，即投资者与目标公司本身之间的补偿条款如果使投资者可以取得相对固定的收益，则该收益会脱离目标公司的经营业绩,直接或间接损害公司和债权人利益,故应认定无效。

主张有条件的有效的观点下,学界论证的角度各有不同,但存在一个基本共识:与公司对赌并不必然损害公司、其他股东或债权人的利益。公司向债权人披露对赌协议,且债权人允许的情况下,应认定有效;同时,对债权人的保护应从其事后救济上着手,由债权人判断其利益是否受损及是否启动救济程序。通过一定情况下"股东对公司债务承担连带责任"的立法设计亦可维护债权人的利益,而非必须将《公司法》第二十条第一款作为效力性强制规范并以此否定股东与公司间对赌协议的效力。①

主张有效的观点,多是从区分合同的效力与履行的角度来分析。1. 根据公司与股东之间的估值调整或者股权回购安排,公司资金逆向流入股东是一种合同履行行为。基于此履行行为的债权人保护、公司资本维持的考量不应影响合同的效力评价,仅可能构成合同的履行障碍。2. 应将《公司法》第二十条第一款与第二款、第三款结合起来进行体系解释,该条的立法本意是要求违反诚信义务造成公司、中小股东或债权人利益受损的控制股东承担损害赔偿责任,以事后救济性地保护其利益,并非事前预防性地直接否定内容涉嫌损害上述主体利益的合同的效力。该条规定不属效力性强制性规定。3. 还有研究者从反面角度进行论证,认为如果将资金外流与公司债权人利益受损当然地挂钩,交易活动将无法正常进行。

分析上述争议的内容,我们不难发现,争议根源在于意思自治的效率要求与公平保护的平衡困难。而解决问题的关键也在于如何平衡相关主体的利益,这不仅局限于对赌本身需要平衡投资者与融资者的权义负担,而且涉及公司治理结构是否合理,公司内外部辩证关系的问题。本文认为,对协议效力的判断从以下几方面考量较为合理:

其一,在信息不对称的情况下,目标公司及其控制人对企业未来经营业

---

① 赵忠奎:《对赌协议效力认定路径的偏失与矫正》,载《经济法论坛》第17卷,第128页,法律出版社2016年版。

绩的预估是否合理，是否存在投机嫌疑（效力争议的重要原因）。假设实际业绩与预估过分悬殊，导致目标公司、原股东承担高额补偿义务，小股东或其他债权人主张大股东或实际控制人滥用股东权利损害公司利益或债权人利益的，可向大股东或实际控制人追责，但不宜轻易否定投资协议的效力。

其二，投资人的风险、收益机制设置是否大致公平，权利义务设置是否存在极度不匹配的情况。如投资方与融资方的控制人确实存在利益输送，恶意串通损害小股东及其他债权人利益等合同法关于合同无效的情形，则可依法否定对赌协议的效力。

其三，如存在原大股东承诺离谱的业绩以欺诈投资人的情况，投资人也可请求法院撤销对赌协议。

普法提示

其一，融资公司应诚信经营，如实向投资方完整披露相关财务、经营信息；投资方也应谨慎做好投资前的尽职调查。力争交易建立在双方充分占有信息的基础上，尽力避免信息严重不对称的情况。交易的安全、合理是减少后续纠纷产生的根本保障。

其二，及时掌握对赌协议纠纷裁判的最新动态，提前做好法律风险防范。鉴于针对投资人与目标公司对赌的法律效力问题，各地司法裁判标准尚未统一，法院与仲裁机构之间也存在明显分歧，因此，建议投融资双方在设计对赌协议条款时充分了解所在地区裁判机构对此的主流裁判思路，未雨绸缪，以趋利避害。假设对赌目标无法实现的情况下，在投资方利益的补偿义务主体及补偿方式（股权补偿或现金补偿等）的选择上，在纠纷主管机关（法院或仲裁机构）或管辖法院的选择上都可以开展事先有针对性的具体规划。

其三，在选择约定由目标公司向投资人补偿股权或回购股权时，尽可能一并约定具体可行的履行方案。比如，可事先在协议中明确约定目标公司通过资本公积金转增注册资本方式向投资人补偿股权，调增投资人的持股比例。当然该种补偿方式须以目标公司届时有充足的资本公积金为前提。否则，若争议双方无法在事后就补偿方式达成新的协议或公司资本公积金不足，都将影响该约定的实际履行。针对股权回购，《公司法》第七十四条规定未禁止公司在对赌情况下回购股权，对于回购的股权，公司可通过股权转让或减资的方式处置。

其四，纠纷发生后，理性选择诉讼或仲裁策略。从目前的情况来看，关于股权估值调整条款，有的对赌协议中虽约定了目标公司及其原股东共同承担股权补偿或回购义务，但投资人基于诉讼风险的考虑倾向于不要求原股东承担该义务，而仅要求目标公司承担现金补偿义务或回购价款支付义务。

其五，融资公司完善的内部治理结构对成功引进投资意义重大。科学合理的内部治理结构是公司稳健运营的制度保障，也能给潜在投资人提供一个稳定的投资预期。尤其是在大股东或实际控制人参与公司经营管理的情况下，保持公司运营的中立性，避免随意侵害小股东或债权人的利益是问题的关键所在。

案例四 | **私募投资基金合同的效力**
——不属于合格投资者或基金未备案不属于合同无效的法定事由

黄妍妍[1]

案情回顾

近年来，我国私募基金行业迅猛发展，相应的风险及问题也随之暴露，如公开募集和虚假宣传、投资业绩难以持续并可追踪、非法集资等。尤其是部分基金管理人以金融创新为名，规避金融监管，将权益拆分发行以降低投资者门槛，变相突破合格投资者标准的情况频频出现。私募投资基金具有高风险的特点，需要投资者具有较强的风险识别能力和风险承受能力，并且其对应的规则亦不同于老百姓日常接触的存款、国债等传统理财产品。不具备风险承受能力的中小投资者如果贸然跟风购买，一旦相关产品信用风险爆发，其往往无法承受由此导致的巨大财产损失。本文选取如下一则案例，以期将私募投资基金合同的相关效力问题予以提示。

李雷是一家农业科技公司的小老板。为了更好地提升自己的经营管理能力以及挖掘更多的商业机会，他报名参加了某大学组织的在职 EMBA 课程。通过课程组织的一些交流活动，李雷认识了林涛。林涛频频向李雷等课上的同学推荐理财产品。为了平时更好地交流和资源共享，林涛拉上了班里十几个同学组建了一个"同窗情"微信群。

2015 年 7 月 4 日，林涛在"同窗情"微信群中发布一则投资消息称："蓝鼎基金管理公司（以下简称蓝鼎公司）目前有个 1 号基金项目，该基金是关于旭日公司新三板定增的投资项目。基金的投资目标为认购旭日公司增加注册资本所发行的股份，于旭日公司新三板挂牌后，通过转让等方式分享上市

---

[1] 北京市海淀区人民法院民事审判三庭（破产审判庭）法官助理。

收益。100万元起投，预期投资收益率超过300%。旭日公司现经营非常好，肯定能成功挂牌。"李雷听到这么高的收益率就很心动，但是他手上的活动资金又没有这么多。所以他就联系林涛，询问能不能投30万元。林涛称刚好群里有别的同学也表示100万元金额太多了，可以凑一起组一份。后来大家一商量，就由林涛统一为同学们代持上述基金份额。

2015年7月15日，李雷与林涛签订《基金代持协议》，其中约定：双方决定出资参与蓝鼎1号基金项目。预期投资收益率超过300%，以退出时实际收益为准。林涛作为基金的名义投资人，向该项目资金认缴并实际出资。李雷实际缴付30万元，通过林涛代持参与投资蓝鼎1号基金项目投资。李雷为其实际认缴份额的实际所有人，所对应的投资收益亦归属于李雷所有。因投资蓝鼎1号基金所产生的投资风险，由双方按照各自认缴份额所占的比例分摊承担。李雷自蓝鼎1号基金中的份额退出并获得本息后，本协议终止。当日，李雷向林涛账户汇入30万元，备注为"蓝鼎1号基金投资款"。"同窗情"微信群的另两名同学韩刚、韩梅梅也与林涛签订了《基金代持协议》，并向林涛账户汇入共计50万元，加上林涛自己的20万元，大家凑了100万元。

一周后，林涛作为基金投资人与基金管理人蓝鼎公司签订了《蓝鼎1号契约型股权投资基金合同》，其中约定：该基金投资于旭日公司新三板定增，基金投资人承诺认购/初始申购金额为100万元。基金存续期为1+0.5年，到期后予以结算分配收益。基金投资人愿意依法承担相应的投资风险等。当日，林涛就将李雷、韩刚、韩梅梅以及自己凑得的100万元汇入蓝鼎公司，附言为"林涛购买蓝鼎1号基金款100万元"。

2015年7月30日，蓝鼎公司将投资款汇入旭日公司账户。后旭日公司经营不善，未能在新三板挂牌，而且股权价值也大幅贬值。基金投资人投入的款项损失严重。

林涛将该消息告知李雷。李雷一想到当时林涛是如何地宣传该基金的高收益率以及稳挂牌，就无法接受该结果。所以李雷就去质问林涛为何事先未告知其该基金存在这么大的风险，并要求林涛赔偿。林涛答复称，他也没想到行业市场变化这么快，并且其也投入了20万元。根据双方签署的《基金代持协议》，各方应按照实际投资比例承担风险，故李雷不应向其主张责任。

李雷越想越生气，就上网查阅了解基金投资的相关规定。他获悉私募基金不得通过电视台、互联网等公众传播媒体向不特定对象宣传推介；必须向合格投资者募集，合格投资者投资于单只私募基金的金额应不少于100万元；应当依法备案。基于此，李雷再次找到林涛，主张其不是合格投资者，林涛代持的行为属于规避监管。并且林涛未经证券监督管理机构注册，通过微信、电话等多种方式向不特定对象公开募集资金，涉案基金也没有备案。所以，双方之间的《基金代持协议》应当无效，林涛应当赔偿李雷的损失，返还李雷投入的款项。李雷亦找到蓝鼎公司，主张其不是合格的投资者，故林涛代其投入30万元并签署的基金合同应当无效，蓝鼎公司应当向其返还30万元。林涛、蓝鼎公司均不同意李雷的要求，各方未能协商一致。

之后，李雷就将蓝鼎公司投诉至中国证券监督管理委员会。中国证券监督管理委员会就此出具《行政监管措施决定书》，其中载明：蓝鼎公司存在向不合格投资者募集资金的行为，具体表现为林涛通过代持协议汇集李雷等3名投资者的资金购买公司发行的蓝鼎1号基金。上述3名投资者出资额均低于100万元；前述代持协议中还存在"预期收益率超过300%，以退出时实际收益为准"的表述。上述行为违反了《私募投资基金监督管理暂行办法》的规定，决定对该公司采取出具警示函的行政监管措施。

李雷基于上述理由将林涛、蓝鼎公司诉至法院，要求确认其与林涛签署的《基金代持协议》无效，由此导致林涛代其与蓝鼎公司签署的基金合同亦无效；林涛及蓝鼎公司返还其投资本金30万元。

被告林涛不同意李雷的诉讼请求。首先，《基金代持协议》系双方真实意思表示，没有违反法律效力性强制性规定，为有效合同。"不得向合格投资者之外的单位和个人募集资金"的规定为管理性强制规定，不是效力性强制规定。李雷是完全民事行为能力人，其基于真实意思表示选择购买涉案基金，应当由其自行承担相应投资风险。其次，双方的法律关系是委托合同关系，林涛已经按照协议约定将款项汇至蓝鼎公司，没有占有、使用该资金。林涛的受托行为所导致的法律责任应由委托人李雷自行承担。最后，李雷不属于不特定对象,双方是某大学EMBA同学关系,属于特定的社会关系。林涛没有向不特定人群募集资金,通过私人微信和电话也是进行投资沟通和交流。李雷是企业管理者,其还投资有其他公司,具有丰富的投资经验和风险识别能力,其明知自身不是合格的私募基金投资者,仍委托林涛代持,应自行承担投资风险和相应法律责任。

被告蓝鼎公司亦不同意李雷的诉讼请求。首先,蓝鼎1号基金为私募基金。当时国家对私募基金没有强制的发行资质要求。而蓝鼎公司已在中国证券投资基金业协会进行备案登记。其次,蓝鼎公司已将林涛汇入的款项如数投入旭日公司。因市场行情、国家政策的变化,现旭日公司无法在新三板挂牌,这是蓝鼎公司无法预测的。投资本身就存在风险,李雷应自担相应风险。最后,蓝鼎公司系与林涛签署基金合同,相对方为林涛,李雷无权要求确认该基金合同无效。并且,蓝鼎公司赞同林涛的意见,合格投资者的规定并非效力性强制性规定,其已受到了警示函的行政监管措施。

对于李雷以其不是合格投资者、涉案基金未注册备案、林涛未经注册向不特定对象公开募集涉案基金为由主张双方之间的《基金代持协议》无效,继而主张林涛作为名义投资人与蓝鼎公司签订的基金合同也无效的诉讼主张,法院经审查后认为:首先,根据现有证据,林涛基金募集宣传的对象主要为其EMBA同学,不存在向不特定对象公开募集的情况。蓝鼎公司作为基金管理人已登记备案。林涛作为代持人,并非需经有关监督管理机构注册的主体。其次,根据《证券投资基金法》第九十四条的规定,非公开募集基金募集完毕,基金管理人应当备案。蓝鼎公司认可现涉案基金已募集完毕,但未经备案。该条款规定的是基金管理人蓝鼎公司的备案义务,且备案只是基金业协会为完善私募基金信息披露所作的管理性规定。违反该规定并不导致李雷与林涛之间的《基金代持协议》无效。最后,根据《证券投资基金法》第八十七条、第九十一条的规定,非公开募集基金应当向合格投资者募集。李雷通过林涛认购的基金份额为30万元,不符合合格投资者的要求。但该条款的规定属于管理性强制性规定,违反上述规定并不导致实际投资者委托名义投资者代为持有基金份额的协议无效。蓝鼎公司违反上述规定的行为应当由行政机关依据相关规定进行处理。综上，李雷主张《基金代持协议》无效，并据此主张林涛作为名义投资人与蓝鼎公司签订的基金合同也无效，缺乏法律依据，不予支持。其基于此而要求林涛、蓝鼎公司返还款项，亦应不予支持。

那么，哪些情形可以导致合同无效？李雷主张的情形为何不足以导致其与林涛之间的《基金代持协议》无效？对于此，下文予以进一步解释。

法理分析

（一）合同无效的情形及法律后果

李雷系通过主张双方签署的协议无效而要求林涛、蓝鼎公司返还款项。那么，按照相关法律规定，哪些情形可以导致合同无效呢？

合同行为属于典型的民事法律行为。根据2017年10月1日实施的《民法总则》，以下情形可以导致相应的民事法律行为无效：1.行为人与相对人以虚假的意思表示实施的民事法律行为无效[1]；2.违反法律、行政法规的强制性规定的民事法律行为无效，但是该强制性规定不导致该民事法律行为无效的除外[2]；3.违背公序良俗的民事法律行为无效[3]；4.行为人与相对人恶意串通，损害他人合法权益的民事法律行为无效[4]。

其中，针对第一种情形，应当具备如下要件，即有意思表示、表示与内心目的不一、有虚伪的故意、行为人与相对人通谋实施。针对第二种情形，

---

[1] 详见《中华人民共和国民法总则》第一百四十六条，对照《中华人民共和国民法典》第一百四十六条。

[2] 详见《中华人民共和国民法总则》第一百五十三条第一款，对照《中华人民共和国民法典》第一百五十三条第一款。

[3] 详见《中华人民共和国民法总则》第一百五十三条第二款，对照《中华人民共和国民法典》第一百五十三条第二款。

[4] 详见《中华人民共和国民法总则》第一百五十四条，对照《中华人民共和国民法典》第一百五十四条。

应注意相应的规定层级必须是法律、行政法规，不包括规章。另外，民事法律规范可分为强制性规范和任意性规范。而强制性规范又分为效力性强制性规范和管理性强制性规范，只有违反效力性强制性规范才导致无效。针对第三种情形，公序良俗包括公共秩序和善良风俗两个方面，常见的如金融安全、市场秩序、国家宏观政策、家庭伦理道德等，一般关系到全体社会成员或者社会不特定多数人的利益。只有在没有违反法律和行政法规而又确有必要认定该行为无效的情况下才适用违反公序良俗无效的规定。针对第四种情形是指当事人双方具有共同的目的，希望通过订立合同损害他人利益。

根据《合同法》第五十八条的规定，合同无效后，因该合同取得的财产，应当予以返还；不能返还或者没有必要返还的，应当折价补偿。有过错的一方应当赔偿对方因此所受到的损失，双方都有过错的，应当各自承担相应的责任。①

（二）不属于合格投资者、基金未备案不足以导致涉案协议无效

首先，就基金备案问题，《证券投资基金法》第九十四条进行了规定，即非公开募集基金募集完毕，基金管理人应当向基金行业协会备案。就合格投资者的问题，该法第八十七条、第九十一条规定，非公开募集基金应当向合格投资者募集，不得向合格投资者之外的单位和个人募集资金。《私募投资基金监督管理暂行办法》第十二条第一款对何为合格投资者予以了明确，即私募基金的合格投资者是指具备相应风险识别能力和风险承担能力，投资于单只私募基金的金额不低于100万元且符合下列相关标准的单位和个人：（一）净资产不低于1000万元的单位；（二）金融资产不低于300万元或者最近三年个人年均收入不低于50万元的个人。现蓝鼎公司作为基金管理人认可涉案基金已募集完毕且未备案。李雷通过林涛认购的基

---

① 《中华人民共和国民法典》第一百五十七条规定，民事法律行为无效、被撤销或者确定不发生效力后，行为人因该行为取得的财产，应当予以返还；不能返还或者没有必要返还的，应当折价补偿。有过错的一方应当赔偿对方由此所受到的损失；各方都有过错的，应当各自承担相应的责任。法律另有规定的，依照其规定。

金份额为 30 万元，不符合上述合格投资者的要求。

其次，只有违反效力性强制性规定才导致合同无效，那么上述规定是否属于效力性强制性规定？效力性强制性规定一般是指强制性规定涉及金融安全、市场秩序、国家宏观政策等公序良俗的；交易标的禁止买卖的，如禁止人体器官、毒品、枪支等买卖；违反特许经营规定的，如场外配资合同；交易方式严重违法的，如违反招投标等竞争性缔约方式订立的合同；交易场所违法的，如在批准的交易场所之外进行期货交易。[①] 而关于经营范围、交易时间、交易数量等行政管理性质的强制性规定，一般应当认定为"管理性强制性规定"。故上述关于基金管理人的备案义务以及合格投资者的规定，应当认为属于管理性强制性规定，违反该规定，不足以导致合同无效。蓝鼎公司违反上述规定的行为应当由行政机关依据相关规定进行处理。实际上，中国证券监督管理委员会的监督局已对此作出行政监督措施决定书。

最后，李雷为规避合格投资者制度中 100 万元的限制，以委托林涛代持份额的方式参与蓝鼎 1 号基金的投资。其行为虽不符合相关法律及部门规章规定，但就其投资行为及委托代持行为本身而言，并未损害全体社会成员或者社会不特定多数人利益，既未损害社会公共秩序，亦未损害社会善良风俗。

结合上述，李雷主张其不属于合格投资者、基金未备案均不符合上述导致合同无效的情形。故其要求确认涉案协议无效，无法得到支持。

知识拓展

通过以上介绍，我们对不属于合格投资者、基金未备案是否会影响相关合同的效力有了基本的了解。下文通过两则拓展案例以期进一步深入介绍与私募投资基金合同效力有关的知识。

---

① 详见 2019 年 11 月 8 日最高人民法院《全国法院民商事审判工作会议纪要》第 30 条。

（一）拓展案例1：未签订书面合同，仅凭付款行为不能认定基金合同关系成立

2018年6月13日，郝红欲投资"乐明3号"基金。其以个人银行账户向乐明公司转账支付101万元，备注为"乐明3号"。后郝红收到乐明公司邮寄的《私募投资基金合同》文本，但其未在上面签名。当月，"乐明3号"基金在中国证券投资基金业协会备案，基金管理人为乐明公司，基金托管人为江北银行。现郝红起诉至法院，称其购买的私募投资基金"乐明3号"没有签署基金合同，要求乐明公司返还收取的101万元投资款并支付利息。乐明公司认为，虽双方并未签订书面的基金合同，但郝红于2018年6月13日已向其公司支付100万元基金认购资金和1万元认购费，并在付款摘要上明确注明了"乐明3号"，郝红不仅有购买涉案基金明确的意思表示，更有支付认购资金及认购费的事实行为，故双方基金合同已成立并实际履行，故不同意返还款项。

法院经审理认为，虽郝红向乐明公司支付的101万元系为了购买乐明公司作为基金管理人销售的非公开募集基金，但首先，乐明公司主张成立的基金合同，属法律规定应当采用书面形式订立的合同。乐明公司出示的有基金管理人、基金托管人印章的《私募投资基金合同》文本，可证明其制作了基金合同，但合同上"基金投资者签字"一栏没有郝红签名。其次，中国证券监督管理委员会公布的《私募投资基金监督管理暂行办法》明确规定，私募基金管理人自行销售私募基金的，应当采取问卷调查等方式，对投资者的风险识别能力和风险承担能力进行评估，由投资者书面承诺符合合格投资者条件；应当制作风险揭示书，由投资者签字确认。现乐明公司亦未能出示由郝红签字确认的"风险揭示书"等上述材料。综上，应认定郝红与乐明公司之间的基金合同不成立。乐明公司持有郝红支付的款项无合同及法律依据。法院最终判令乐明公司返还郝红本金101万元及利息。

私募投资基金合同属于法律、行政法规规定必须采用书面形式订立的合同类型。投资者未签署私募投资基金合同的，则不能视为其与基金管理人之

间成立基金合同关系。《证券投资基金法》第九十二条第一款规定："非公开募集基金,应当制定并签订基金合同。基金合同应当包括下列内容:(一)基金份额持有人、基金管理人、基金托管人的权利、义务;(二)基金的运作方式;(三)基金的出资方式、数额和认缴期限;(四)基金的投资范围、投资策略和投资限制;(五)基金收益分配原则、执行方式;(六)基金承担的有关费用;(七)基金信息提供的内容、方式;(八)基金份额的认购、赎回或者转让的程序和方式;(九)基金合同变更、解除和终止的事由、程序;(十)基金财产清算方式;(十一)当事人约定的其他事项。"结合上述规定,郝红与乐明公司之间因未签署书面的基金合同而不成立基金合同关系,郝红的诉请于法有据。

(二)拓展案例2:基金备案可约定为合同的生效条件,如基金管理人未备案即直接使用资金需承担责任

2017年5月,宋连与资金管理人新月公司签订《新月4号私募基金合同》。宋连自愿投资"新月4号"基金,认购额为400万元。双方签署的基金合同具有一般基金合同的必备条款,同时特别约定,资产管理人应当办理相关备案手续,备案手续办理完毕,本基金合同生效。后新月公司在销售期内成功募集到预定的数额,募集完毕,但新月公司未到中国证券投资基金业协会备案。在基金未备案的情况下,新月公司即将项目资金投入一个信托计划中。该基金存续期满,宋连收回的本息合计为240万元,损失严重。现宋连将新月公司起诉至法院,主张因未备案,故双方之间的基金合同实际未生效,资产管理人新月公司无权动用投资者资金,要求新月公司赔偿其损失。

法院经审查认为,宋连与新月公司签署的合同明确约定备案系该合同生效的条件。新月公司在募集完毕后未办理相关备案手续,故宋连投入的相关资金并未转化为相应的基金份额。新月公司在双方的基金合同尚未生效、未取得独立管理和运用涉案资金权限的情况下,即擅自对涉案资产进行投资,存在过错。现宋连的资产出现损失,应认定新月公司的行为侵犯了宋连的财产权利,应承担相应的侵权责任。故法院最终判令新月公司赔偿宋连的损失。

在李雷的案例中，已详细介绍了基金管理人备案义务的法律规定并非效力性强制性规定。如违反备案义务，并不导致双方之间的基金合同当然无效。那为何宋连的案件中法院认定未备案的情况下，基金管理人应承担责任呢？实际上，两则案例存在细微的区别，该区别之处在于宋连将备案义务约定为合同的生效条件。

根据《合同法》第四十五条的规定，当事人对合同的效力可以约定附条件。附生效条件的合同，自条件成就时生效。附解除条件的合同，自条件成就时失效。当事人为自己的利益不正当地阻止条件成就的，视为条件已成就；不正当地促成条件成就的，视为条件不成就。[①] 在宋连案件中，双方已约定募集完毕后，新月公司应履行备案义务，备案后双方之间的基金合同才生效。故在其未备案的情况下，基金合同并未生效，新月公司无法使用宋连投入的资金。新月公司对擅自使用该资金所造成的损失，应承担相应赔偿责任。

普法提示

"处理好风险自担与强化投资者保护的关系，加强投资者教育，引导投资者培育理性投资理念，自担风险、自负盈亏，提高风险意识和自我保护能力"是国家进一步促进资本市场健康发展的基本原则之一。基于此，本文通过以上几则典型的私募投资基金相关案例对投资者予以警示。同时，提出如下几点建议：

（一）量力而行，莫贪利——收益越高，风险越大

投资者在选择基金理财产品时往往以高收益为导向，而对相关的投资知

[①]《中华人民共和国民法典》第一百五十八条规定，民事法律行为可以附条件，但是根据其性质不得附条件的除外。附生效条件的民事法律行为，自条件成就时生效。附解除条件的民事法律行为，自条件成就时失效。第一百五十九条规定，附条件的民事法律行为，当事人为自己的利益不正当地阻止条件成就的，视为条件已经成就；不正当地促成条件成就的，视为条件不成就。

识了解甚少，对投资风险预见不足。私募投资基金在高收益的同时，伴随着高风险的特点，故其对投资者的风险识别能力和风险承受能力要求较高。投资者在选择该类投资产品时，应从自身实际出发，量力而行；仔细对照私募投资基金合格投资者的标准，判断自身是否有能力、有资格购买该产品。在符合合格投资者最低标准的情况下，再选择与自身风险承受能力相当的产品，切忌盲目购买而承担无法承受的高风险所带来的巨大损失。

（二）摸清底细，辨真假——多了解、多查阅、谨防虚假项目

向合格投资者募集资金的私募基金管理人应当在基金业协会依法登记。投资者在选择购买私募基金产品前，可先登录基金业协会网站或证监会网站，了解相关机构的登记情况以及过往业绩情况、诚信规范情况，切勿通过非法渠道购买。同时，对于通过互联网、短信、传单等公开方式向不特定公众宣传推介某类基金产品的情况，可能涉嫌非法集资类刑事犯罪，切勿打款。

（三）细看合同，持续关注——合同条款关系大，产品动向需关注

私募投资基金合同是规范投资者与基金管理人之间权利义务的重要文件。投资者在选择购买理财产品时，应仔细阅读合同条款，包括合同内容是否完整，几份合同之间的内容是否一致，权利义务条款是否合理等。如遇不清楚的规定、模糊的表述，应要求基金管理人予以明确并修改。切勿被夸大的宣传所骗，在未仔细阅读的情况下盲目地直接签署合同。签署合同后，仍应密切关注所投资基金产品的运行情况，定期及时查阅基金管理人所发布的公告。如遇基金财产被侵占、挪用或无法联系上基金管理人的，应及时向相关证监部门或基金业协会反映；涉嫌刑事犯罪的，应及时向公安机关报案，避免损失。

案例五 | **委托理财合同纠纷中的刑民交叉情形**
——涉嫌非法吸收公众存款罪或集资诈骗罪

韩斌[①]

案情回顾

随着经济发展和社会公众个人财富的增加，投资理财成为公众财产保值增值的主要方式，传统的银行存款理财模式已经难以满足公众日益增长的投资理财需求，公众投资股票、基金、期货、P2P、众筹等新类型投资理财方式的热情也不断高涨。近年来，大数据、物联网、云计算等现代信息技术手段进一步得到普及和推广，互联网技术和现代金融不断碰撞和融合，产生了一系列令人眼花缭乱的成果，普惠金融等理念开始逐渐流行，起源于国外的私募投资基金以及 P2P、众筹等互联网金融新类型投资理财方式也开始在国内投资理财市场逐步产生、发展和繁荣起来。但与此同时，利益的驱使也使得市场上出现了一些投机分子，他们通过成立投资公司，设立名目繁多的投资基金项目或合伙投资项目，以高收益和"保本"等作为宣传噱头，吸引公众将手中的大量资金"自愿"投入这些所谓的"高收益、低风险"的投资项目，当项目到期，投资民众准备兑付收回本金和许诺的高额收益时，却往往发现公司无法按期正常拿回投资本金或停止兑付，更严重者公司已人去楼空，此时投融资双方发生矛盾纠纷在所难免，法院立案受理的民间理财纠纷数量亦呈现逐年上升的态势。而这类案件因与百姓生活息息相关，成为社会媒体持续关注的焦点。请看以下案例。

白阿姨今年六十五岁，家住复兴区，2005 年从天空医院内科主任医师职位上退休，退休后和从部队退休的老伴在家含饴弄孙，享受退休生活。老两

---

① 北京市海淀区人民法院民事审判三庭（破产审判庭）审判员。

口退休前和退休后的收入都比较丰厚,为自己和一对子女一共购置了五套房产,并将其中的两套房产出租给了北漂一族,赚取房租。白阿姨退休后紧跟时代潮流,逛淘宝购物、玩微信、刷抖音,并积极参加社区志愿活动。除此之外,白阿姨退休十年来,一直坚持理财,将退休工资和收取的房租用于购买一些理财产品。白阿姨购买的理财产品种类繁多,有国债、债券基金、黄金贵金属、银行大额存单等。2017年1月的一天早晨,白阿姨在楼下跳广场舞时,一个提着公文包西装革履的小伙子,在一旁支起一张桌子,开始介绍自己公司的"财源滚滚添利保本型投资项目",小伙子自我介绍是小区附近财源公司的销售经理,名叫何初,其公司最近开发了一个项目,项目的投资由公司主导,设立合伙企业作为吸收投资人投资的平台,投资人投入一定数额的资金即可成为合伙企业的合伙人,持有相应的合伙份额,并且投资项目回报丰厚,年收益保持在12%以上。项目投资周期两年,投资转让份额可随时赎回。公司每月按照收益情况给投资人派发收益,每月20日到账。经过何初声情并茂、慷慨激昂的宣讲,引来了很多在跳广场舞和遛弯的大爷大妈的围观,大家纷纷询问着理财产品的投资方式、份额价格、收益情况等信息,在何初不厌其烦一一回答解释后,有些大爷大妈踌躇满志地签署了桌子上备好的投资合同,有些围观者在了解些许情况后若有所思地离开了。白阿姨也在围观小伙子何初宣讲的众人之中,但白阿姨想着自己的有些理财还未到期,这个理财项目之前也未听说过,这家投资公司虽然就在小区附近,自己去菜市场买菜的时候也曾路过,但自己并没有购买过这家公司理财产品的经历,稍微了解下产品情况后便放弃了购买的打算。两个月之后的一天,白阿姨和往常一样去楼下跳广场舞,发现那个叫何初的小伙子,和上次一样在广场上支着桌子,正被一群人围着不停地回答大家的提问。白阿姨凑过去,看到围观者中有上次已经买过产品的小区邻居,听到他们说第一个月和第二月的收益都按时到账了,收益率在12%以上,旁边的其他围观者也纷纷向何初询问购买方式和最低购买份额等情况,看起来都跃跃欲试。白阿姨看到自己的舞伴张大爷也在旁边,手里拿着一份金额为100万元的投资合同,和张大爷聊了一会儿了解了情况后,白阿姨也决定参加投资。从小区广场离开时，白阿姨手中多了两份共计金额 400 万元的合同。

白阿姨与财源公司签订的两份合同是财源公司制作的《财源滚滚添利保本型产品合伙协议》，其中约定白阿姨成为财源公司设立的盛世合伙的有限合伙人，该合伙企业唯一投资标的为"大都市高新技术示范区新型煤变油项目"；项目预期年化收益率 18%，资金起息日为合同签订后资金入账日次日，每月分红一次，合同存续期 24 个月，到期后可以选择续期或者返本退伙。白阿姨签署的两份合同的项目分别在 2019 年 3 月 31 日和 2019 年 4 月 1 日到期。白阿姨把合同拿回家后，家里人纷纷表示担心收益不能按期支付，到期后本金可能拿不回来，白阿姨列举了多个邻居已经每月拿到收益的实例，说服了老伴和子女。之后，白阿姨将自己部分到期的其他理财产品的本金和收益共计 400 万元，按照合同约定汇入了盛世合伙的投资账户。之后的每个月 20 日，白阿姨的账户准时收到盛世合伙转账的 6 万元收益，白阿姨的家人也纷纷说这个理财项目还不错，每月按时付收益，而且收益率还挺高。

就这样，时间过了一年半，在 2018 年 9 月 20 日的时候，白阿姨的账户没有收到盛世合伙支付的收益，白阿姨便前往财源公司，找到了当初卖给他产品的何初，何初说现在公司投资项目到了最后的关键时期，需要大量的资金投入，所以影响了收益发放，之后的几个月收益发放也可能会受影响，但等财源公司的项目成功后，分给投资合伙人的收益会更丰厚，之前欠付的也会一分不少支付给白阿姨。何初劝说白阿姨之前的收益公司从来没有拖延过，希望白阿姨理解并坚定信心，将之前合伙项目的到期日向后延长三个月，和财源公司一起渡过最后的考验和难关，延长的三个月按年 20% 支付收益。并且，何初主动表示为了减少白阿姨的投资风险，由财源公司投资的另外一家广进公司给白阿姨提供担保，如果财源公司与盛世合伙未能如约支付白阿姨的理财本息，广进公司一并承担担保责任。当天，白阿姨与财源公司、盛世合伙及广进公司签订了两份《合伙投资延期到期协议》，约定财源公司、盛世合伙在 2019 年 6 月 30 日前支付白阿姨投资款本金，延期支付的利息按年化 20% 从 2019 年 4 月开始支付，广进公司在协议担保人处盖章并承诺如财源公司、盛世合伙未偿还白阿姨本息由其承担担保责任。

之后六个月，白阿姨的账户没有再像之前一样每月 20 日收到收益，白阿姨多次与何初联系，何初均表示让白阿姨再等等。因为白阿姨购买产品的金额较大，虽然签订了延期协议并有广进公司提供担保，但白阿姨和其家人仍然感觉不踏实。在 2019 年 4 月初产品的原期限到期后，白阿姨又去了一次财源公司，发现财源公司大厅里有很多和她一样前来了解投资项目收益何时能够支付的投资人，财源公司派了一个自称副总的人向大家一一解释，安抚投资人情绪，承诺一个月内将之前的收益一并发放，本金按之前和每个人的约定，到期后返还，让大家回去耐心再等等。2019 年 4 月 20 日是约定的延期收益支付日，白阿姨账户仍没有收到承诺的年利率 20% 的收益。白阿姨通过电话和微信联系当初卖给她产品的何初，但都联系不上，白阿姨再次前往财源公司，财源公司已经人去楼空。财源公司、盛世合伙及广进公司承诺给白阿姨的收益和本金均分文未还。白阿姨失魂落魄地回到家中，和家人一起商议后，一纸诉状将财源公司、盛世合伙和广进公司诉至法院。

白阿姨认为，其与财源公司、盛世合伙签署的《财源滚滚添利保本型产品合伙协议》及与财源公司、盛世合伙和广进公司签署的《合伙投资延期到期协议》是各方的真实意思表示，符合《合同法》的相关规定，合法有效。双方之间构成委托理财合同关系，财源公司、盛世合伙承诺在 2019 年 3 月向其支付本金及收益，但未按期支付，广进公司作为担保人也未承担担保义务，构成违约，依法应当向其承担违约责任，立即向其支付本金及承诺的收益。基于上述理由，白阿姨诉至法院，要求财源公司、盛世合伙偿还投资本金并支付投资收益，广进公司对财源公司、盛世合伙的付款义务承担连带清偿责任。

法院经审理查明，2019 年 4 月 8 日，复兴区公安局对财源公司、盛世合伙涉嫌非法吸收公众存款一案立案侦查，后于 2019 年 6 月 3 日移送复兴区人民检察院提起公诉，复兴区人民检察院指控财源公司的法定代表人、总经理等公司负责人于 2016 年至 2019 年，在本市复兴区等地，以财源公司及其关联公司的名义，以入伙成立合伙企业等形式，承诺返本付息，与五百多名投资人签订合伙投资协议，向社会不特定公众非法募集资金，合伙协议所称的"大都市高新技术示范区新型煤变油项目"并不存在，财源公司及其主要负责人涉嫌非法吸收公众存款，涉案金额高达2亿元。

法院认为，白阿姨系依据《财源滚滚添利保本型产品合伙协议》及《合伙投资延期到期协议》提起诉讼，现财源公司的主要负责人等已涉嫌犯罪被刑事立案，白阿姨起诉财源公司、盛世合伙和广进公司的委托理财纠纷一案与上述刑事案件涉及同一事实。根据《最高人民法院关于在审理经济纠纷案件中涉及经济犯罪嫌疑若干问题的规定》第十一条的规定，即"人民法院作为经济纠纷受理的案件，经审理认为不属于经济纠纷案件而有经济犯罪嫌疑的，应当裁定驳回起诉，将有关材料移送公安机关或检察机关"。法院经审查认为，该案不属于经济纠纷案件而有经济犯罪嫌疑，应当将案件移送公安机关或检察机关。最后，法院裁定驳回了白阿姨的起诉，并将线索移送了公安机关。

一审法院作出裁定后，白阿姨不服提起上诉，认为双方之间有真实合法的合同，法院应当按照合同关系继续进行审理，要求二审法院撤销一审裁定，指定一审法院继续审理，并判决支持其诉讼请求。

二审法院经审理后认为，财源公司因其以财源公司及其关联公司的名义，以入伙、成立合伙企业等形式，向投资人承诺返本付息，与投资人签订合伙投资协议，实施了向社会不特定公众非法募集资金的行为，涉嫌刑事犯罪。一审法院审理案件期间，财源公司及其主要负责人已经被公安机关以涉嫌非法吸收公众存款罪立案侦查，并移交检察机关提起公诉。白阿姨投资的款项是刑事案件被告人通过合伙投资合同吸收的众多款项之一，且在二审期间，财源公司涉嫌的刑事案件也经过法院审理作出了刑事判决，判决财源公司及其主要负责人员构成非法吸收公众存款罪，同时判决被告人将非法吸收的款项向被害人予以发还。现刑事案件已经对涉案款项作出了处理。故对白阿姨的上诉请求不予支持，二审法院维持了一审裁定。

法理分析

关于本案，有如下问题需要进一步解释。

（一）向不特定公众销售理财产品可能涉嫌刑事犯罪的情况

与不特定的公众签署投资理财类合同，违反法律规定违规操作，可能涉嫌触犯《刑法》，涉及的罪名主要是非法吸收公众存款罪和集资诈骗罪。根据《最高人民法院关于审理非法集资刑事案件具体应用法律若干问题的解释》第一条的规定，违反国家金融管理法律规定，向社会公众（包括单位和个人）吸收资金的行为，同时具备下列四个条件的，除刑法另有规定的以外，应当认定为刑法第一百七十六条规定的"非法吸收公众存款或者变相吸收公众存款"：（1）未经有关部门依法批准或者借用合法经营的形式吸收资金；（2）通过媒体、推介会、传单、手机短信等途径向社会公开宣传；（3）承诺在一定期限内以货币、实物、股权等方式还本付息或者给付回报；（4）向社会公众即社会不特定对象吸收资金。第二条规定："实施下列行为之一，符合本解释第一条第一款规定的条件的，应当依照刑法第一百七十六条的规定，以非法吸收公众存款罪定罪处罚：（一）不具有房产销售的真实内容或者不以房产销售为主要目的，以返本销售、售后包租、约定回购、销售房产份额等方式非法吸收资金的；（二）以转让林权并代为管护等方式非法吸收资金的；（三）以代种植（养殖）、租种植（养殖）、联合种植（养殖）等方式非法吸收资金的；（四）不具有销售商品、提供服务的真实内容或者不以销售商品、提供服务为主要目的，以商品回购、寄存代售等方式非法吸收资金的；（五）不具有发行股票、债券的真实内容，以虚假转让股权、发售虚构债券等方式非法吸收资金的；（六）不具有募集基金的真实内容，以假借境外基金、发售虚构基金等方式非法吸收资金的；（七）不具有销售保险的真实内容，以假冒保险公司、伪造保险单据等方式非法吸收资金的；（八）以投资入股的方式非法吸收资金的；（九）以委托理财的方式非法吸收资金的；（十）利用民间'会'、'社'等组织非法吸收资金的；（十一）其他非法吸收资金的行为。"第四条规定："以非法占有为目的，使用诈骗方法实施本解释第二条规定所列行为的，应当依照刑法第一百九十二条的规定，以集资诈骗罪定罪处罚。使用诈骗方法非法集资，具有下列情形之一的，可以认定为'以非法占有为目的':(一)集资后不用于生产经营活动或者用于生产经营活动与筹集资金规模明显不成比例,致使集资款不能返还的;(二)肆意挥霍集资款,致使集资款不能返还的;(三)携带集资款逃匿的;(四)将集资款用于违法犯罪活动的;(五)抽逃、转移资金、隐匿财产,逃避返还资金的;(六)隐匿、销毁账目,或者搞假破产、假倒闭,逃避返还资金的;(七)拒不交代资金去向,逃避返还资金的;(八)其他可以认定非法占有目的的情形。集资诈骗罪中的非法占有目的,应当区分情形进行具体认定。行为人部分非法集资行为具有非法占有目的的,对该部分非法集资行为所涉集资款以集资诈骗罪定罪处罚;非法集资共同犯罪中部分行为人具有非法占有目的,其他行为人没有非法占有集资款的共同故意和行为的,对具有非法占有目的的行为人以集资诈骗罪定罪处罚。"

本案中,财源公司虚构了投资项目,并以投资入伙方式非法吸收白阿姨等不特定公众的资金,且涉案人数众多,金额巨大,构成了非法吸收公众存款的行为,最终受到了刑事处罚。

(二)白阿姨与财源公司之间所签署合同及所形成的法律关系的性质及效力

1. 白阿姨与财源公司之间所形成的法律关系性质的界定

本案中,白阿姨系以委托理财合同纠纷为由提起诉讼。双方之间是否系委托理财合同关系,具体应以法律规定为准绳,以案件事实为依据进行判断。理财是一个类概念。一般来讲,委托理财是指委托人将其资金、证券等资产委托给受托人,由受托人将该资产投资于期货、证券等交易市场或通过其他金融形式进行管理,所得收益由双方按照约定进行分配或由受托人收取代理费的经济活动。按照受托人的主体特征不同,可以分为金融机构委托理财和非金融机构委托理财,上述分类对应的案由为金融委托理财合同纠纷和民间委托理财合同纠纷。其中,民间委托理财合同纠纷是指客户将资产交给资产管理公司、投资咨询公司、一般企事业单位等非金融机构或自然人,由非金融机构作为受托人的委托理财形式。针对目前存在于民间理财领域的纠纷,除传统民间委托理财纠纷案件外，主要凸显于涉违规期货交易、私募投资、P2P 网贷、众筹融资等领域。本案中，财源公司以入伙、成立合伙企业等形式，向投资人承诺返本付息，与投资人签订合伙投资协议，实施了向社会不特定公众募集资金的行为，类似于现实生活中常见的非法私募股权投资，只是本案的投资系以合伙的形式进行，投资人并非成为公司的股东，而是成为合伙企业的合伙人，但本质上都是私募性质。这里简要说明一下私募的概念，私募主要相对于公募而言，是指仅向一定范围内的机构或特定个人投资者募集资金，二者系根据募集资金方式的不同划分。从投资目的来看，主要是为了获取目标企业的股权或资产类权益，进而获取投资收益。私募的相关具体知识会在下文知识拓展部分进行介绍。

本案中，白阿姨与财源公司之间并不构成委托理财合同关系，委托理财是委托人将其资金、证券等资产委托给受托人，由受托人将该资产投资于期货、证券等交易市场或通过其他金融形式进行管理，所得收益由双方按约定进行分配或由受托人收取代理费的经济活动。根据白阿姨与财源公司所签署的协议可知，协议涉及的投资项目约定有固定收益回报率并且到期返还投资资金，并无相应风险条款，该约定明确表明白阿姨的合同预期为纯粹追求资本的固定本息回报，而对风险分担及收益后的分成并无约定，合同中财源公司所称的投资项目亦不存在，该合同实体内容与借款合同并无二致，故应认定双方之间的法律关系名为委托理财实为借贷，双方之间所形成的法律关系应按照关于民间借贷的法律规定处理。

2. 白阿姨与财源公司等之间法律关系的效力

据前所述，双方之间所形成的法律关系应按照关于民间借贷的法律规定处理。根据《最高人民法院关于审理民间借贷案件适用法律若干问题的规定》第五条第一款规定，人民法院立案后，发现民间借贷行为本身涉嫌非法集资等犯罪的，应当裁定驳回起诉，并将涉嫌非法集资等犯罪的线索、材料移送公安或者检察机关。另外，《最高人民法院关于在审理经济纠纷案件中涉及经济犯罪嫌疑若干问题的规定》第十一条规定，人民法院作为经济纠纷受理的案件，经审理认为不属经济纠纷案件而有经济犯罪嫌疑的，应当裁定驳回起诉，将有关材料移送公安机关或检察机关。《最高人民法院关于审理非法集资刑事案件具体应用法律若干问题的解释》第二条规定，以投资入股和委托理财的方式非法吸收资金的，以非法吸收公众存款罪定罪处罚。《最高人民法院、最高人民检察院、公安部关于办理非法集资刑事案件适用法律若干问题的意见》在"关于涉及民事案件的处理问题"部分规定，对于公安机关、人民检察院、人民法院正在侦查、起诉、审理的非法集资刑事案件，有关单位或者个人就同一事实向人民法院提起民事诉讼或者申请执行涉案财物的，人民法院应当不予受理，并将有关材料移送公安机关或者检察机关。人民法院在审理民事案件或者执行过程中，发现有非法集资犯罪嫌疑的，应当裁定驳回起诉或者中止执行，并及时将有关材料移送公安机关或者检察机关。公安机关、人民检察院、人民法院在侦查、起诉、审理非法集资刑事案件中，发现与人民法院正在审理的民事案件属同一事实，或者被申请执行的财物属于涉案财物的，应当及时通报相关人民法院。人民法院经审查认为确属涉嫌犯罪的，依照前款规定处理。

因此，对于本案中白阿姨与财源公司之间所形成的法律关系的效力，应根据以上法律规定并结合案件实际情况进行认定。本案中，财源公司采取设立合伙企业，虚构投资项目，与投资人签订投资合伙协议，让投资人成为合伙企业的合伙人的形式，获取投资人的资金。本案中，财源公司属于假借投资理财之名从事金融违法犯罪活动，财源公司与投资人签署的合伙协议，系其非法吸收公众存款的手段行为，与涉嫌犯罪的行为基于同一事实，并不能够单独进行评价。根据前述法律规定及《民法典》第一百五十三条"违反法律、行政法规的强制性规定的民事法律行为无效"的规定，应认定双方之间根据投资合伙协议所形成的法律关系无效。

关于广进公司与白阿姨之间形成的担保法律关系。根据《最高人民法院关于适用〈中华人民共和国民法典〉有关担保制度的解释》（以下简称《担保解释》）第二条第一款和第十七条第二款的规定，主合同无效的，人民法院应当认定担保合同无效，但是法律另有规定的除外。主合同无效导致担保合同无效，担保人有过错的，应当承担相应赔偿责任。据前所述，双方之间的合同应为无效合同，故作为从合同的担保合同，依据前述法律规定也应认定为无效。

知识拓展

通过前文分析，我们对私募投资这一投资理财类型有了一定程度的认识，那么，大家肯定对私募投资涉及的专业问题存有疑惑。下文予以进一步展开分析。

（一）私募投资的法律规范及私募投资的风险

1. 关于私募投资的定义及类型

《私募投资基金监督管理暂行办法》第二条第一款至第三款规定："本办法所称私募投资基金（以下简称私募基金），是指在中华人民共和国境内，以非公开方式向投资者募集资金设立的投资基金。私募基金财产的投资包括买卖股票、股权、债券、期货、期权、基金份额及投资合同约定的其他投资标的。非公开募集资金，以进行投资活动为目的设立的公司或者合伙企业，资产由基金管理人或者普通合伙人管理的，其登记备案、资金募集和投资运作适用本办法。"如对私募投资进行分类，则基于基金设立和运行的形式不同，私募投资基金主要可划分为公司型、合伙型和契约型。公司型基金会设立具有独立法人地位的股份有限公司或有限责任公司，投资人为公司股东。合伙型基金中成立专门的有限合伙企业开展投资项目的经营活动，一般由普通合伙人负责经营，其他投资人为合伙企业的有限合伙人。契约型基金一般由基金管理人、托管人和投资人三方签署合同达成，实践中合同的具体约定和合同主体会存在差异。本案中，白阿姨购买的就属于前述的合伙型基金，但白阿姨购买的并非合法的私募产品。

2. 私募投资的风险

私募投资的风险性较高，部分甚至涉及非法集资刑事犯罪。首先，因为我国对私募投资基金的监管要求并不如公募严格，金融监管机构对私募的监管标准相对较低。《私募投资基金监督管理暂行办法》中规定，设立私募基金管理机构和发行私募基金不设行政审批，允许各类发行主体在依法合规的基础上，向累计不超过法律规定数量的投资者发行私募基金。基金业协会为私募基金管理人和私募基金办理登记备案，不构成对私募基金管理人投资能力、持续合规情况的认可；也不作为对基金财产安全的保证。其次，私募投资基金的收益率较高，投资人往往存在追求固定和高额收益的心理，对投资风险缺少必要的了解和认知。在投资时，对投资对象了解不深入准确、对投资结果预期过于乐观、对相关金融法规的认知不足，盲目轻信推介内容。最后，互联网等媒介促进了私募投资基金的发展，同时也带来了金融监管和司法认定上的新问题，如对是否为非公开发行的认定、对合格投资者的审查等。《私募投资基金监督管理暂行办法》第三章对合格投资者专门进行了规定，其中第十二条第一款规定，私募基金的合格投资者是指具备相应风险识别能力和风险承担能力，投资于单只私募基金的金额不低于100万元且符合下列相关标准的单位和个人：（一）净资产不低于1000万元的单位；（二）金融资产不低于300万元或者最近三年个人年均收入不低于50万元的个人。前述规定中的合格投资者制度限制了部分明显缺乏投资经验和风险承担能力的投资者参与交易，但在实践中尤其是网络环境下往往被架空。而违反法律法规关于私募投资的相关规范，任意设立虚假投资项目、进行虚假宣传的"庞氏骗局"，则必然滑入犯罪的深渊。

（二）所签署的投资合同的相对方涉嫌刑事犯罪，投入的合同款项损失如何救济

投资人所签署的投资合同的相对方涉嫌刑事犯罪，必然导致投资人的投资发生无法收回的风险。此时投资人最关心的应该就是自己的投资如何能够拿回来，如何最大化减少损失，获得最大程度的权利救济，提起民商事纠纷诉讼能否实现诉讼目的。此种情况下，应当分情况予以分析：第一种情况，涉嫌刑事犯罪的嫌疑人与投资人签署的合同的相对方系同一主体，涉嫌刑事犯罪系基于相同事实。则因当事人同一、法律事实同一，应由刑

事案件吸收民事案件，法院不应再受理当事人提起的民商事案件。就如同本案中，白阿姨的投资款项，在刑事判决中亦一并予以处理。第二种情况，涉嫌刑事犯罪的嫌疑人与投资人签署的合同的相对方系同一主体，涉嫌刑事犯罪系基于不同事实。根据《最高人民法院关于在审理经济纠纷案件中涉及经济犯罪嫌疑若干问题的规定》第一条的规定，同一自然人、法人或非法人组织因不同的法律事实，分别涉及经济纠纷和经济犯罪嫌疑的，经济纠纷案件和经济犯罪嫌疑案件应当分开审理。此种情况下，因合同相对方涉嫌的刑事犯罪与双方之间的合同分属不同的法律关系，投资人可以依据其与相对方签署的投资合同，提起诉讼要求相对方承担违约责任，进行相应的权利救济。第三种情况，涉嫌刑事犯罪的嫌疑人与投资人签署的合同的相对方非同一主体，涉嫌刑事犯罪系基于不同事实。如行为人以法人、非法人组织或者他人名义订立合同的行为涉嫌刑事犯罪或者刑事裁判认定其构成犯罪，合同相对人可以请求该法人、非法人组织或者他人承担民事责任。本案中，假如涉嫌刑事犯罪且最终被认定为犯罪的为财源公司的主要负责人，财源公司并非刑事被告人，此时，白阿姨系与财源公司签订投资合同，此种情况下白阿姨可以对财源公司提起诉讼，要求其承担民事责任。

本案中，白阿姨与财源公司签订的主合同无效，导致其与广进公司签署的担保合同亦无效。《民法典》第一百五十七条规定，民事法律行为无效、被撤销或者确定不发生效力后，行为人因该行为取得的财产，应当予以返还；不能返还或者没有必要返还的，应当折价补偿。有过错的一方应当赔偿对方由此所受到的损失；各方都有过错的，应当各自承担相应责任。根据《担保解释》第二条第一款和第十七条第二款的规定，主合同无效的，人民法院应当认定担保合同无效。担保人有过错的，应当承担相应赔偿责任。故白阿姨虽然无法要求财源公司按照投资协议履行约定的付款义务，亦无法要求广进公司承担担保责任，但并不影响白阿姨要求财源公司、广进公司承担合同无效后的法律责任。

普法提示

对于众多投资人而言,其进行理财的目的在于财产的保值增值,而由于其本身对理财工具和投资渠道的不了解,以及对可能存在于理财领域内的投资陷阱甚至是违法犯罪行为知之甚少,风险防控能力不足,反而导致投资人的财产权益会陷入重重风险之中。从司法裁判角度考量,目前国内民间理财领域存在投资需求旺盛、理财供给多元、方式鱼龙混杂、违法违规层出不穷等显著特点,金融消费者只有树立正确的投资理财观念、认清投资理财工具、防范理财产品风险,才能达到预期投资目标。基于此,本文提出如下两点提示。

(一)对于投资者的提示

对于投资者来说,应了解投资风险,不得盲目跟从;关注投资项目本身、投资方向和资金用途等,避免被表面的高收益高回报所蒙蔽;端正投资心理,理性投资理财;遵循金融法规,熟知私募投资基金相关金融法规的规定。投资者应当知晓投资理财不同于民间借贷可以保证本息,投资理财的风险和收益是并存的。投资者应当理性投资,选择与自身风险承受能力相当的理财产品;努力提高自身专业知识与经验水平。投资者只有通过不断学习,才能不断积累投资经验,切勿轻信投资公司的推介、销售等工作人员所谓的"保本高收益"的承诺。没有落实到合同中的承诺在最终双方发生纠纷时,都会带来举证和维权的困难。购买理财产品时要擦亮双眼,尽可能多了解所投资产品的各项风险、收益、投资期间等具体条款,了解产品发行公司的具体经营情况、盈利负债情况,了解投资市场的各类业务交易规则,全方位获得并分析市场信息,才能有效地防范风险并获取投资收益。

(二)对于投资机构的工作人员、从业人员的提示

投资机构的工作人员、从业人员应当严格遵守国家法律规定,依法依规进行操作,恪守职业规范,依靠自己的专业知识,为客户提供优质的服务。作为行业从业人员,如被金钱和利益蒙蔽了双眼,违法进行虚假宣传和推介,

吸引投资人将款项投到虚构的项目里或者蓄意夸大项目投资的回报率，在涉及人数众多金额较大的情况下，很容易触犯《刑法》第一百七十六条和第一百九十二条规定的非法吸收公众存款罪和集资诈骗罪。

第三章

涉金融机构类

案例一 | **卖方机构未尽适当性义务的责任承担**
——推荐投资者购买不适当的金融产品应承担赔偿责任

唐盈盈[①] 王焱[②]

案情回顾

当前市场上的金融产品种类繁多，同时呈现出复杂化、多元化的趋势。金融产品的高度专业性和复杂性，加之投资者自身知识和能力的局限性，使得投资者在购买相关产品时往往无法真正理解其中的风险，需主要依赖所谓卖方的推介和说明。而市场实践中，卖方机构的工作人员为了自身利益，在推荐金融产品过程中往往夸大预期收益率，隐瞒可能遭受的风险，未尽说明义务，向投资者推荐不合适的产品。由此引发诸多投资者在遭受损失后要求卖方机构承担赔偿责任的案件。如下文张大爷的案例。

2016年6月张大爷从单位退休后，每天都要去小区锻炼身体。其间他经常听到其他老年朋友们介绍，现在退休了，收入就降低了，而且通货膨胀，要是将养老金存在银行就太亏了，必须买点儿理财产品进行保值。张大爷听了觉得很有道理，想着现在银行的存款收益率确实不高，如果将养老金投资于理财产品赚些收益，还能给孩子补贴一些，减轻他们的压力。但是，张大爷除了买过国债、平时存一些银行定期存款以外，并没有任何其他的投资经验。

因为张大爷领取退休金的银行卡是在东方银行开立的，所以他经常到家附近的东方银行城西支行支取相关款项。而东方银行城西支行业务范围包括代销部分基金公司发行的基金产品，在它的业务大厅内经常摆放有易拉宝、小册子等，对其代销的基金产品予以宣传。张大爷就想到可以向东方银行城

---

① 北京市海淀区人民法院民事审判三庭（破产审判庭）审判员。
② 北京市海淀区人民法院民事审判三庭（破产审判庭）审判员。

西支行的客户经理咨询有无适合其购买的理财产品。

2016年7月21日，东方银行城西支行的客户经理对张大爷做了风险评估，张大爷填写了《个人客户风险评估问卷》。该问卷中，"以下哪项最能说明您的投资经验"项下张大爷的选项为"经验有限，除存款、国债，几乎没有其他投资经验"；"以下哪项最符合您的投资态度"项下张大爷的选项为"保守投资，不希望本金损失，愿意承担一定幅度的收益波动"；"您的投资目的"项下张大爷的选项为"资产稳健增长"；"您的投资出现何种程度的波动时，您会呈现明显的焦虑"项下张大爷的选项为"本金10%以内的损失"。根据张大爷填写的上述问卷，东方银行城西支行确定张大爷的风险评估结果为稳健型。

之后，张大爷根据东方银行城西支行客户经理的推荐，在该行购买了"元宝1号投资基金"，认购金额为75万元。同时，张大爷在《证券投资基金投资人权益须知》（以下简称《须知》）《投资人风险提示确认书》（以下简称《确认书》）上签字。上述《须知》和《确认书》的内容系通用的一般性条款，未有关于张大爷本次购买的基金的具体内容和相关说明。

2017年7月22日，张大爷对上述基金予以赎回，赎回金额为43万元，本金亏损32万元。遭受如此巨大的损失，张大爷无法接受。他就找到东方银行城西支行的工作人员，询问自己在最初填写风险评估问卷时，明明选的是保守投资，不希望本金损失，本金出现10%的损失就焦虑，为何最后购买的基金产品出现了如此巨额的本金损失。该工作人员答复称，投资都会有风险，这是常态，希望张大爷能够接受该事实，并且表示可以给张大爷推荐一份收益稳健的产品弥补部分损失。

因无法协商解决该问题，养老金又损失了几十万元，张大爷只能将该情况告知其儿子小张。小张上网查询到父亲购买的"元宝1号投资基金"系以公开方式募集的资金，基金管理人为元宝公司，基金托管人为东方银行，而东方银行城西支行是该基金的代销机构之一。该基金的招募说明书中载明："基金管理人依照恪守职责、诚实信用、谨慎勤勉的原则管理和运用基金财产，但不保证基金一定盈利，也不保证最低收益。投资有风险，投资人在投资本基金前应认真阅读本基金的招募说明书和基金合同。风险收益特征：本基金属于采用指数化操作的股票型基金，其预期风险和收益高于货币市场基金、债券基金、混合型基金，为证券投资基金中较高风险、较高收益的品种。"

小张就询问张大爷为何选择购买如此高风险的产品。张大爷称其并不知晓该基金产品是投资于股票市场的，其在银行工作人员的指导下填写了风险评估问卷，并且按要求签署了两份《须知》和《确认书》，产品是银行工作人员推荐的，并没有给他看过什么招募说明书和基金合同。小张一听就非常生气，认为系东方银行城西支行没有按照要求向其父亲推荐合适的金融理财产品而导致其父亲的养老金遭受了巨大的损失，东方银行城西支行未尽适当性义务，应当对此承担责任。基于此，小张就带着张大爷将东方银行城西支行起诉至法院，要求该行赔偿其本金损失32万元。

被告东方银行城西支行不同意张大爷的诉讼请求。第一，张大爷购买涉案基金时，东方银行城西支行工作人员已向其介绍了该基金的相关情况并进行了风险提示。《须知》《确认书》等单据也由张大爷本人签字确认，张大爷作为具有完全民事行为能力的成年人，应当已知悉相关风险。虽然《须知》《确认书》为通用的一般性条款，但《须知》对"什么是基金"等均有详细的描述，尤其在"基金投资风险提示"中以黑体字提示了投资风险，在《确认书》中，张大爷也亲笔书写了其已知晓风险并自愿承担损失的内容。根据上述，应当认定东方银行城西支行已充分履行风险提示义务。第二，对于张大爷的风险评估，应当以最终结果为准，而不能仅以其在风险评估问卷中对某一道题的回答作为评价其风险承受能力的依据。张大爷的风险评估结果为稳健型，元宝公司称涉案基金的风险评级为中风险，因此，张大爷的风险评估结果与涉案基金的风险评级相匹配。东方银行城西支行在张大爷购买涉诉基金过程中不存在不当的推介行为。东方银行城西支行已履行相应的适当性义务，不应对张大爷的损失承担责任。

法院经审查认为，东方银行城西支行系涉案基金的代销机构，其对张大爷进行风险评估后，推介张大爷购买了涉案基金，张大爷亦完成了购买行为，双方之间形成个人理财服务法律关系。首先，《商业银行个人理财业务管理暂行办法》对商业银行利用理财顾问服务向客户推介投资产品时，应尽的适当性义务予以规定，其中重要的一点即了解客户的偏好、风险认知和承受能力，将适当的产品销售给适合的投资者。张大爷在评估问卷中明确表明其投资态度为保守投资，不希望本金损失，投资目的为资产稳健增长，并且在本金出现10%损失时会出现明显焦虑，而东方银行城西支行在明知的情况下，仍将涉案的较高风险的股票型基金推介给张大爷。该基金类型明显与张大爷风险评估问卷的回答及评估结果不符。东方银行城西支行主张基金管理人元宝公司向其表示涉案基金的风险等级为中风险，但招股说明书中明确载明该基金的风险等级为较高风险，元宝公司的陈述亦存在一定程度的利害关系而缺乏客观性，故对东方银行城西支行的主张不予采信。其次，东方银行城西支行主张张大爷已在《须知》和《确认书》上签字，并且手写有已知晓风险并自愿承担损失的内容，故表明其履行了充分告知义务。但上述材料载明的内容均是一般性条款，未能体现涉案基金的类型及风险等具体内容，东方银行城西支行亦未能提交证据证明其已向张大爷出示基金合同及招股说明书，抑或已详细告知张大爷相关的具体内容及风险。故张大爷虽在上述材料上签字，但并不能就此认定东方银行城西支行已履行适当性义务。故对于张大爷基于购买涉案基金所遭受的损失，东方银行城西支行应承担赔偿责任。最终，法院支持了张大爷的诉请。

通过上述案例，大家一定对什么是适当性义务、是否尽到适当性义务的举证责任在哪方主体、未尽适当性义务的法律后果等问题存有疑惑，下文予以进一步解释。

法理分析

（一）适当性义务的定义及内涵

为了保护弱势交易主体、减少金融交易中的信息不对称现象，以构建金融市场公平公允的交易环境，相关法律法规对金融产品发行人、销售方以及金融服务提供者（即所谓的卖方机构）提出了应尽适当性义务的要求。

那么，何为适当性义务？适当性义务是指卖方机构在向金融消费者推介、销售银行理财产品、保险投资产品、信托理财产品、券商集合理财计划、杠杆基金份额、期权及其他场外衍生品等高风险等级金融产品，以及为金融消费者参与融资融券、新三板、创业板、科创板、期货等高风险等级投资活动提供服务的过程中，必须履行了解客户、了解产品、将适当的产品（或者服务）销售（或者提供）给适合的金融消费者等义务。[①]适当性义务的核心内容包括了解客户、了解产品、合理推荐、适当销售。具体而言，卖方机构应对潜在的客户进行风险测评和分类，以了解客户的需求；告知客户相关金融产品的具体情况，让客户充分了解产品；根据对客户的了解将适当的产品销售给适当的客户。

另外，需强调此处的告知客户相关金融产品的具体情况是指告知的相应内容能够使买方真正了解相关产品所对应的风险等。卖方机构如简单地以买方手写了诸如"本人明确知悉可能存在本金损失风险"等内容主张其已履行了告知说明义务，不能提供其他证据的，对其主张不予支持。

结合本案，东方银行城西支行作为商业银行，《商业银行理财业务监督管理办法》第二十六条第一款亦对其应尽的适当性义务作出了详细规定："商业银行销售理财产品，应当加强投资者适当性管理，向投资者充分披露信息和揭示风险，不得宣传或承诺保本保收益，不得误导投资者购买与其风险承受能力不相匹配的理财产品。"其中，东方银行城西支行已履行了解客户的义务，在张大爷欲购买金融理财产品之前，对张大爷进行了风险评估。但是，其未履行了解产品及合理推荐、适当销售的义务，未将涉案基金的全部信息，诸如存在较高风险的内容告知张大爷，并向张大爷推介销售不在其风险承受能力范围内的产品，显然属于未尽适当性义务。东方银行城西支行仅以张大爷签署了《须知》及《确认书》，并亲笔书写了其已知晓风险并自愿承担损失的内容为由，主张其已履行告知说明义务，应不予采信。

---

① 详见2019年最高人民法院《全国法院民商事审判工作会议纪要》第72条。

（二）是否尽到适当性义务的举证责任在卖方机构

举证责任是指当事人对自己提出的主张中须确认的事实依法负有提出证据的义务，如未能提供证据或者证据不足以证明其事实主张的，应承担其主张不能成立的法律后果。我国举证责任分配基本上按照"谁主张，谁举证"的原则，特殊情况下采取举证责任倒置。由于金融产品、金融交易存在专业性和复杂性，加之投资者自身的专业知识能力不足，其即使在面对全部信息时，也易无法真正理解。故在投资者欲举证证明卖方机构未尽适当性义务时往往存在客观上的困难。

基于上述原因，根据公平原则以及从举证便利性角度的考虑，对于是否尽到适当性义务的举证责任在卖方。具体而言，买方首先对其购买了金融产品抑或接受了金融服务以及遭受了相应损失承担举证责任，而卖方机构需要对其已经履行了适当性义务承担举证责任。如卖方机构不能提供其已对买方的风险认知能力、风险承受能力和风险偏好予以测试、已告知了产品的详细内容及主要风险因素等证据，应承担举证不能的后果，即推定其未尽适当性义务。

结合本案，东方银行城西支行仅能提交其已对张大爷进行风险评估的证据。其虽主张其工作人员在向张大爷推荐涉案产品时已将该产品的详细内容及对应的风险如数告知张大爷，但其未能提交相应证据。根据相关规定，东方银行城西支行亦应妥善保存有关客户评估和顾问服务的记录，并妥善保存客户资料和其他文件资料。现其未能提交，故对其主张不予采信。

（三）卖方机构未尽适当性义务的法律后果

如卖方机构未尽适当性义务，在未对买方的风险认知能力、风险承受能力和风险偏好等予以评估了解的情况下即为买方推荐金融产品，抑或虽对买方予以风险评估，但未将相关产品的具体情况告知买方，向买方推荐与其风险评估不符的产品，应承担相应的赔偿责任。就具体的赔偿数额问题，原则上以买方因此所遭受的实际损失为准，不包括间接损失。实际损失包括损失的本金及按中国人民银行发布的同期同类存款基准利率计算的利息。但在卖方机构的行为构成欺诈的情况下，买方除可主张本金损失外，还可要求赔偿更高的利息损失，下文知识拓展部分将对该问题进一步展开分析。

就本案而言，张大爷因购买东方银行城西支行推荐的与其风险评估不符的产品而遭受了本金32万元的损失，其要求东方银行城西支行赔偿其本金32万元，于法有据。因其未主张利息部分，故法院未对该部分予以判决。

知识拓展

通过前文分析，我们对适当性义务的概念、举证责任的分配及相应的法律后果有了基本的了解。下文拟对卖方机构在发行、销售相关金融投资产品或提供服务时存在欺诈的情况下赔偿数额的问题以及何种情况下卖方机构可免除责任的问题进行拓展介绍。

（一）卖方机构在发行、销售相关金融投资产品或提供服务时存在欺诈情形下的赔偿数额

何为欺诈？根据《最高人民法院关于贯彻执行〈中华人民共和国民法通则〉若干问题的意见（试行）》（现已失效）第68条的规定，一方当事人故意告知对方虚假情况，或者故意隐瞒真实情况，诱使对方作出错误意思表示的，可以认定为欺诈行为。根据《民法总则》第一百四十八条的规定，一方以欺诈手段，使对方在违背真实意思的情况下实施的民事法律行为，受欺诈方有权请求人民法院或者仲裁机构予以撤销。[①]故当卖方机构存在欺诈行为时，投资者作为受欺诈方可自知道或者应当知道受到欺诈之日起一年内请求撤销其已实施的民事法律行为。民事法律行为被撤销后，行为人因该行为取得的财产，应当予以返还；不能返还或者没有必要返还的，应当折价补偿。有过错的一方应当赔偿对方由此所受到的损失；各方都有过错的，应当各自承担相应的责任。

因欺诈强调的主观方面是故意，故其相较于误导而言，情节更为严重。

[①] 同《中华人民共和国民法典》第一百四十八条。

所以，在卖方机构的行为构成欺诈的情况下，投资者除可要求赔偿本金损失外，还可主张更高的利息损失，即所谓的惩罚性赔偿。就具体可主张的利息损失，按照下述情况的不同而标准不同：（1）金融产品的合同文本中载明了预期收益率、业绩比较基准或者类似约定的，可以将其作为计算利息损失的标准；（2）合同文本以浮动区间的方式对预期收益率或者业绩比较基准等进行约定，可按照约定的上限作为利息损失计算标准；（3）合同文本虽然没有关于预期收益率、业绩比较基准或者类似约定，但能够提供证据证明产品发行的广告宣传资料中载明了预期收益率、业绩比较基准或者类似表述的，应当将宣传资料作为合同文本的组成部分；（4）合同文本及广告宣传资料中未载明预期收益率、业绩比较基准或者类似表述的，按照全国银行间同业拆借中心公布的贷款市场报价利率计算。①

同时需要指出，因金融消费不属于《消费者权益保护法》的调整范围，故投资者作为金融消费者不能根据《消费者权益保护法》第五十五条的规定要求卖方机构承担三倍的惩罚性赔偿。

（二）卖方机构可免除责任的情形

虽然卖方机构负有适当性义务，在未尽该义务给投资者造成损失时，应当承担赔偿责任。但在某些特殊情形下，其亦可减轻或免除相应的赔偿责任。

其一是投资者即买方、金融消费者故意提供虚假信息或者拒绝听取卖方机构建议的情况。当投资者故意提供虚假信息以购买实际上并不适合自己的金融投资产品时，其对卖方机构的信赖程度、依赖程度明显降低，故其依法应获得的信赖利益亦应相应减少。所以因投资者自身原因，如故意提供虚假信息以获取能够购买较高风险产品的风险测评结果、拒绝听取卖方机构的建议等而导致其购买产品或者接受服务不适当，继而遭受损失的，卖方机构可免除相应责任，无须赔偿该损失。但是，如果投资者能够证明该虚假信息的出具系卖方机构误导所致，卖方机构仍应当承担责任。

---

① 详见 2019 年最高人民法院《全国法院民商事审判工作会议纪要》第 77 条。

其二是基于该投资者即买方、金融消费者既往的投资经验、受教育程度等，适当性义务的违反并未影响其作出自主决定的，投资者应当自行承担投资风险。当然，该举证责任在于卖方机构，卖方机构应提交证据予以证明以免除自身责任。下文的小案例即属于该情况。

2010 年 3 月，江北银行对张丽进行了客户风险承受能力评估，评估结果为"进取型"，即张丽系可承担高风险的投资者。当年 12 月，张丽花 15 万元在江北银行购买了一只抗通胀证券投资基金。在购买该基金时，其本应在风险提示单上签名并抄录已知晓相应风险的语句，但由于银行工作人员的疏忽，张丽只在上面签了名字。2017 年，该基金的价值跌到了 7 万元。张丽就将江北银行起诉至法院，认为因江北银行未履行告知说明义务而使其在未明确知晓相关风险的情况下选购了该产品，导致亏损严重，故要求江北银行赔偿其损失 8 万元。同时张丽还提交了其 2016 年在江北银行完成的风险评估测评，测评结果为"谨慎型"。江北银行不认可张丽的诉请，提交如下证据证明张丽具备相关风险等级产品的投资经验，具体为 2010 年 3 月张丽曾花 36 万元在该行购买了两只中小盘股票基金，2010 年 9 月张丽又花 20 万元在该行购买了一只医药保健基金，上述基金的风险等级在认购申请受理书中均标注为高，但因上述基金均为盈利状态，故张丽从未提出异议。法院审理后认为，张丽系于 2010 年认购涉案基金产品，其于六年后所作的风险评估结果并不能代表六年前认购涉案基金产品时的风险承受能力。并且张丽在 2010 年还有多次购买与涉案基金产品同为高风险等级的其他基金产品的事实，其均未就基金产品的风险等级为高风险与其风险承受能力不匹配而向江北银行提出异议。根据张丽的既往投资经验，应认定其系具有高风险投资产品交易经验的客户，江北银行的行为并未影响张丽自主作出决定，故驳回了张丽的诉请。

普法提示

近年来，投资者以金融机构在发行、销售相关产品时违反适当性义务为由索赔的诉讼日益增多。该现象一方面暴露出部分卖方机构的经营行为存在不规范之处；另一方面也反映出投资者仍普遍存在跟风购买、盲目购买的情况。基于此，本文拟在"卖者尽责，买者自负"的大原则下，对卖方机构和投资者分别提出如下几点提示，以期规范卖方机构的经营行为，保护投资者的合法权益，推动形成公平、公开、公正的市场环境和市场秩序。

（一）对于金融产品发行人、销售者以及金融服务提供者等卖方机构的提示

1. 切实履行适当性义务，充分尽到告知说明义务

因《民法典》《证券法》《证券投资基金法》《信托法》等法律规定及相关部门规章、行业规范均对金融产品发行人、销售者以及金融服务提供者等卖方机构应尽适当性义务予以了明确要求，为了避免自身遭受不必要的诉讼及损失，卖方机构应切实履行适当性义务尤其是充分尽到告知说明义务。卖方机构对产品内容的介绍、投资风险的揭示应当是具体且实质性的，切勿为了收取更高的服务费、销售提成等而向投资者夸大收益率、隐瞒投资风险。卖方机构应确保投资者是在已充分了解投资标的及其风险的基础上作出自主购买决定，由此所遭受的投资损失应当由投资者自行承担。

2. 提高证据意识，制定更全面合理的风险评估标准

因为卖方机构需举证证明其在向投资者推介、销售产品或提供服务时已尽到了适当性义务，故提高自身的证据意识十分重要。本文中东方银行城西支行败诉的原因还在于其虽主张已向投资者口头告知相关产品的内容及风险，但未留痕，未能提供相关证据，由此导致其需承担巨额赔偿责任。所以，卖方机构可在销售过程中采取全面录音录像留痕的方式，将双方的权利义务均规定在书面文件中，以降低自身可能面临的法律风险。同时，卖方机构可通过制定更加科学合理的风险评估标准，便于投资者更准确认识自身的风险认知及承受能力，选择更适合自己的产品。

（二）对于投资者的提示

1. 重视风险测评，选择购买在风险评估范围内的产品

部分投资者对于办理相关业务、购买理财产品时所需填写的风险测评问

卷或是需签署的风险提示告知书，重视程度不够，存在未仔细考虑自身实际就盲目填写的情况。甚至还有部分投资者为购买某些高收益的理财产品，提供虚假信息以获取能够购买较高风险产品的风险测评结果。该类行为均易导致投资者承受其本不应当承受的高风险及其无法承受的重大损失。为此，投资者因重视风险测评，如实提供自身信息，选择购买自身风险承受能力范围内的产品。

2. 细读合同文本，勿听信口头承诺、口头介绍

《权益须知》《风险提示确认书》《认购合同》等书面材料是规范各方权利义务的重要文件，应仔细阅读，确保自身确实完全了解并知晓相关产品的具体内容，尤其是可能遭受的风险情况。对于规定的内容模糊或者无法理解之处，应要求相关工作人员予以明确。如遇卖方工作人员推荐介绍的内容与书面合同文本不一致的，应要求其修改合同文本，切勿仅听信其口头承诺或口头介绍而盲目购买。

另外，针对本文张大爷的情况，特别提醒广大的老年投资者，当前市面上的理财产品日新月异，切勿仅根据推销人员或周围其他老年人的意见就去盲目购买。多与子女商量，切忌跟风购买，理性投资，不要将所有的积蓄都用于购买理财产品。

案例二 银行工作人员私自代客理财纠纷中各方责任的划分
——各自根据过错程度承担责任

黄妍妍[①]

案情回顾

如今，随着社会公众个人财富的显著增加，老百姓投资理财的需求日益高涨。继而在市场上出现了一些银行的工作人员、证券公司的从业人员以其具备专业炒股能力、具有内部消息、约定收益分成等为由，骗取投资者的信任，从而私下为投资者进行资产管理，违规"代客理财"的现象，由此引发了越来越多要求由银行或证券公司等专业机构承担相应亏损的案件。请看以下案例。

家住江北区的王阿姨，特别喜欢理财，经常到家附近的江北银行购买基金产品。因为王阿姨此前购买产品的金额较大，所以江北银行就给王阿姨配了专门的客户经理段宇。在王阿姨之前买的基金产品到期后，段宇就向王阿姨推荐江北银行正在销售的比较适合她的其他各种基金等理财产品。2012年至2014年，王阿姨多次按照段宇的介绍到江北银行柜台购买基金等理财产品，段宇亦按照银行的要求对王阿姨进行了相应的风险测评以及安排王阿姨签署了相应的风险告知书及《理财产品客户协议书》。

2014年5月8号，王阿姨在山东旅游时突然接到段宇的电话。段宇称因当前市场行情不稳，建议王阿姨赎回她持有的一款基金理财产品，并且必须在当天下午三点前到江北银行办理，否则会赔钱。王阿姨很着急，说自己现在在外地旅游无法赶回去，又不会网上操作。段宇表示，王阿姨可以把网上交易密码告诉他，他帮王阿姨在网上银行操作赎回，因为U盾在王阿姨手

---

① 北京市海淀区人民法院民事审判三庭（破产审判庭）法官助理。

里，谁也取不走王阿姨账户里的钱。王阿姨考虑到段宇是银行的金牌理财顾问，并且双方也相识这么久了，所以她就将自己的银行操作密码以短信形式告知了段宇，让其帮忙赎回。这次赎回很顺利，王阿姨马上就收到了银行短信，钱数一分也不差，王阿姨觉得让段宇帮忙在网上操作很方便。

后来，段宇再建议王阿姨购买和赎回理财产品时，王阿姨想着段宇是专业理财人士，有经验，就告知其可直接使用自己的账户密码进行网上操作。王阿姨不需要另行支付段宇报酬，段宇通过销售上述产品可从银行获得一定的销售绩效奖励。因王阿姨的手机号码绑定了银行的短信通知业务，所以段宇每次操作，王阿姨均能收到相应的银行账户金额变动及购买、赎回基金等理财产品详情的短信。

2015年12月6日，段宇突然告知王阿姨，因为市场行情不好，她账户下的300万元都亏没了。王阿姨挂了电话，就急忙赶到江北银行了解情况。通过核对从银行打印出的交易明细单，王阿姨发现其账户购买的理财产品从2015年7月就开始亏钱，有些操作段宇也没有告知她。故王阿姨就要求江北银行对其亏损的款项予以理赔。双方数次沟通均未能解决。其间，王阿姨报了警。段宇在公安机关的询问笔录中表示王阿姨不会网上操作，故在王阿姨告知其密码后均由其代王阿姨进行网上操作。派出所多次组织双方调解未果。

王阿姨认为段宇作为江北银行工作人员，以欺骗方式取得其操作密码违规操作。江北银行作为大型国有金融机构，没有如实履行告知义务；未经王阿姨允许购买、赎回理财产品；隐瞒理财风险等。基于上述理由，现王阿姨以其与江北银行构成委托理财合同关系诉至法院，要求江北银行赔偿其理财产品本金损失260万元及相应利息损失。

被告江北银行不同意王阿姨的诉讼请求。首先，案件所涉的全部理财产品均是江北银行代为销售的产品，银行与代销产品开发机构之间是一种委托代理销售关系，其与王阿姨之间没有合同关系。其次，王阿姨购买理财产品主要有两种方式。一种为本人到柜台自行操作并购买。该行为是其本人的真实意思，并且银行也按照相应规定对她进行了风险提示。因王阿姨具有多年购买基金产品的经验，所以其风险测评结果为可承受较高风险。银行推荐的产品及王阿姨最后购买的产品也是在王阿姨风险测评范围内的。王阿姨应自行承担风险及责任。另一种为通过网银操作购买理财产品。网银操作需要操作密码，而密码只有本人掌握，王阿姨将密码告知他人并由他人操作，与银行无关。最后，段宇与王阿姨之间是基于私人关系的委托代理关系，双方之间产生的责任不应当由银行来承担。段宇操作后，王阿姨也能够通过银行短信通知知晓其账户变动情况。王阿姨在如此长的时间里既没有更改密码，也没有对段宇的行为予以阻止，应认为其对段宇的授权委托及行为是认可的。

法院经审查后，认为案件所涉理财产品的购买和赎回主要分为两种，一种为王阿姨本人到柜台办理，另一种为段宇通过网上操作王阿姨账户办理。对这两种情况分别分析：第一种，王阿姨本人前往办理的行为。江北银行是基金理财产品的销售机构，销售由基金管理人募集的理财产品。段宇作为银行客户经理，基于职责向王阿姨推荐产品是其履行职务的行为。王阿姨在进行了相应的风险测评后，经推荐购买了其风险系数范围内的银行代销的理财产品，其与所购理财产品的基金管理人构成委托理财合同关系，与银行不构成委托理财合同关系。第二种，段宇网上操作的行为。王阿姨主张段宇的行为是职务行为，系代表江北银行替王阿姨理财。法院认为，银行本身不具有直接操作客户账户资金的权限，银行工作人员的职责范围也不包括从事上述行为。王阿姨作为一般理性人，应当知道账户密码属于其隐私信息，获取客户的账户密码不属于银行工作人员的职责范围。王阿姨自行将账户密码告知段宇，段宇使用其账户及密码进行理财产品的购买和赎回的行为，并非履行职务行为，应属于段宇的个人行为。王阿姨主张其与江北银行构成委托理财合同关系，并要求赔偿本金及利息，缺乏事实及法律依据。最后法院驳回了王阿姨的全部诉讼请求。

原审法院判决后，王阿姨不服提起上诉，称段宇是在银行的办公地点向王阿姨推荐理财产品或购买、赎回理财产品的。王阿姨是基于对银行的信赖，而不是基于对段宇的信赖才进行交易的。并且江北银行提供的数份理财产品的业务回单上加盖的亦为该行的业务公章。故王阿姨坚持认为段宇的行为是职务行为，其与江北银行之间构成委托理财合同关系，要求二审法院支持其诉请。

二审法院经审理后认为，首先，江北银行销售的是由基金管理人募集的理财产品，不能仅因为该产品在银行销售或者是银行的客户经理推荐的，就认为王阿姨与银行之间构成委托理财合同关系。银行提供的业务回单仅为银行代办理财产品销售业务的必要手续，不足以证明双方之间的委托理财合同关系。其次，银行本身及其工作人员均不具有直接操作客户账户资金的权限，其职责范围也不包括这项业务。王阿姨作为完全民事行为能力人，对自己的行为应当有完全的认知和判断能力，其自行将账户密码告知段宇，段宇使用该密码进行网上操作不构成职务行为，王阿姨与银行之间不构成委托理财合同关系。故对王阿姨的上诉请求不予支持，二审法院维持了原判。

法理分析

关于本案，有如下问题需要进一步解释。

（一）江北银行与王阿姨之间不构成委托理财合同关系

1. 委托理财合同关系的概念

委托理财是指委托人和受托人约定，委托人将其资金、证券等金融性资产委托给受托人，由受托人在一定期限内管理、投资于证券、债券、期货等金融市场并依约支付给受托人一定比例收益的资产管理活动。[1] 对该法律关系进行约定的合同即为委托理财合同。该类委托合同通常都授予了受托人自行决定购买何种理财产品和方式的权利，多属于全权委托代理行为。

所谓的委托理财合同纠纷就是因履行该类合同而产生的纠纷，通常为因委托资金遭受损失谁来担责或对盈余分配产生分歧继而引发的委托理财纠纷。根据受托对象的不同，委托理财合同纠纷分为金融委托理财合同纠纷和

---

[1] 高民尚：《审理证券、期货、国债市场中委托理财案件的若干法律问题》，载《人民司法》2006年第6期。

民间委托理财合同纠纷。金融委托理财合同纠纷主要是指投资人与证券公司、银行、基金公司、保险公司、信托公司等具有金融牌照的金融机构建立委托合同关系的理财业务合同纠纷。而民间委托理财合同纠纷是指投资者与未获得金融牌照批准的其他机构或自然人建立委托合同关系的理财业务合同纠纷。

2. 王阿姨购买的涉案理财产品系银行代销

在银行销售的理财产品，我们熟知的主要有银行自营类的理财产品和银行代销类的理财产品。自营类理财产品指的是银行自行开发的理财产品。其自行设计并发行，将募集到的资金根据产品合同约定投入相关金融市场或者购买相关金融产品，获取投资收益后按照合同约定分配给投资人。其安全性比较高，因为以银行自身信用作为背书，合规性也有保障。而代销类理财产品并不是银行自主发行的，而是银行代为销售的，比如基金公司、保险公司、信托公司等发行的理财产品。银行在其中并不参与该类理财产品的管理，而仅仅负责销售并收取佣金。

而本案王阿姨通过段宇介绍在江北银行柜台购买的理财产品系银行代销类理财产品。银行在其中仅担任了销售的角色，并不负责后续该笔款项如何使用、如何投资的问题。所以，针对王阿姨本人在银行柜台购买的这部分产品，其是与所购产品的实际发行方之间构成委托理财合同关系，如基金的基金管理人，而与江北银行之间不构成委托理财合同关系。王阿姨不能仅因为该理财产品是在银行销售的，或者是由银行的客户经理推荐的，就认为其本人与银行之间构成委托理财合同关系。

（二）客户经理段宇网上操作王阿姨账户的行为不属于职务行为

职务行为通常是指工作人员履行职责，行使职务范围内的行为，与其个人行为相对应。根据《民法总则》第一百七十条的规定，执行法人或者非法人组织工作任务的人员，就其职权范围内的事项，以法人或者非法人组织的名义实施民事法律行为，对法人或者非法人组织发生效力。法人或者非法人组织对执行其工作任务的人员职责范围的限制，不得对抗善意相对人。[①]也就是说，工作人员在行使职务行为时，所产生的法律后果由其所在的单位负责。如果超越了其职责范围，那么就属于其个人行为，与其所在的单位无关。

结合本案，段宇作为江北银行的客户经理，其职责范围显然不包括直接操作客户账户资金、获取客户的账户密码。王阿姨作为一名完全民事行为能力人，对自己的行为具有完全的认知和判断能力，其应当清楚上述情况。特别是，其应当知晓账户密码属于自己的隐私信息，不应当告知包括银行工作人员在内的任何人，这也是一名普通人所应当了解的常识。并且，王阿姨此前也有过多次购买基金等理财产品的经历，在银行签署过数份《个人电子银行风险提示书》及《投资人风险提示确认书》。《个人电子银行风险提示书》向其告知安全常识，告知其不要将网上银行密码告诉任何人。《投资人风险提示确认书》对银行的销售人员为客户办理基金等理财产品购买业务应履行的流程有明确的记载，王阿姨应当对此清楚了解，故其应当明知段宇通过网上银行直接操作其账户的行为，明显不符合上述正常流程。综上，王阿姨将账户密码告知段宇，段宇使用王阿姨账户进行理财产品购买和赎回的行为，并非履行职务行为，应属于段宇的个人行为。王阿姨以此主张其与江北银行之间构成委托理财合同关系，缺乏事实及法律依据，不应当予以支持。

知识拓展

通过前文分析，我们对银行工作人员"代客理财"情况下，银行与投资者之间的关系以及银行工作人员是否为职务行为的问题作出了详细介绍。那么，大家肯定也对银行工作人员段宇个人是否应当对投资者王阿姨承担责任，以及证券公司、期货公司等其他专业机构的人员能否"代客理财"的问题存有疑惑。下文予以进一步展开分析。

[①] 同《中华人民共和国民法典》第一百七十条。

（一）客户经理段宇个人应当对投资者王阿姨承担责任

王阿姨将其账户密码告知段宇，由段宇操作王阿姨的账户购买和赎回理财产品。王阿姨在其账户资金变动可收到短信提示的情况下，在如此长的时间里并未对此提出异议，应认定王阿姨同意委托段宇为其涉案账户进行理财。双方之间构成实质上的委托关系。根据《民法总则》第一百六十二条的规定，代理人在代理权限内，以被代理人名义实施的民事法律行为，对被代理人发生效力。① 简单而言，代理人即受托人在其受托范围内实施的行为所产生的法律后果由委托人自行承担。

那么，何种情况下受托人应当承担赔偿责任呢？根据《合同法》第四百零六条的规定，有偿的委托合同，因受托人的过错给委托人造成损失的，委托人可以要求赔偿损失。无偿的委托合同，因受托人的故意或者重大过失给委托人造成损失的，委托人可以要求赔偿损失。受托人超越权限给委托人造成损失的，应当赔偿损失。② 结合本案，王阿姨和段宇均认可段宇替王阿姨操作账户购买和赎回理财产品，王阿姨并不需要支付其报酬。故双方之间是一种无偿的委托合同关系，只有在段宇存在故意、重大过失或者超越权限的情况下，其才需要对造成的损失承担相应赔偿责任。而段宇作为江北银行的从业人员、客户经理，其在明知操作客户账户代为理财系违规行为的情况下，仍操作王阿姨账户进行涉及基金等金融产品交易的理财行为，直接导致王阿姨账户资金损失，应认定段宇对于损失结果明显存在重大过失。同时，王阿姨作为曾经购买过基金等理财产品的成年人，其将个人账户的密码提供给他人，并且其在收到相应账户资金变动短信的情况下未提出异议或修改密码，也明显存在过错。所以，对于王阿姨的损失，应按照其与段宇各自的过

---

① 同《中华人民共和国民法典》第一百六十二条。
② 《中华人民共和国民法典》第九百二十九条规定，有偿的委托合同，因受托人的过错造成委托人损失的，委托人可以请求赔偿损失。无偿的委托合同，因受托人的故意或者重大过失造成委托人损失的，委托人可以请求赔偿损失。受托人超越权限造成委托人损失的，应当赔偿损失。

错程度分别予以承担。本案结束后，王阿姨亦对段宇个人提起了诉讼，法院在综合判定双方过错程度的情况下，判令段宇对王阿姨的其中部分损失承担责任。

（二）证券公司、期货公司的从业人员不能"代客理财"

证券公司、期货公司从业人员"代客理财"一般表现为从业人员以其掌握内部消息、内部资源为由，私下与投资者签署相关委托合同或者口头约定相关内容，投资者将自身的资金账户或证券账户交由该从业人员操作，买卖股票、基金、期货等理财产品。根据《证券法》[①]及《期货从业人员管理办法》的有关规定，证券公司、期货公司的从业人员也不得"代客理财"。

但是，投资者一定要明确区分证券公司从事资产管理业务、期货公司从事经纪活动接受客户委托为其进行期货交易与这两个机构的从业人员违规"代客理财"的区别。

对于证券公司，根据《证券公司监督管理条例》的规定，证券公司可以从事接受客户委托、使用客户资产进行投资的证券资产管理业务。投资所产生的收益由客户享有，损失由客户承担，证券公司收取相应的管理费用。根据《证券法》第一百三十四条的规定，证券公司办理经纪业务，不得接受客户的全权委托而决定证券买卖、选择证券种类、决定买卖数量或者买卖价格。对于期货公司，根据《期货交易管理条例》第十八条和第二十四条第一款的规定，期货公司从事经纪业务，接受客户委托，以自己的名义为客户进行期货交易，交易结果由客户承担。期货公司不得未经客户委托或者不按照客户委托内容，擅自进行期货交易。

上述资产管理业务及代为期货交易属于公司行为，签订合同的主体是证券公司与投资者或期货公司与投资者。证券公司不得接受客户的全权委托，期货公司不得未经委托或者不按照委托内容擅自进行期货交易。而机构从业人员代投资者理财属于其个人行为，投资者与上述机构之间不产生委托理财

---

① 详见《中华人民共和国证券法》第一百三十六条。

合同关系。由此产生的损失，与证券公司、期货公司亦无关。

普法提示

随着经济的快速发展，理财越来越受到广泛的关注，老百姓选择将部分资产进行投资以获取更多的财产性利益。因大多数老百姓自身并不一定具备专业的投资理财知识及相关的实践操作经验，故其往往容易被银行、证券公司、期货公司等专业机构的从业人员所吸引，认为该类人员掌握着内部消息，能够更快获取到更高的收益，并且也有上述机构作为保障。但其实其并不知晓相关法律规定禁止上述从业人员"代客理财"，上述代为理财的行为也与从业人员所在的单位机构无关，系个人行为。基于此，本文提出如下几点提示。

（一）对于投资者的提示

1. 不应将银行、证券公司、期货公司等专业机构与该机构的工作人员、从业人员视为等同

投资者应当保护好自己的身份信息、账户号码及交易密码，不要泄露给他人，包括银行、证券公司、期货公司等专业机构的工作人员；应当知晓获取客户的交易密码不属于上述工作人员的职责范围。同时，投资者还应当提高自我保护能力和防范非法证券活动的风险意识。切忌抱着急于获利的心理，不要轻信无资质的所谓专业的投资理财公司，防止掉入不法分子的"代客理财"陷阱。如遇犯罪情况，如密码被盗，应及时报警，以维护自身财产安全。

2. 切忌盲目相信上述专业机构的工作人员、从业人员所谓的"内部消息、保本高收益"承诺

投资者应当知晓银行、证券公司、期货公司等专业机构的工作人员、从业人员"代客理财"系违规行为，并非上述人员的职务行为，故与其所在的单位机构无关。如因此产生损失，投资者无法向上述专业机构主张权利。投资者应当理性投资，选择与自身风险承受能力相当的理财产品；应当知晓所有投资都是有风险的，努力提高自身专业知识与经验水平。投资者只有通过不断学习，不断积累投资经验，了解证券市场的各类业务交易规则，分析市场信息，才能有效地防范风险并获取投资收益。

3.对银行、证券公司、期货公司等专业机构告知的各项风险提示应当提高重视

投资者在银行、证券公司、期货公司等开设账户、办理业务、购买理财产品时，上述专业机构均会要求投资者签署一系列的风险提示告知书及规则说明等文件。投资者应当对该类文件的内容特别是关键条款给予足够的重视，进行详细阅读，切忌盲目签字转款；如有无法看懂的内容，应及时沟通询问。

（二）对于银行、证券公司、期货公司等专业机构的提示

银行、证券公司、期货公司等专业机构一方面应切实履行好对投资者释明风险的义务，另一方面应加强对自身从业人员的培训及监管，不应盲目追求相应指标及收益。

（三）对于上述专业机构的工作人员、从业人员的提示

银行、证券公司、期货公司等专业机构的工作人员、从业人员应当严格遵守职业规范，不应利用投资者对其身份的信任而违规"代客理财"，从中牟取利益。

案例三 | 证券营业部未按投资者指令进行交易，应承担违约责任
——委托合同受托人应按委托人指示处理委托事务

李囡[①]

案情回顾

申美丽是银行职员，工资收入较高，作为金融业从业者平日就爱好理财，时常关注经济形势收集投资信息，其大部分积蓄都用来炒股和投资各种理财产品，盈多亏少，总体收益还不错。她在丰利证券公司小街营业部（以下简称小街营业部）开立了投资账户并与小街营业部签订了《证券经纪委托协议》，委托小街营业部代理其进行证券交易，小街营业部向其收取交易佣金。

炒股期间，申美丽对天合景泰股份有限公司的股票十分看好，就多次操作买入卖出，可是收益都不理想。后其关注到天合景泰股份有限公司分别于2015年6月10日、6月12日发布的《公开发行可转换公司债券发行公告》《公开发行可转换公司债券发行方案提示性公告》，了解到天合景泰股份有限公司要发行可转债券，于是预测该可转债券上市后必然会大涨，认为赚钱的机会终于来了，就打算赶紧入手。上述公告内容记载，天合景泰股份有限公司将发行24亿元可转债（以下简称天合债券）；发行数量为2400万张；发行价格为每张100元；该次发行的天合债券全额向发行人在股权登记日收市后登记在册的原A股股东实行优先配售，原A股股东优先配售后余额部分采用网下对机构投资者配售和通过上海证券交易所交易系统网上定价发行相结合的方式进行，认购不足24亿元的部分由承销团包销；原A股股东可优先配售的天合债券数量为其在股权登记日（2015年6月11日）收市后登记在

---

① 北京市海淀区民事审判三庭（破产审判庭）审判员。

册的持有天合景泰股份数量按每股配售 2599 元面值可转债的比例计算可配售可转债金额，再按 1000 元／手的比例转换为手数，每 1 手为一个申购单位，原无限售 A 股股东的优先配售通过上交所交易系统进行；该次发行的优先配售日和网上、网下申购日为 2015 年 6 月 12 日。

2015 年 6 月 12 日，申美丽通过电话委托系统委托小街营业部为其购买 80 张天合债券，并于当日支付了 8000 元配股款。付款后，申美丽发现其购买的 80 张天合债券并未转入其投资账户，认为小街营业部存在受托操作失误的情况，于是就此与小街营业部展开交涉。最初，小街营业部不承认其操作失误，并于 2015 年 6 月 25 日将申美丽支付的 8000 元配股款退还给了申美丽。申美丽非常气愤，认为此事并非退还配股款的问题，其本想购买的 80 张天合债券将来是可以转换为天合景泰股份有限公司股权的，但正因小街营业部的失误剥夺了其应有的股东权利。而且在债券上市后，价格肯定大涨，因此，申美丽本应能得到的差价获利也化为泡影，给其造成了较大经济损失。令申美丽更生气的是小街营业部处理此事的态度，不仅不承认失误，而且经过多次电话交涉无果，申美丽觉得枉费了其对小街营业部多年的信任。

在交涉期间，申美丽密切关注天合债券的交易价格，其在 2015 年 6 月 30 日上市首日最高价为每张 147 元，并以 145.32 元收盘，较 100 元的发行价上涨将近 50%。而且在天合债券上市后的 18 个交易日内，其价格曾 9 次在 165 元至 155 元价位区间波动，故申美丽大致估算了一下，由于小街营业部的操作失误，给其造成的经济损失大概有 1 万元之多。申美丽一气之下，于 2015 年 7 月 20 日直接跑到小街营业部的办公室找他们当面理论，还正巧撞上了当时联系并推荐其在小街营业部开立投资账户的客户经理小赵。赵经理让申美丽消消气，并同意从中协调，帮助申美丽与营业部协商解决方案。赵经理随即叫来了营业部的业务经理老王，经过多次协商，老王承诺一周后，将申美丽的交易佣金比例由 0.03% 降至 0.02%。申美丽表达了令其气愤的根源是小街营业部处理此事的效率和态度，故虽然接受了为其降低交易佣金比例的方案，但同时还要求小街营业部正式向其承认错误，出具书面道歉信，并赔偿其因此而遭受的诸多经济损失。后小街营业部兑现承诺，自 2015 年

7月27日起将申美丽的交易佣金由0.03%降到了0.02%，且经过赵经理从中协调，小街营业部终于在2015年8月26日向申美丽正式出具了书面道歉信，认可此纠纷确实系小街营业部的操作失误所致，并提出以天合债券上市首日收盘价145元的价格计算收益额共计3600元向申美丽进行补偿。申美丽心里盘算着，区区3600元并不足以弥补她的实际损失。因为首先，证券交易在我国属合法行为，受法律保护，小街营业部作为专业的证券经纪机构，应当充分保证即时、精准、如数地完成委托人的每笔合规交易，不得有误，一旦出现问题应当承担法律责任。从事发至今，拖延了整整两个月的时间都没有最终解决，致使申美丽丧失了多次交易机会，小街营业部对此负有无法推卸的责任，应当加倍赔偿其损失。其次，申美丽认为此事给其造成的经济损失不只是天合债券上市差价，还应该包括：1.未能成功申购的80张天合债券；2.根据天合景泰股份有限公司发布的天合债券发行公告和发行方案，为取得天合债券配售必须在股权登记日前先行买入公司正股，成为原A股股东才可获得按比例配售的可转债券，因此申美丽在6月10日及11日两天分别以96.29元、99.28元、94.98元每笔1000股，合计290629.96元买入3000股天合景泰股权，在错失配债机会后，其不得不将此3000股天合景泰股权售出，但至6月16日该股票价格已经降至每股84.6484元，因此其折价售出收回253945.2元，故共计亏损36684.76元；3.由于小街营业部的失误，导致其失去了持有天合债券后的多次交易机会交易差价1万元。因此，在双方沟通未果的情况下，申美丽毅然将小街营业部诉至法院，要求法院判令小街营业部：1.返还申美丽应有的80张天合债券；2.补偿申美丽失去多次交易机会的交易差价1万元；3.赔偿申美丽为取得天合债券买入的正股损失36684.76元；4.承担全部诉讼费。

小街营业部应诉后抗辩称：申美丽的各项诉求均无任何事实和法律依据。第一，小街营业部无论是从法律上还是事实上均无法返还申美丽80张天合债券。首先，小街营业部并未持有天合债券。其次，天合债券的登记机构为中国证券登记结算有限责任公司上海分公司（以下简称中登上海公司）。中登上海公司不可能为申美丽完成该项登记。再次，小街营业部已经于 2015 年 6 月 25 日将申美丽用以申购涉案天合债券的 8000 元划转回申美丽本人账户，申美丽实际并未发生任何损失。在申美丽没有继续支付任何对价的情况下向申美丽"返还"天合债券明显会使得申美丽获得非法不当得利。最后，申美丽完全可以在天合债券上市日 2015 年 6 月 30 日及之后再次正常买入天合债券。第二，申美丽所谓的 1 万元差价损失无任何计算依据，完全是主观臆断。首先，天合债券作为二级市场上的交易品种，申美丽完全可以在正常交易日随时买入卖出天合债券。申美丽首次申购失败并不意味着申美丽无法继续交易天合债券，因此，申美丽所谓丧失了多次交易机会的说法完全违背客观事实。其次，天合债券的价格并非只涨不跌，其同样受到大盘指数及市场系统性风险因素的影响，存在正常的价格波动。申美丽片面强调天合债券上市后 18 个交易日内 9 次在 165 元至 155 元价位区间波动，但却忽视了截至目前天合债券共 65 个交易日当中有 49 个交易日的收盘价格明显低于上市首日的收盘价 145.32 元，对天合债券进行交易操作完全可能产生相应投资损失，而非盈利。第三，首先，申美丽交易天合景泰股票本身就属于正常的投资行为，而并非为申购天合债券而特意购买股票。从申美丽的信用资金流水明细来看，其自 2015 年年初至今曾无数次频繁买入卖出天合景泰股票，其间既有盈利，也有亏损。申美丽称其 2015 年 6 月 10 日、11 日所买入的 3000 股天合景泰股票系专为申购天合债券的说法明显违背客观事实。其次，买入天合景泰股票也并非申购天合债券的必备条件。根据《天合景泰股份有限公司公开发行可转换公司债券发行方案提示性公告》，天合债券发行既包括"向原股东优先配售"，也包括"网上向一般社会公众投资者发售"。因此，即便不买入天合景泰股票，申美丽同样有资格申购天合债券。参与天合债券的交易并不以买入天合景泰股票为必备条件。再次，申美丽所谓的买入天合景泰股票损失属于正常的投资损失，而并非申美丽申购天合债券失败所导致的。即便申美丽成功申购天合债券，同样会出现其所谓的损失。也就是说，申美丽申购天合债券失败与申美丽购买天合景泰股票所产生的损失之间并不存在法律上的因果关系。最后，本案中申美丽认为小街营业部构成侵权，但并未就侵权责任构成要件完成相应举证责任。申美丽起诉的是侵权之债,但行为人并非小街营业部,申美丽申购天合债券的交易是由丰利证券公司信用交易部处理的,申美丽起诉小街营业部主体不适格,适格的诉讼主体应该是丰利证券公司。综上,不同意申美丽的全部请求,申请法院予以驳回。

后法院经审理查明,根据申美丽 2015 年 2 月 13 日至 2015 年 8 月 27 日的资金流水明细,其数十次买卖天合景泰股票。其中,2015 年 6 月 10 日,申美丽委托小街营业部出售其持有的 1800 股天合景泰股票,每股价格 92.4489 元,后委托小街营业部买入 1000 股天合景泰股票,每股价格 96.29 元。2015 年 6 月 11 日,申美丽委托小街营业部买入 1000 股天合景泰股票,每股价格 99.28 元,后委托小街营业部买入 1000 股天合景泰股票,每股价格 94.98 元。2015 年 6 月 12 日,申美丽委托小街营业部买入 800 股天合景泰股票,每股价格 92.36 元。2015 年 6 月 16 日,申美丽委托小街营业部卖出 3800 股天合景泰股票,每股价格 84.6484 元。2015 年 6 月 18 日,申美丽委托小街营业部买入 500 股天合景泰股票,每股价格 81.98 元。另查,天合债券于 2015 年 6 月 30 日上市,上市当日最高价为每张 147 元,最低价为每张 120 元,收盘价为每张 145.32 元。

那么,申美丽的诉讼请求能否得到法院的支持呢?

法理分析

(一) 申美丽与小街营业部之间的法律关系性质

正确判断原、被告之间的法律关系性质,是审理一个案件的前提和基础。只有先确定各方当事人之间的法律关系,才能对应找到正确适用的法律规定,判断各方的权利义务,从而最终作出判决。本案中,申美丽委托小街营业部进行各项投资操作,小街营业部为申美丽提供证券经纪服务并收取交易佣金,是基于双方签订的《证券经纪委托协议》,因此在双方之间建立了委托合同关系。《合同法》第三百九十六条规定了委托合同的定义,委托合同是委托人和受托人约定,由受托人处理委托人事务的合同。① 通常情况下,委托人不亲自处理其事务,要么是出于自身不便,要么是因为处理相应事务需要专业的知识和技能,或必须具备相应的专业资质。本案原告申美丽之所以委托小街营业部从事投资业务,正是因为小街营业部具备证券业经营资质,可以为其提供专业的证券经纪、咨询、账户管理等服务。所以,申美丽与小街营业部之间就是委托合同关系。双方签订的《证券经纪委托协议》系双方真实意思的表示,且不违反法律、行政法规的强制性规定,因此合法有效,对双方具有约束力,双方应依据协议约定严格履行各方义务。

(二)小街营业部的诉讼主体适格

本案诉讼中,小街营业部亦以其诉讼主体不适格为由进行抗辩。所谓诉讼主体是否适格,简单地说,就是原告是否告对了人,在原告向法院提起诉讼时,其主张权利的对象即案件的被告,是不是原告依法可以向其主张权利的人。比如在本案中,申美丽起诉的案由为证券交易代理合同纠纷,因此其是以合同纠纷起诉,而与其签订《证券经纪委托协议》的合同当事人正是小街营业部,因此小街营业部就是与申美丽存在权利义务关系的相对方。同时,确定案件当事人是否为适格的民事诉讼主体,还要考虑其是否为《民事诉讼法》中规定的可以独立承担法律责任的民事主体。《民事诉讼法》第四十八条第一款规定,公民、法人和其他组织可以作为民事诉讼的当事人。《最高人民法院关于适用〈中华人民共和国民事诉讼法〉的解释》第五十二条规定,民事诉讼法第四十八条规定的其他组织是指合法成立、有一定的组织机构和财产,但又不具备法人资格的组织,包括:……(六)依法设立并领取营业执照的商业银行、政策性银行和非银行金融机构的分支机构。本案被告小街营业部即为非银行金融机构的分支机构,也就是非银行金融机构丰利证券公司依法设立并领取营业执照的分支机构,其是依法具备民事诉讼主体资格,可以单独以其名义参加民事诉讼、以其财产独立承担法律责任的民事诉讼主

---

① 同《中华人民共和国民法典》第九百一十九条。

体。同时，小街营业部又是本案合同关系的当事人，因此小街营业部是本案的适格被告，小街营业部关于其并非适格诉讼主体的抗辩不成立。如小街营业部确实存在违约行为，则其应向申美丽承担相应违约责任。

（三）违约赔偿仅包括真实可发生、确实可预见的部分

1. 未购债券的上市差价为申美丽的实际损失

本案中，申美丽要求小街营业部返还其应有的 80 张天合债券。《合同法》第三百九十九条规定："受托人应当按照委托人的指示处理委托事务……"①委托合同关系中，受托人就是代委托人从事相应民事法律行为的人。所以实际上，委托人才是真正想要处理某项事务的人，想要得到最终的处理结果，达到某种目的，承受某种行为效果。受托人就是代委托人与他人设立、变更、解除民事法律关系的代言人。《民法总则》第一百六十二条规定："代理人在代理权限内，以被代理人名义实施的民事法律行为，对被代理人发生效力。"②据此，受托人是代委托人从事民事法律行为，所以委托人要对受托人处理委托事务时的行为承担法律后果。正因如此，代理人也就是受托人，只有在其代理权限内，也就是依照委托人的具体指示从事相应行为，委托人才应该为其行为承担责任。这才符合民法基本的公平、公正、权义对等的原则。故而受托人应该严格按照委托人的指示从事相应行为，完成某项工作，因为委托人要对其行为结果负责。

《证券法》第一百三十三条第一款规定："证券公司接受证券买卖的委托，应当根据委托书载明的证券名称、买卖数量、出价方式、价格幅度等，按照交易规则代理买卖证券，如实进行交易记录；买卖成交后，应当按照规定制作买卖成交报告单交付客户。"本案中，按照申美丽的指示从事证券投资行为，是小街营业部最核心的合同义务。如其未能履行相应义务，即

---

① 同《民法典》第九百二十二条。
② 同《民法典》第一百六十二条。

构成违约，应向申美丽承担违约责任。《合同法》第一百零七条[①]规定了当事人一方不履行合同义务或者履行合同义务不符合约定时，承担违约责任的方式，包括继续履行、采取补救措施或者赔偿损失等。合同当事人签订合同，其初始目的一定是希望合同能够得到全面的履行，因此，违约方因未履行合同义务而构成违约，则守约方可以要求其继续履行合同义务，以实现合同目的。但是，法院在判定当事人以何种方式承担违约责任的时候，一定要考虑到该种方式是可以实现、可以被实际执行的。否则，就应该采用其他替代的方式保护守约方的权益，弥补守约方的损失。

原告申美丽委托小街营销部于申购日2015年6月12日以100元每张的价格购买天合景泰股份有限公司发行的天合债券80张，并为此支付了8000元配股款。而小街营业部因为失误未实施该投资操作，使得申美丽错失了以同等价格购买天合债券的机会，因此申美丽要求小街营业部向其返还80张天合债券。但小街营业部仅是代申美丽从天合景泰股份有限公司购买其发行的债券，债券的发行主体并非小街营业部而是天合景泰股份有限公司，而且错过了申购日，就只能待该债券上市后才能以上市价格再行购买。但债券上市后，价格大涨，因此小街营业部已经不能按照申美丽的原有指示内容履行其代购义务。所以，这就发生了违约方无法继续履行合同义务的情形。因此，只能以其他方式弥补申美丽的损失。

法院审理过程中，依法向申美丽作出上述释明，申美丽随即变更其诉讼请求，要求小街营业部向其赔偿因违约行为给其造成的经济损失。申美丽的实际损失就是债券上市增值后的差价损失。因为如果小街营业部严格履行其合同义务，代申美丽操作购买了80张天合债券，则其持有债券期间债券价格上涨，申美丽可以售出获利。因此，申美丽的可获利数额就是80张天合债券的增值部分。自该债券上市以来，其价格有涨有跌，因此法院以自上市日至开庭当日的平均收盘价152元为标准，酌定小街营业部应向申美丽赔偿的经济损失数额为4160元[80×（152-100）]。

---

① 同《民法典》第五百七十七条。

2. 违约行为并未致申美丽失去多次交易机会

申美丽另要求小街营业部补偿其失去多次交易机会的交易差价1万元。在小街营业部已经向申美丽赔偿因未代其申购天合债券造成的增值损失4160元后，申美丽在债券上市前申购阶段的亏损已经被弥补。在债券上市后，其可再以上市交易价格任意购买、卖出该债券，因此就不存在其所谓的失去多次交易机会的情况，小街营业部的违约行为并未导致申美丽失去多次交易机会，故对其要求补偿交易差价1万元的诉讼请求不应支持。

3. 原告应遵循诚信原则主张权益，合理计算损失

申美丽还要求小街营业部向其赔偿为取得天合债券买入正股的损失36684.76元。《民法总则》第七条规定："民事主体从事民事活动，应当遵循诚信原则，秉持诚实，恪守承诺。"① 《合同法》第一百一十三条第一款规定："当事人一方不履行合同义务或者履行合同义务不符合约定，给对方造成损失的，损失赔偿额应当相当于因违约所造成的损失，包括合同履行后可以获得的利益，但不得超过违反合同一方订立合同时预见到或者应当预见到的因违反合同可能造成的损失。"② 申美丽主张其为购买天合债券于2015年6月10日及11日共计买入了3000股天合景泰股票，但法院在审理过程中注意到，根据申美丽的信用资金流水明细显示，其于2015年2月13日至2015年8月27日频繁买入卖出天合景泰股票，甚至于6月10日当日买入1000股天合景泰股票前亦曾卖出1800股天合景泰股票，足以证明申美丽买卖天合景泰股票是其投资行为的常规操作，其并非为了购买天合债券而特意于2015年6月10日及11日购买天合景泰股票，申美丽的主张有违诚信。而且股票价格随市场变化涨跌波动属于常识，申美丽在何时以何价格买入卖出天合景泰股票亦属其自主投资决定，其要求赔偿的购买价格与出售价格的差额属于

---

① 同《民法典》第七条。

② 《民法典》第五百八十四条规定，当事人一方不履行合同义务或者履行合同义务不符合约定，造成对方损失的，损失赔偿额应当相当于因违约所造成的损失，包括合同履行后可以获得的利益；但是，不得超过违约一方订立合同时预见到或者应当预见到的因违约可能造成的损失。

其正常的投资风险损失,并非由小街营业部的违约行为造成,故应由申美丽自行负担。

故此,法院最终仅判令小街营业部向申美丽赔偿经济损失4160元,并驳回了申美丽的其他诉讼请求。同时,因申美丽的诉讼请求仅有部分被支持,因此法院另决定由原告申美丽与被告小街营业部共担诉讼费。宣判后,双方当事人均未上诉。

知识拓展

（一）有偿委托合同和无偿委托合同的区别

有偿委托合同即为委托人向受托人支付报酬的委托合同,如本案委托合同,小街营业部就其受托为申美丽提供证券经纪服务而向申美丽收取一定比例的交易佣金。无偿委托合同即为受托人免费为委托人处理委托事务,不收取报酬的委托合同。生活中经常遇到的委托合同可能更多的是无偿委托合同,如临时让邻居、朋友帮忙处理一些生活琐事等。比如A要出差,其饲养的宠物狗在A出差期间没有人照顾,则A委托关系较好的邻居B照看几天,也未向B支付任何费用。《民法典》第九百二十九条第一款规定:"有偿的委托合同,因受托人的过错造成委托人损失的,委托人可以请求赔偿损失。无偿的委托合同,因受托人的故意或者重大过失造成委托人损失的,委托人可以请求赔偿损失。"从上述法律规定的内容可以看出,法律对有偿委托合同的受托人苛以更重的责任承担,即只要受托人处理委托事务时存在主观过错,即存在主观上的故意、重大过失或一般过失的情况下,都应该为其给委托人造成的经济损失承担赔偿责任。上述例子中,如B并非免费为A照顾宠物狗,而是向A收取了一定费用,照看期间B因为嫌宠物狗很吵影响其休息,晚上将其反锁在阳台上,结果早上上班时忘记给宠物狗开门,宠物狗因无法进屋饮水吃食而饿死了,则B存在照顾不周的过失,应该为其行为后果向A承担赔偿责任。如B是免费为A照看宠物狗,因为嫌宠物狗很吵影响其休息,为了教训宠物狗不要乱叫，故意殴打虐待宠物狗导致宠物狗死亡，则 B 就要为其行为结果向 A 赔偿损失。这是合同法权利义务对等原则的体现，如果委托人向受托人支付了报酬，则相应要承担更重的合同义务，在主观上也要尽到更多的注意义务，更加谨慎地处理受托事务。

（二）委托人、受托人均享有委托合同的任意解除权

委托合同关系设立的基础，是委托人出于对受托人的信任，而受托人主观上愿意帮忙，出手相助。因此，如果因为某种主观或客观原因，导致委托人不再信任受托人具备处理委托事务的能力，或受托人不再愿意接受委托，则法律赋予委托人和受托人任意解除权。但是，法律并非赋予合同当事人肆意行事的权利。《民法典》第九百三十三条规定："委托人或者受托人可以随时解除委托合同。因解除合同造成对方损失的，除不可归责于该当事人的事由外，无偿委托合同的解除方应当赔偿因解除时间不当造成的直接损失，有偿委托合同的解除方应当赔偿对方的直接损失和合同履行后可以获得的利益。"因此如果委托人或受托人任意解除合同给对方造成损失，如该损失并非因为要求解除合同一方的原因导致，要求解除一方就要承担赔偿责任。在上述例子中，如 B 因为嫌宠物狗很吵影响其休息，就给出差在外的 A 打电话说不再为其照看宠物狗了（即要求解除合同），就将宠物狗放出门外不管不问，结果导致宠物狗跑丢再也无法找到，则 B 就应该为应归责于其的原因而导致 A 丢失宠物狗的损失进行赔偿。反之，假设 A 本计划出差 5 天，只给宠物狗准备了 5 天的食物交付于 B，结果 A 在出差期间突然接到通知需要延长出差至 8 天，其赶紧告知 B 要多照看 3 天，B 无奈只得为宠物狗又购买了 3 天的食物以做准备。后来 A 的出差计划又有变，无须延长反而提前 1 天返回，其又告知 B 不用再照看了，提前将宠物狗接走。那么，正是因为 A 的单方面原因，导致 B 为给宠物狗准备食物而支付了相应费用，虽然合同提前解除，但 B 为购买食物而支付的费用，也即 B 为处理委托事务而遭受的经济损失，应该由 A 来承担。

（三）发生突发状况时，受托人的应急处理

《民法典》第九百二十二条规定："受托人应当按照委托人的指示处理委托事务。需要变更委托人指示的，应当经委托人同意；因情况紧急，难以和委托人取得联系的，受托人应当妥善处理委托事务，但是事后应当将该情况及时报告委托人。"在正常情况下，受托人应该按照委托人的指示处理委托事务。但在受托人处理委托事务期间，如果发生了紧急情况，不得不加以变通，则应该赶紧联系委托人征求其同意。但在情况紧急，受托人又无法与委托人取得联系的情况下，其可以从最有利于保护委托人利益的角度出发，妥善处理委托事务，但在能与委托人取得联系时或待紧急情况过后，则要及时将相应情况向委托人告知。仍以上述例子为例，若A在委托B照看宠物狗时特意嘱咐，因为宠物狗年龄较小，适应能力差，容易生病，所以不要带它到小区以外的地方活动。但在B照看宠物狗期间，B的妈妈突发急病住院，其不得不在医院陪床照顾，B就赶紧给A打电话让其找别人代为看管。结果A正好在飞机上没有接到B的电话，B情急之下，只得先将宠物狗送到其朋友家代管。等A出差回来后，B赶紧让A到其朋友家将宠物狗接回。在这一过程中，即使B没有按照A的指示从事委托事务，但B的处理方式是在情急之下为了保障A的利益，让其宠物狗能得到应有的照顾才作出的选择，所以B无须为此承担违约责任。

普法提示

（一）证券公司销售证券、提供服务应尽适当性管理义务

《证券法》第八十八条第一款和第二款规定："证券公司向投资者销售证券、提供服务时，应当按照规定充分了解投资者的基本情况、财产状况、金融资产状况、投资知识和经验、专业能力等相关信息；如实说明证券、服务的重要内容，充分揭示投资风险；销售、提供与投资者上述状况相匹配的证券、服务。投资者在购买证券或者接受服务时，应当按照证券公司明示的要

求提供前款所列真实信息。拒绝提供或者未按照要求提供信息的，证券公司应当告知其后果，并按照规定拒绝向其销售证券、提供服务。"虽然投资有风险，盈亏应自担，但法律赋予了证券公司风险评估、风险揭示和风险匹配的适当性管理义务，否则如投资者发生损失，证券公司要为之承担相应法律责任。与之对应的，投资者亦有义务如实向证券公司告知与其投资相关的个人情况，否则证券公司有权拒绝向其提供服务。因此投资者在委托证券公司从事证券经纪行为时，一定要重视风险评估程序，查控风险。如证券公司未履行上述义务，投资者要提高警惕，拒绝投资。

（二）委托人知道受托人的代理行为违法要立即制止，否则要担责

《民法典》第一百六十七条规定："代理人知道或者应当知道代理事项违法仍然实施代理行为，或者被代理人知道或者应当知道代理人的代理行为违法未作反对表示的，被代理人和代理人应当承担连带责任。"如小张委托在手机销售公司工作的小王购买手机自用，后小王将其从公司偷窃所得的手机交予小张使用，并给小张五折优惠。小张知道此事后没有表示反对，仍然继续使用该手机。后来事发，手机销售公司将小王开除并要求其赔偿损失，小王这才将其系代小张购买手机一事告知公司。则小张依法应与小王一起向手机销售公司承担赔偿责任。因此，如委托人发现受托人是违法从事代理行为时，应及时制止，并拒绝接受违法所得的相应利益，否则就要与受托人一起承担法律责任。

（三）原告应依法合理提出诉讼请求，否则要担诉讼费

《诉讼费用交纳办法》第二十九条第一款和第二款规定："诉讼费用由败诉方负担，胜诉方自愿承担的除外。部分胜诉、部分败诉的，人民法院根据案件的具体情况决定当事人各自负担的诉讼费用数额。"因此在诉讼中，原告应依法合理地提出诉讼请求，而不能滥用权利、肆意主张。一般情况下，诉讼费是根据原告提出的诉讼请求数额按相应计算比例收取的，先由原告垫付，最终由

法院决定由败诉方承担。所以，如果原告在起诉时，毫无依据地肆意提出诉讼请求，则可能导致法院不予支持，成了实质上的败诉方。此时，法院会根据案件的具体情况决定由原、被告各自负担相应诉讼费。正如本案中，原告申美丽有违诚信在先，还另向被告主张赔偿其购买正股的损失 36684.76 元，以及补偿其失去多次交易机会的交易差价 1 万元，均被法院驳回，因此申美丽的诉讼请求数额仅有小部分被支持，故法院依法决定由申美丽承担大部分诉讼费，由小街营业部承担小部分诉讼费，申美丽是赔了夫人又折兵。所以，原告在起诉时，要依法主张权益，合理计算经济损失，否则就要为此遭受额外的"诉讼费损失"。

第四章

涉互联网金融类

案例一 | **P2P 网贷平台的法律角色及投资风险**
——仅提供居间服务的平台对借款人违约不承担责任

宁晓栩[1]

案情回顾

"P2P"是英文"peer to peer lending"的缩写,指的是个体网络借贷,被称为"网络版民间借贷"。P2P网络借贷作为一种互联网金融业态,在缓解小微企业融资难、满足民间资本投资需求等方面发挥了积极作用。但近年来,网贷行业风险有所积聚,爆发了一系列风险事件,严重损害了广大投资者的合法权益,对互联网金融行业声誉和健康发展造成较大负面影响,给金融安全和社会稳定带来较大危害。[2] 同传统民间借贷一样,借款人的偿还能力也是P2P的最大风险之一,那么当借款人无力还款时,P2P平台是否也有还款责任?请看以下案例。

赵大伟与孙又才都是人人行科技股份有限公司(以下简称人人行公司)自主开发运营的P2P手机软件平台"借贷宝"的实名注册用户。2016年7月25日,孙又才在"借贷宝"平台上发布借款要约,约定到期还本付息。赵大伟在软件上看到了这笔借款要约,在阅读并同意了相关约定内容之后,赵大伟先后确认、出借给孙又才二十笔资金,共计44740元。双方确认、签订借款协议,约定借款期限23天,年利率24%。还款次日为宽限期,借款人于宽限期内仍未足额偿还借款本金和利息的,以未偿还借款本金为基数按年利率24%计收罚息。合同确认订立后,赵大伟通过第三方九派天下支付

---

[1] 北京市海淀区人民法院民事审判三庭(破产审判庭)法官助理。
[2] 详见中国银行业监督管理委员会等十五部委关于印发《P2P网络借贷风险专项整治工作实施方案》的通知,银监发〔2016〕11号。

有限公司将上述款项划付至孙又才账户。然而，让赵大伟没想到的是，本该在借款及宽限期满后还本付息的孙又才一直没有动静，经赵大伟反复催促，孙又才仍不还款。

赵大伟认为，孙又才在借款到期后不能履行还款义务，应偿还本金并支付利息。而P2P平台"借贷宝"的运营方人人行公司在提供平台服务时，未对孙又才借款信息的真实性、合法性进行必要审核，导致赵大伟出借给孙又才的流动资金被挪作他用，也有一定过错，应对孙又才的欠款承担补充还款责任，故其将赵大伟和人人行公司诉至法院，提出诉讼请求，要求判令孙又才偿还本金、支付原借款合同约定的利息和罚息，同时要求判令人人行公司承担80%的补充还款责任。

被告孙又才不同意原告赵大伟的诉讼请求。他表示，不清楚借款是怎么回事，自己没有在"借贷宝"平台上操作过，没有问赵大伟借过钱。平台由其儿子孙巍和赵大伟操作，自己不清楚具体情况。

被告人人行公司也不同意原告赵大伟的诉讼请求。人人行公司表示："第一，我公司不是本案借贷关系的主体，不是适格当事人，依法无须承担任何责任。'借贷宝'是我公司开发运营的互联网金融平台，旨在为用户提供信息发布以及交易撮合服务，解决用户短期资金周转压力。赵大伟、孙又才均系'借贷宝'平台注册用户，本案所涉借款协议为双方通过'借贷宝'平台自愿签订，是双方真实的意思表示，合法有效。出借人为赵大伟，借款人为孙又才，相应款项是由第三方支付公司直接自出借人赵大伟账户划扣至借款人孙又才账户，本案借贷双方为赵大伟、孙又才，与我公司无关，我公司无须承担任何责任。第二，我公司仅为居间人，提供居间服务，与债务人之间无连带关系，不对平台上达成的借款交易承担还款义务，亦不承担任何连带担保责任。借款人在'借贷宝'平台上发布借款时采用实名，出借人看到后对借款标的和借款人信用进行衡量，再结合自身财务情况，决定是否要借钱给借款人，也必须自行承担借款人违约风险。平台注册协议第6.1条明确约定，我公司及关联方、董事、代理人均不以任何明示或默示的方式对通过'借贷宝'平台形成的借贷交易及其履行提供任何担保或承诺。由此可知，我公司作为居间人，仅向用户提供信息发布与交易撮合服务，不对平台上的具体交易承担任何形式的担保责任。此外，借款协议中亦无我公司承诺还款或者承担连带责任的任何约定。"综上，人人行公司请求法院驳回原告赵大伟的诉讼请求。

法院经审查后，认为被告孙又才向原告赵大伟借款，应当按照约定偿还借款及利息。未按约定偿还，应当依约承担相应责任。双方关于借款及逾期还款利率的约定，不违反国家有关规定，应予支持。原告赵大伟要求判令被告孙又才偿还借款本金并支付利息和罚息，符合法律规定，予以支持。被告人人行公司作为居间人，在借款关系中起提供平台、审核信息的作用，而非借款人或保证人。原告赵大伟请求判令人人行公司对借款人孙又才不能履行的还款责任承担补充还款责任的诉讼请求，没有事实和法律依据，不予支持，故驳回原告赵大伟要求被告人人行公司承担补充还款责任的诉讼请求。

原审法院判决后，被告孙又才不服提起上诉，称其年龄较大，根本不会在"借贷宝"网络平台操作借款还款。孙又才在他人帮助下实名注册"借贷宝"账号后，并没有亲自使用过这个账号，其本人对赵大伟所诉借款也完全不知情。赵大伟和孙又才同在武汉，"借贷宝"账号里有孙又才的联系方式，但赵大伟从始至终没有就借款事项与孙又才本人确认过，双方也没有见过面或通过电话有任何联系。赵大伟明知孙又才的"借贷宝"账号使用人不是孙又才本人，仍然出借资金给孙又才"借贷宝"账号使用人，既没有征得孙又才本人同意，也没有告知孙又才，动机不良。请求法院查明资金去向以及借款形成的事实真相，驳回原告赵大伟的全部诉讼请求。

二审中，孙又才提出在"借贷宝"平台注册账号、发布借款要约及收取借款的行为均系其子孙巍以其名义进行操作，且赵大伟明知实际借款人为孙巍，同时孙巍亦是孙又才在二审阶段的委托诉讼代理人，孙巍当庭陈述："孙又才是我父亲，他的'借贷宝'平台账号由我找人注册，注册所需的身份证号、银行卡号和手机验证码由孙又才提供，'借贷宝'平台账号密码由我保管，孙又才本人对案涉借款不知情。使用孙又才账号借款是我与赵大伟协商一致的结果，赵大伟对实际借贷人为孙巍是知情的。"对此，二审法院另查明，"借贷宝"平台《用户注册协议》中约定："第一条，注册条件……1.5

您的'借贷宝'账户的用户名仅限于您个人使用，不得向任何第三方转让或出售，您的'借贷宝'用户名和密码由您自行保管，因用户名和密码泄露导致您的任何损失，由您自行承担。您确认，凡以您的'借贷宝'用户名、密码登录实施的一切行为均视为您的行为，所产生的法律后果由您自行承担……第四条，注册用户使用准则……4.3 您在注册时向'借贷宝'提交的姓名、身份证号码及手机号是您在'借贷宝'的唯一识别信息。您注册成功后，除非本协议另有约定，您不得将姓名和密码、身份证号码及手机号转让、授权、泄露给第三方使用。"

二审法院经审理后认为：根据已查明事实，赵大伟所提交的借出协议、软件借款截图、转账记录等信息能够对应，形成完整的证据链，能够证明案涉借款实际发生。至于孙又才抗辩其不懂网络操作，未使用"借贷宝"账户借款，其"借贷宝"账户是由其子孙巍实际控制、使用，其对借款不知情，并非实际借款人，不应承担还款责任，孙巍亦到庭陈述借款由其使用其父孙又才账号操作，借款款项实际由其使用，法院认为，"借贷宝"作为网络借贷居间平台，其用户均需通过网络媒介开展借贷活动，因此用户的姓名、密码、身份证号是在网络平台上表明特定用户身份的唯一识别信息，对此《用户注册协议》已约定用户不得将姓名和密码、身份证号码及手机号转让、授权、泄露给第三方使用，约定相关账号产生的交易即视为本人行为，故以孙又才的"借贷宝"账户完成的交易应视为孙又才本人行为，应由孙又才承担相应的法律责任。因孙巍已自认系实际借款人与用款人，孙又才可另行向孙巍主张权利，但不得以此为由对抗出借人赵大伟。至于孙又才主张赵大伟明知实际借款人为孙巍，使用孙又才"借贷宝"平台账户借款系孙巍、赵大伟协商的结果，因孙又才未就其主张予以举证证明，应自行承担举证不能的不利法律后果。故孙又才的上诉理由，理据不足，不予采信，二审判决驳回孙又才的上诉，维持原判。

法理分析

关于本案，有几个问题需要进一步解释。

（一）"借贷宝"平台在借款交易过程中的法律地位

2015年《最高人民法院关于审理民间借贷案件适用法律若干问题的规定》第二十二条（现第二十一条）规定：借贷双方通过网络贷款平台形成借贷关系，网络贷款平台的提供者仅提供媒介服务，当事人请求其承担担保责任的，人民法院不予支持。网络贷款平台的提供者通过网页、广告或者其他媒介明示或者有其他证据证明其为借贷提供担保，出借人请求网络贷款平台的提供者承担担保责任的，人民法院应予支持。

本案中，"借贷宝"是一种以社交关系为基础的P2P网络借贷平台，平台以手机通信录为媒介，为熟人间借款提供媒介服务，并不承担担保责任。借款人实名发布借款需求，出借人自行进行风险评估后以匿名方式借出资金，平台不对借款申请人进行任何资质审核和信用评级，出借人自行判断借款申请人的信用，自担风险。平台向借款人收取交易服务费（当年累计借入总额≤100万元时不收取）和逾期管理费，出借人无须承担任何费用。在这种商业模式下，平台几乎并不进行信用建设或风险控制，而仅作为居间服务者，在整个借贷交易中扮演中间人的角色，为出借人与借款人提供中介信息，撮合双方完成交易。P2P平台与借贷双方之间成立居间合同关系。

（二）P2P平台在提供居间服务过程中应当承担的义务

作为居间服务提供者的P2P平台需要受到《合同法》中关于居间合同的约束。我国《合同法》第四百二十五条对居间人如实报告义务作出了规定，即"居间人应当就有关订立合同的事项向委托人如实报告。居间人故意隐瞒与订立合同有关的重要事实或者提供虚假情况，损害委托人利益的，不得要求支付报酬并应当承担损害赔偿责任"。[①] 同时，对于P2P平台提供居间服务，

---

① 《民法典》将"居间合同"的概念调整为"中介合同"，将"居间人"调整为"中介人"。《民法典》第九百六十二条规定，中介人应当就有关订立合同的事项向委托人如实报告。中介人故意隐瞒与订立合同有关的重要事实或者提供虚假情况，损害委托人利益的，不得请求支付报酬并应当承担赔偿责任。

我国法律还作出了关于信息披露的专门规定："网络借贷信息中介机构应当在其官方网站向出借人充分披露借款人基本信息、融资项目基本信息、风险评估及可能产生的风险结果、已撮合未到期融资项目资金运用情况等有关信息。"[1]因此，信息披露义务是 P2P 平台在提供居间服务过程中最主要、也是最重要的义务。至于平台应该披露哪些信息，从当前实践看，在撮合网络借款合同订立阶段，平台至少应向出借人披露如下信息：借款人基本信息，包括姓名、性别、年龄、公民身份号码、联系方式、家庭住址、主要关系人，必要时还可披露借款人身份证、户口本等证件电子扫描件；借款人财产证明，如银行流水、不动产权证书等，证明借款人履行借款合同、偿还借款的能力；借款人征信记录，如个人信用报告[2]、芝麻信用分等，供出借人更好地进行风险判断。

此外，我国法律还规定了网络借贷平台的一些其他义务[3]，如防范欺诈义务，即采取措施防范欺诈行为，发现欺诈行为或其他损害出借人利益的情形，应及时公告并终止相关网络借贷活动；教育引导义务，即持续开展网络借贷知识普及和风险教育活动，引导出借人以小额分散的方式参与网络借贷，确保出借人充分知悉借贷风险；信息保管义务，即妥善保管出借人与借款人的资料和交易信息，不得删除、篡改或非法买卖、泄露出借人与借款人的基本信息和交易信息等。

（三）P2P 平台违反义务的法律责任

P2P 网络贷款平台可能违反居间服务合同的相应规定，构成违约，需要依照《合同法》进行赔偿；也可能构成侵权，需要承担侵权损害赔偿责任，依照《侵权责任法》进行赔偿。

实践中，最为常见的是 P2P 平台违反信息披露义务给投资者带来损

---

[1] 参见《网络借贷信息中介机构业务活动管理暂行办法》第三十条第一款。

[2] 由中国人民银行征信中心出具，自 2013 年 10 月 28 日起，北京、山东、湖南、浙江等省份居民均可在央行征信中心网站注册并查询本人信用报告。

[3] 参见《网络借贷信息中介机构业务活动管理暂行办法》第九条。

害。这种情况下，平台既违反了居间合同项下的义务，应当承担违约责任，亦存在违反侵权法上注意义务之可能，应当对投资者的财产损失承担侵权责任。两者形成请求权基础的竞合，根据《合同法》第一百二十二条之规定①，此时投资者既可以选择要求平台承担违约责任，也可以选择要求其承担侵权责任，但不能双重选择。平台违反其他义务的，投资者亦可主张由其承担相应的责任。

（四）P2P平台债务人的义务及责任

与普通民间借贷债务人一样，在P2P平台上借款的债务人同样需要按照合同约定，向债权人偿还本金和利息，违反约定逾期还款或者拒不还款的，还要承担相应的违约责任。需要注意的是，2015年《最高人民法院关于审理民间借贷案件适用法律若干问题的规定》第二十六条确立了法院对当事人约定利率的认定规则，这一规则对P2P平台借贷同样适用，即借贷双方约定的利率未超过年利率24%，出借人请求借款人按照约定的利率支付利息的，人民法院应予支持。借贷双方约定的利率超过年利率36%，超过部分的利息约定无效。借款人请求出借人返还已支付的超过年利率36%部分的利息的，人民法院应予支持。②

除此之外，网络借贷平台的注册用户还负有妥善保管本人网络账号的义务。P2P平台的信息披露义务决定了其账号的实名制属性，格式借款合同将直接在账号对应的实名制注册借款人与债权人之间成立。如果将自己的账号转借给他人使用，使他人误认为系与本人交易的，可能被认定为一种概括的授权，产生的法律后果可能将由本人承担。

---

① 《民法典》第一百八十六条规定，因当事人一方的违约行为，损害对方人身权益、财产权益，受损害方有权选择请求其承担违约责任或者侵权责任。

② 自2021年1月1日起，该规定已被修改为："出借人请求借款人按照合同约定利率支付利息的，人民法院应予支持，但是双方约定的利率超过合同成立时一年期贷款市场报价利率四倍的除外。前款所称'一年期贷款市场报价利率'，是指中国人民银行授权全国银行间同业拆借中心自2019年8月20日起每月发布的一年期贷款市场报价利率。"（现第二十五条）

> 知识拓展

（一）P2P 平台的常见模式及其法律责任

P2P 网络借贷平台最早出现在英国，2005 年在伦敦出现了全世界第一家网络借贷公司：Zopa 网上互助借贷公司，"Zopa"是"Zone of Possible Agreement"的缩写，意思是"可达成协议的空间"。随后，美国、法国等国家也相继出现了大规模的网络借贷公司。2007 年，我国出现了首家网络借贷平台"拍拍贷"，此后一段时间，国内互联网金融飞速发展，P2P 市场也随之发展迅猛，各种平台层出不穷。在实践中，我国常见的 P2P 平台运营模式主要有如下几种：

1. 信息中介模式

案例所涉 P2P 平台"借贷宝"，在本案案情中便体现为此种运营模式，即平台在借款人和出借人之间提供居间服务，由借款人和出借人直接签订借款合同，平台通过提供居间服务获得盈利，保持纯粹的信息中介地位，我国首家 P2P 平台"拍拍贷"便采用此种模式。

在此种模式下，平台为借贷双方提供居间服务，公布双方信息，为促进双方达成借款合同提供便利条件并收取服务费用。在这一过程中，平台负有居间人的如实告知义务[1]，至于借款人的违约风险则由出借人自行负担。

2. 担保模式

为增加对投资者的吸引力，一些 P2P 平台将担保机制引入平台借贷业务，承诺如借款人未能按时还本付息，由平台进行偿付。具体而言，一是平台自身提供担保，以平台的风险准备金偿还逾期本息；二是单独设立关联公司开展担保业务（如红岭创投）；三是与独立的第三方担保机构合作，一旦发生逾期，由担保公司返还本息，再向借款人进行追偿。

在此种模式下，平台在提供了居间服务的同时还提供了担保服务，当借

---

[1] 《民法典》第九百六十二条。

款人不能按时偿还本息时，由平台或平台引入的担保公司进行偿还。

3. 债权转让模式

以"宜信模式"为突出代表，即 P2P 平台作为放贷人取得对借款人的债权，之后通过拆分、打包方式转让给出借人，以债权转让的方式流转债权和资金，实现借款人与出借人之间的间接网络借贷。以宜信平台为例，宜信公司 CEO 唐宁先以个人身份放贷给需要资金的客户，形成债权，然后再将其债权打包分割后转让给有投资需求的投资者。

在此种模式下，出于对债权安全性的考虑，平台需要对借款人的个人信息、借款用途、征信情况、担保情况等作出详细的调查与如实披露，以确保投资者在明确知悉全部情况的前提下购买债权。此种模式存在较大争议，因为实践中，出借人与借款人的需求往往存在时间上的错配，故当平台未先取得债权，或者先从出借人处吸收存款时，便可能涉嫌从事非法吸收公众存款、集资诈骗、非法发放贷款等违规业务，甚至有可能要承担相应刑事责任。

此外，P2P 平台还发展演变出一些新模式，如平台搭建二级债权转让市场，投资者在急需用钱时可通过二级市场交易功能将自己持有的债权转让给其他投资者以获得流动性模式（"陆金所模式"），线上信息平台与线下实体交易门店结合放贷模式（"合盘贷模式"），以及与学校合作借助平台发放助学资金模式（"齐放网模式"）等。

（二）P2P 平台的"1+3"法律规制

P2P 网络借贷在缓解小微企业融资难、满足民间资本投资需求等方面发挥了不小的积极作用，但事实上，P2P 平台的准入门槛却并不高，目前我国对于 P2P 网贷平台的设立采用备案制，即企业需要在领取营业执照后 10 个工作日内向工商登记注册地地方金融监管部门进行备案登记，而未对 P2P 网贷平台的准入资格作出明确规定，亦未对其最低注册资本、员工准入资格、企业治理结构等进行具体规定。近年来，P2P 网络借贷平台"爆雷"倒闭、运营方"跑路"等恶性事件频频发生，网络借贷带来的非法集资、金融诈骗等刑事犯罪问题也备受各界关注。[①]

P2P 网络借贷属于新生事物，我国对 P2P 平台的相关法律规制也在不断发展、完善。最初，最高人民法院在 2010 年、2014 年先后发布了《关于审理非法集资刑事案件具体应用法律若干问题的解释》和《关于办理非法集资刑事案件适用法律若干问题的意见》，对平台构成非法集资类刑事犯罪的认定标准进行了明确规定。在行政法律规制方面，银监会办公厅在 2011 年发布了《关于人人贷有关风险提示的通知》，指出了 P2P 网络借贷存在的一些金融风险和隐患。之后，为了有力监管 P2P 网络借贷平台，2015 年中国人民银行等十部委[②]出台《关于促进互联网金融健康发展的指导意见》，提出对包括 P2P 网络借贷的互联网金融要坚持"依法监管、适度监管、分类监管、协同监管、创新监管"的原则，确立了互联网金融主要业态的监管职责分工，落实了监管责任，明确了业务边界。2016 年，银监会会同工业和信息化部、公安部、国家互联网信息办公室等部门研究起草了《网络借贷信息中介机构业务活动管理暂行办法》（即"一个办法"，以下简称《暂行办法》），首次对网络借贷平台的性质进行了界定，成为规范 P2P 网络借贷平台的主要依据，意味着网络借贷行业进入规范发展时代。至 2017 年，《网络借贷信息中介机构备案登记管理指引》《网络借贷资金存管业务指引》与《网络借贷信息中介机构业务活动信息披露指引》（即"三个指引"）将 P2P 平台的登记备案、资金存管业务、信息披露纳入监管范围，至此，我国形成了对 P2P 网络借贷平台的"1+3"监管体系。

在《暂行办法》中，最重要的第十条采取负面清单的方式划定了 P2P 行业的边界红线，一共分为十二项，被业内称为"十二禁"，即禁止平台自融资金；禁止平台归集出借人资金；禁止平台提供担保或承诺保本保息；禁止

---

① 截至 2021 年 1 月，中国人民银行副行长陈雨露在国新办发布会上披露，我国 P2P 平台已全部"清零"，防范化解金融风险攻坚战取得重要阶段性成果。

② 即中国人民银行、工业和信息化部、公安部、财政部、国家工商总局、国务院法制办、中国银行业监督管理委员会、中国证券监督管理委员会、中国保险监督管理委员会、国家互联网信息办公室。

自行或委托、授权第三方在互联网、固定电话、移动电话等电子渠道以外的物理场所进行宣传或推介融资项目;除另有规定,禁止发放贷款;禁止对融资项目的期限进行拆分;禁止自行发售理财等金融产品募集资金,代销银行理财、券商资管、基金、保险或信托产品;禁止开展类资产证券化业务或实现以打包资产、证券化资产、信托资产、基金份额等形式的债权转让行为;除法律法规和网络借贷有关监管规定允许外,禁止与其他机构投资、代理销售、经纪等业务进行任何形式的混合、捆绑、代理;禁止虚构、夸大融资项目的真实性、收益前景,隐瞒融资项目的瑕疵及风险,以歧义性语言或其他欺骗性手段等进行虚假片面宣传或促销等,捏造、散布虚假信息或不完整信息损害他人商业信誉,误导出借人或借款人;禁止向借款用途为投资股票、场外配资、期货合约、结构化产品及其他衍生品等高风险的融资提供信息中介服务;禁止从事股权众筹等业务。

(三)P2P 网络借贷投资的主要法律风险

1. 违约风险

作为"网络版民间借贷",P2P 平台的借款利率通常高于银行贷款利率。借款人仍选择在利息较高的平台借款而不向银行贷款,一方面是因为手续相对简单、可在短时间内快速融资,另一方面也往往是由于借款人无法按照银行的严格要求提供相应担保。因此,相比银行贷款客户,P2P 平台借款人的资金状况与偿付能力通常有所欠缺,再加上 P2P 平台网络形式的审核与审核权限的局限,对借款人的评估有时不尽完全,部分借款人故意信息造假更是增大了平台审核难度。因此,与传统银行贷款相比,P2P 平台借款人的违约风险往往更高。

2. 信息泄露风险

一方面,存在用户个人信息泄露的风险。为保证借款交易安全,P2P 平台通常会要求借款人提供重要个人信息安全,包括姓名、性别、年龄、公民身份号码、联系方式、家庭住址、主要关系人以及财产证明、银行流水、工资状况等,出借人亦要进行实名认证并填写相关个人信息,这些信息一旦被平台泄露或被他人获取，将严重危及用户个人信息安全。另一方面，存在交易安全信息泄露的风险。用户的账号、密码等重要信息一旦泄露，可能严重影响交易安全，造成客户资金的严重损失。

3. 维权取证风险

不同于线下借款或银行贷款签署书面协议，P2P的网络借贷属性决定了出借人与借款人之间的借款合同一般是格式化的电子合同。电子合同有方便、快捷、环保、易保存等诸多优点，但也存在明显的缺点，如易被删除、篡改，电子签名真实性难以保证，合同保存过于依赖平台方等。这给用户保留交易相关证据增加了一定难度，一旦发生争议，投资者可能很难完成证明借贷法律关系存在的举证责任。

4. 因平台或借款人构成犯罪导致的风险

从P2P平台方面看，虽然银监会曾对P2P网络借贷划定红线，明确其中介属性，禁止其提供担保、设立资金池或非法吸收公众存款，但在实践中，突破红线的平台屡见不鲜，平台"爆雷"、卷款跑路的现象时有发生，投资者损失惨重。近年来，涉P2P网络借贷平台的刑事案件数量大幅上升，风险集中爆发，且涉案金额巨大、投资者众多的案件不在少数。开展自融业务、设立资金池的P2P平台通常会涉嫌非法集资，涉嫌非法吸收公众存款罪，情节严重的，如肆意挥霍集资款导致无法返还或将款项用于违法犯罪活动的，还可能构成集资诈骗罪。此外，没有取得从事金融业务资格的P2P平台还会涉嫌擅自设立金融机构及非法经营，严重的可能构成非法经营罪。

从借款人方面看，网络平台审查的局限性给某些不法借款人带来了可乘之机。实践中存在借款人以多个虚假名义发布借款需求，向不特定人募集资金，并投向非法用途的情况，亦可能构成非法吸收公众存款罪和集资诈骗罪。

《最高人民法院关于审理民间借贷案件适用法律若干问题的规定》第五条第一款规定："人民法院立案后，发现民间借贷行为本身涉嫌非法集资犯罪的，应当裁定驳回起诉，并将涉嫌非法集资等犯罪的线索、材料移送公安或者检察机关。"因此，一旦平台或借款人涉嫌上述犯罪，投资者基本无法通过民事诉讼途径及时维护自身权益，而需要在刑事案件立案以后提出刑事附带民事诉讼，在此之前可能还要经过公安机关较长时间的侦查取证。此外，由于 P2P 平台投资者往往数量较多，后续赔偿也耗时较长，从实践经验来看，弥补全部损失的可能性不大，一般是按照投资者所受损失的比例，退还一部分资金。

普法提示

（一）谨慎选择投资渠道

作为新兴的投资渠道，P2P 平台良莠不齐，行业经营模式也在不断变化发展，因此投资者必须谨慎选择，在投资前对平台、借款人、第三方保险或担保机构等主体进行详细调查，以判断投资风险。具体而言，可以从平台运营方注册资本、成立年限、经营范围以及平台审核严格程度等方面进行了解，还可以查询公司涉诉情况或进行实地调查走访等。以上信息可从全国企业信用信息公示系统、中国裁判文书网、全国法院被执行人信息查询网等渠道进行查询。此外，还要通过平台对借款人的信息披露情况进行查询，尽可能全面了解借款人的信用情况和偿还能力，降低投资风险。

（二）注意留存电子证据

P2P 网络借贷属性决定了借贷交易基本在网上进行，投资者应注意保留网上交易过程中形成的电子证据材料，如电子合同、转账记录、聊天记录、广告宣传等，尤其是对于据以作出投资决定的平台宣传介绍，至少通过截图的形式予以留存，以便产生争议时作为证据向有权机关提交。

此外，投资者在 P2P 平台进行注册、投资等操作时需要认真阅读并充分理解平台上的格式电子合同，包括但不限于《用户注册协议》《投资/借款协议》《第三方托管协议》、免责声明等，不要在没有仔细阅读的情况下直接贸然点击"我已阅读，同意"按钮，否则可能承担法律风险，为自己增添不必要的麻烦。

(三) 依法处理违约争议

在借款不能按期收回的情况下，投资者要区分两种情况分别处理：一是 P2P 平台正常运营，而借款债务人违约。在这种情况下，要督促平台协助进行债务催收，并根据平台披露的信息，以借款人为被告，或是以借款人、平台为共同被告，向法院提起民事诉讼。二是借款债务人并未违约，而 P2P 平台不予及时提现。在这种情况下，可向监管部门投诉，也可以平台为被告向法院提起民事诉讼，并密切关注平台是否存在"爆雷"的情况。

(四) 警惕平台"爆雷"预兆

在 2018 年 6 月 14 日，由上海市人民政府和中国人民银行、中国银行保险监督管理委员会、中国证券监督管理委员会共同主办的"2018 陆家嘴论坛"上，银保监会郭树清主席曾经直言："要努力通过多种方式让人民群众认识到，高收益意味着高风险。收益率超过 6% 的就要打问号，超过 8% 的就很危险，10% 以上就要准备损失全部本金。"近年来，P2P 平台的发展已经形成一定行业格局，绝大多数平台为保证风险可控都在不断下调收益率，目前整个行业平均收益率为 5~8%。因此，一旦平台出现明显远超行业平均水平的高收益率，投资者就需要格外注意。须知，曾经号称民间四大高额利润 P2P 平台的钱宝网、雅堂金融、唐小僧和联璧金融，后来全部"爆雷"，无一幸免。

除此之外，如果平台出现大肆宣传产品"绝对安全、零风险"，频繁调整公司管理层，操作模式明显违规，始终未上线银行存管，突然增加福利，频繁加息或频繁送礼物、送红包，系统提现处理时间变长、提现变困难，突然宣告系统升级整改且整改时间明显过长等现象，往往是存在潜在风险的前兆，需要投资者特别注意，必要时尽快撤回资金，及时止损。

(五) 冷静应对"爆雷"事件

平台"爆雷"后，投资者首先要收集证据，保存好交易记录以及平台相关文件，及时调取绑定账户的银行流水，尽快向监管方递交证据材料。同时，要计算好自己具体遭受的损失,根据监管方公告的信息及时登记债权,并密切关注平台的处理情况。

如果"爆雷"平台被确定为从事非法集资活动,因其可能涉及触犯非法吸收公众存款、集资诈骗等罪名,有可能作为刑事案件进行处理,投资者作为刑事案件受害者要尽早向警方报案,并提出返还资金的主张。

案例二 | **比特币持有者权益保护**
——比特币分叉所产生的民事利益应当归属于比特币持有者

李因[1]

案情回顾

比特币自被创设以来，就以其去中心化、公开透明、信息不可篡改、匿名性等特征，为对其交易体系达成信任共识的群体所追捧。比特币相对于传统法定货币而言，是随着计算机网络技术的发展开拓而产生的新生事物。在我国现有法律框架和金融管理体制下，比特币持有者的相关利益是否被认可，能否得到保护呢？

原告马点点就是比特币的热衷爱好者，经常在网络上关注有关比特币的投资信息。他在得知由 L 公司备案经营的 X 网站是专门从事比特币交易结算的网络平台后，于 2016 年 11 月 1 日在 X 网站注册了个人账户，并绑定了其个人邮箱和手机号。在账户注册过程中，马点点操作点击同意了《X 网站服务条款》，该条款包括如下内容："我们提供一个包含数字资产的在线交易平台，用于交易数字资产的现货或者衍生品……用户一旦注册成功，成为 X 网站的用户，将得到用户名（用户邮箱）和密码，并对以此组用户名和密码登入系统后所发生的所有活动和事件负责，自行承担一切使用该用户名的言语、行为等而直接或间接导致的法律责任……用户有权参加 X 网站组织提供的各项线上、线下活动，有权根据 X 网站规定，享受 X 网站提供的其他各类服务……所有发给用户的通告，X 网站都将通过正式的页面公告、站内信、电子邮件、客服电话、手机短信或常规的信件送达。任何非经 X 网站正规渠道获得的中奖、优惠等活动或信息，X 网站不承担法律责任……"随后，马

---

[1] 北京市海淀区人民法院民事审判三庭（破产审判庭）审判员。

点点通过 X 网站进行了多笔比特币买卖交易。

2017 年 7 月 18 日，L 公司于 X 网站发布《X 网站关于比特币分叉处理方案的公告》称："……在比特币高速发展的同时，比特币社区出现了不同的技术发展路线图……X 网站并没有权利帮助用户选择哪一种比特币技术，因此 X 网站将支持所有主流的比特币技术发展路线，把选择权交给市场和客户。X 网站将在比特币出现分叉可能性的期间采取如下措施：1. 在可能出现分叉的时间点 2017 年 7 月 30 日—2017 年 8 月 2 日（预计），为了防止比特币充值或提现被回滚和重放攻击，我们将停止比特币的充值和提现……3. 如果比特币分裂为一种或多种比特币，X 网站将会把分裂出来的各种比特币按拥有权提供给所有客户，并且逐步上线所有新种类比特币的交易……"

2017 年 7 月 25 日，L 公司又发布了《X 网站关于比特币和 BCC（BitcoinCash/比特币现金）的处理方案公告》称："……BCC 是根据 BitcoinABC 方案产生的区块链资产……BCC 将从 2017 年 8 月 1 日 20：20 开始挖矿……X 网站决定：1.2017 年 8 月 1 日 20：20 前如您账户内持有 BTC，我们将按拥有权提供给您等额的 BCC，我们会在适当的时间点发放到您的账户。2. 从 2017 年 7 月 31 日 00：00 开始至 2017 年 8 月 3 日 00：00，为了防止比特币充值或提现被回滚和重放攻击，我们将停止比特币充值和提现……"

2017 年 8 月 1 日，L 公司再次发布《X 网站关于 BCC 快照及领取公告》称："1.X 网站将于北京时间 2017 年 8 月 1 日 20：20 进行账户快照，并根据账户 BTC 权益进行核算。之后，请在 XEx 现货账户中领取您在 X 网站、XCoin 国际、XEx 合约的 BCC（可使用 X 网站账户快速登录 XEx）。所有领取的 BCC 将直接打入您的 XEx 现货账户中，请您领取后查收……3. 我们预计在产生第一个 BCC 区块后正式开启 BCC/BTC 交易……"

马点点看到上述公告时，其 X 网站账户中存有比特币 38.748 个。但出于对 X 网站的充分信任，马点点并没有立即到他的 XEx 现货账户中领取比特币现金。到了 2017 年 12 月马点点想要领取比特币现金的时候，发现 X 网站网页中的"领取"按钮已经消失，其有权领取的比特币现金已无法领取。后来，马点点咨询 X 网站客服才得知，比特币现金领取通道已经关闭，且由于之前没有领取比特币现金，之后也无法领取。领取比特币现金失败后，马点点曾多次与 L 公司进行沟通，但 L 公司仍未向马点点发放比特币现金。马点点随即于 2018 年 3 月将 L 公司起诉至法院，要求 L 公司履行合同，将其应得的 38.748 个比特币现金打入其比特币现金个人账户（即 IFmTqq×××，为马点点个人持有使用的比特币地址）。同时，马点点还认为，正是因为 L 公司未履行其比特币现金发放义务，导致自己还额外遭受了经济损失。因为比特币现金的价格一直在下跌，马点点称其本想在 2017 年 11 月 25 日提取比特币现金，那天的比特币现金价格为 1358.12 美元 / 个（折合人民币 9017.78 元），但在 2018 年 7 月 12 日本案开庭当天，比特币现金价格已经跌至 694.07 美元 / 个（折合人民币 4631.251 元），因此就其应获得的 38.748 个比特币现金而言，马点点认为自己一共损失了交易价差 169969.22 元，所以除了索要比特币现金以外，马点点还在开庭时增加了诉讼请求，要求 L 公司向其赔偿上述损失。

L 公司应诉时则抗辩称，其对马点点起诉所述基本事实没有异议，但认为：第一，现有证据不能证明马点点有资格领取比特币现金；第二，双方对于何时向马点点发放比特币现金没有约定，所以充其量是马点点要求履行，其即履行即可；第三，合同没有约定发放比特币现金的履行期限，所以马点点当庭增加的诉讼请求，即主张自 2017 年 11 月 25 日至开庭当日的交易价差没有事实、法律依据，因为其所谓的损失根本无法计算，所以不同意赔偿。

庭审过程中，马点点为证明其符合领取比特币现金的条件，举出了强有力的证据，一份于 2018 年 2 月 11 日取证制作的公证书。马点点于公证当天，在公证人员面前登录其 X 网站账户，其中资金管理页面显示，币种 "BTC" 的可用余额为 0；账单明细页面显示，币种 "BTC" 于 2017 年 1 月 12 日买入 19.4310，余额 38.7480，于 2017 年 11 月 27 日提现 38.7480，余额 0。马点点另向法庭提交了其于本案诉讼期间录制的视频资料，内容为使用马点点的 X 网站用户名、密码并通过手机验证后登录其 X 网站账户，该账户内的资金管理页面已经没有币种及相应余额的显示，亦没有比特币现金领取按钮。

庭审中，法庭就马点点持有的比特币分叉后所生成的比特币现金去向进行了询问。L公司承认，如果马点点在2017年8月1日具有领取诉争的比特币现金的资格，那么其没有领取的比特币现金应当储存在L公司的账户内。

那到底马点点能否要回比特币现金，又能否索要赔偿金呢？

法理分析

（一）马点点要求给付比特币现金具有法理基础

1. L公司发放比特币现金不违反现行法律和政策的规定

比特币等虚拟商品，任何人都可以合法持有，但现行政策禁止其用于与法定货币之间的兑换。2013年12月3日《中国人民银行、工业和信息化部、中国银行业监督管理委员会、中国证券监督管理委员会、中国保险监督管理委员会关于防范比特币风险的通知》指出："比特币（Bitcoin）具有没有集中发行方、总量有限、使用不受地域限制和匿名性等四个主要特点。虽然比特币被称为'货币'，但由于其不是由货币当局发行，不具有法偿性与强制性等货币属性，并不是真正意义的货币。从性质上看，比特币应当是一种特定的虚拟商品，不具有与货币等同的法律地位，不能且不应作为货币在市场上流通使用……各金融机构和支付机构不得以比特币为产品或服务定价，不得买卖或作为中央对手买卖比特币，不得承保与比特币相关的保险业务或将比特币纳入保险责任范围，不得直接或间接为客户提供其他与比特币相关的服务，包括：为客户提供比特币登记、交易、清算、结算等服务；接受比特币或以比特币作为支付结算工具；开展比特币与人民币及外币的兑换服务；开展比特币储存、托管、抵押等业务；发行与比特币相关的金融产品；将比特币作为信托、基金等投资的投资标的等……依据《中华人民共和国电信条例》和《互联网信息服务管理办法》，提供比特币登记、交易等服务的互联网站应当在电信管理机构备案……"2017年9月4日，《中国人民银行、中央网信办、工业和信息化部、工商总局、银监会、证监会、保监会关于防范代币发行融资风险的公告》进一步明确："本公告发布之日起，任何所谓的代币融资交易平台不得从事法定货币与代币、'虚拟货币'相互之间的兑换业务，不得买卖或作为中央对手方买卖代币或'虚拟货币'，不得为代币或'虚拟货币'提供定价、信息中介等服务。"由此可以看出，L公司通过X网站向用户发放比特币分叉形成的比特币现金，没有违反"不得从事法定货币与代币、'虚拟货币'相互之间的兑换业务，不得买卖或作为中央对手方买卖代币或'虚拟货币'，不得为代币或'虚拟货币'提供定价、信息中介等服务"的网络交易平台管理规定。因此，L公司向其用户发放比特币现金不违反现行法律和政策的规定，此为马点点获取比特币现金的基本前提。

2. 马点点获取比特币现金的法律权利基础

民事权利是受法律保护的特定利益，其因种类不同而有不同的客体。所有权的客体是物，债权的客体是债务人的给付行为。原告马点点请求交付比特币现金系基于何种权利，是应首要解决的基本问题。《民法总则》第一百二十七条规定："法律对数据、网络虚拟财产的保护有规定的，依照其规定。"[①] 我国《物权法》上的"物"须为有体物，而比特币从形式上看系计算机系统中存储的数据，无体无形，因此即使比特币持有人可以通过分布存储且全网确认的"公共记账簿"（数据库）所记载的信息而对比特币行使占有、使用、收益、处分的权能，但仍不符合《物权法》中对物权客体的要求，故而我国现行法律并没有将比特币等网络虚拟财产规定为物权法上的"物"，所以基于物权法定原则，马点点无法按照所有权的法律规定（如孳息）而要求L公司交付比特币"分叉"所产生的比特币现金。但比特币或比特币现金最初为所谓的"矿工"利用计算机开源软件，遵循一定的计算机程序计算而得，其生成也耗费了一定的人力和物力，因此比特币及其衍生品本身就亦蕴含着一定的固有价值。比特币及其衍生品持有者要么是通过"挖矿"原始取得，要么是通过支付对价购买或通过商品交换取得比特币，所以比特币及其衍生品的生产和交易现实存在，且持有者仍然希望借此获取利益，在网络环境下的商品交换过程中，比特币及其衍生品的价值取决于市场对其充当交易

---

① 同《中华人民共和国民法典》第一百二十七条。

媒介的信心，所以，比特币及其衍生品属于合同法上的交易对象，具有应当受到法律保护的"民事利益"。[1] 因此马点点的诉讼请求系基于合法的"民事利益"，存在合同法上的依据。

3. 马点点与 L 公司之间的法律关系性质

原告马点点是 X 网站的注册用户，被告 L 公司是 X 网站的经营主体，L 公司经营的 X 网站为马点点提供比特币等数字资产的交易、结算服务，因此马点点与 L 公司之间应为服务合同关系。马点点在注册账户时点击同意的《X 网站服务条款》，即为马点点与 L 公司之间签订的服务合同，是确定双方的权利义务的具体依据。《合同法》第十三条规定："当事人订立合同，采取要约、承诺方式。"第十四条规定："要约是希望和他人订立合同的意思表示，该意思表示应当符合下列规定：（一）内容具体确定；（二）表明经受要约人承诺，要约人即受该意思表示约束。"可见要约是一方当事人以订立合同为目的，向对方当事人所作的意思表示。《合同法》第二十一条规定："承诺是受要约人同意要约的意思表示。"第二十五条规定："承诺生效时合同成立。"第二十六条规定："承诺通知到达要约人时生效……"[2] 所以承诺是受要约人决定与要约人订立合同，对要约内容表示接受的意思表示。合同签订时，要约人向受要约人发出要约通知，说明具体的合同条款，并表达了一旦受要约人表示同意，双方就受合同内容的约束，不得轻易反悔之意。此时如果受要约人向要约人表示接受全部合同条款，则双方的合同成立。《合同法》第四十四条第一款规定："依法成立的合同，自成立时生效。"[3] 所以一般情况下，合同成立时即发生了法律效力，受法律保护，且对合同的签约人均具有约束力，如有违反，则要承担违约责任。回归到本案中，X 网站在用户注册时，为与用户订立合同而向用户展示的《X 网站服务条款》内容具体确定，即为要约，一旦用户选择同意《X 网站服务条款》内容，就应视为作出了承诺的

---

[1] 梁慧星：《民法总论》，法律出版社 2017 年版，第 155 页。
[2] 详见《中华人民共和国民法典》第四百七十一条、第四百七十二条、第四百七十九条、第四百八十三条、第四百八十四条。
[3] 同《中华人民共和国民法典》第五百零二条第一款。

意思表示，用户与网站之间的合同关系成立，《X 网站服务条款》亦同时发生了法律效力，对用户和网站均具有约束力。因此，在双方发生纠纷时，可以依据双方签订的合同即《X 网站服务条款》来辨析双方的权利和义务。本案中，马点点与 L 公司（X 网站）之间的合同关系，自马点点注册 X 网站账户并确认同意《X 网站服务条款》时成立并生效。《X 网站服务条款》中写明："用户有权参加 X 网站组织提供的各项线上、线下活动，有权根据 X 网站规定，享受 X 网站提供的其他各类服务……所有发给用户的通告，X 网站都将通过正式的页面公告、站内信、电子邮件、客服电话、手机短信或常规的信件送达。任何非经 X 网站正规渠道获得的中奖、优惠等活动或信息，X 网站不承担法律责任……"而此次的比特币分叉和分叉后的比特币衍生品（比特币现金）发放是 X 网站参与组织的线上活动，作为网站用户的马点点有权参加。

4. 网站公告的意思表示构成 L 公司的合同义务

《X 网站服务条款》中写明："所有发给用户的通告，X 网站都将通过正式的页面公告、站内信、电子邮件……送达。任何非经 X 网站正规渠道获得的中奖、优惠等活动或信息，X 网站不承担法律责任。"《民法总则》第一百三十九条规定，以公告方式作出的意思表示，公告发布时生效。[①]L 公司以 X 网站公告形式作出的意思表示，虽为 L 公司单方行为，但一旦作出即为生效，即对 L 公司产生约束力，如公告内容系为 L 公司设定相应义务，则其应为此承担法律责任，履行相应义务。L 公司在 2017 年 7 月 25 日的《X 网站关于比特币和 BCC 的处理方案公告》中承诺："2017 年 8 月 1 日 20∶20 前如您账户内持有 BTC（比特币），我们将按拥有权提供给您等额的 BCC（比特币现金），我们会在适当的时间点发放到您的账户"，并于 2017 年 8 月 1 日的《X 网站关于 BCC 快照及领取公告》中再次确认了比特币现金的发放原则，此为 L 公司对其服务对象作出的服务承诺，则 L 公司应当履行其向用户承诺的义务。

---

① 同《中华人民共和国民法典》第一百三十九条。

5. 马点点的诉讼请求有事实依据

L 公司在法庭上抗辩认为，现有证据不能证明原告马点点有资格领取比特币现金。马点点提供的 2018 年 2 月的公证证据显示：马点点账单明细中的"BTC"（比特币），于 2017 年 1 月 12 日买入 19.4310 个，余额 38.7480 个；于 2017 年 11 月 27 日提现 38.7480 个，余额为 0。即，在 2017 年 1 月 12 日至同年 11 月 27 日，马点点没有进行过其他比特币交易，始终持有比特币 38.7480 个，符合"2017 年 8 月 1 日 20：20 前如您账户内持有 BTC"的条件，L 公司应当按照前述站内公告的内容向马点点发放等额的比特币现金。由于比特币技术发展路径上的分歧，比特币现金在比特币"分叉"的基础上于 2017 年 8 月 1 日被"挖矿"生成，L 公司的承诺即这一公知事实在其站内服务上的必然反映。法庭上，L 公司承认，如果马点点有资格领取比特币现金，那么其没有领取的比特币现金应当存放在 L 公司的账户中。应当认为，马点点就其诉讼请求提供了充分的证据，而 L 公司作为网站经营者，并没有提供证据否定马点点的账户在 2017 年 8 月 1 日持有比特币 38.7480 个的事实，也没有在此后发布有关停止领取比特币现金的公告（那将违反比特币现金的发放规则）。L 公司关于向比特币持有者发放等额比特币现金的上述公告，对 L 公司具有约束力。马点点的诉讼请求具有事实依据，其作为于特定时间内持有比特币的"民事利益"享有主体，有权获取等额的比特币现金。

（二）马点点要求赔偿的比特币现金交易价差损失并非其可得利益

本案中，马点点明确其赔偿请求的事实依据为，其欲在 2017 年 11 月 25 日提取比特币现金，当日比特币现金价格为 1358.12 美元 / 个（折合人民币 9017.78 元），但在 2018 年 7 月 12 日本案开庭当天，比特币现金价格已经跌至 694.07 美元 / 个（折合人民币 4631.251 元），因此就其应获得的 38.748 个比特币现金而言，马点点认为自己一共损失了交易价差 169969.22 元，而这个损失就是由于 L 公司没有及时向其发放比特币现金导致的。实际上，马点点要求 L 公司赔偿的，是合同法概念上的预期利益损失。《合同法》第一百一十三条第一款规定："当事人一方不履行合同义务或者履行合同义务不符合约定，给对方造成损失的，损失赔偿额应当相当于因违约所造成的损失，包括合同履行后可以获得的利益，但不得超过违反合同一方订立合同时预见到或者应当预见到的因违反合同可能造成的损失。"①其中的"可以获得的利益"就是所谓的预期利益。简单而言，预期利益是指，如果违约方并未违约，其履行了全部合同义务，守约方能够从如约履行完毕的合同中获得的利益，亦称可得利益。比如，A从B处购买了产品再加价转让给C，则买进和卖出的差价，就是A、B之间买卖合同正常履行后A的预期利益。再如，A从B处承租了店铺房屋，如果B能将房屋如约交付给A使用，则A就能通过经营店铺盈利，则店铺盈利，就是A、B之间租赁合同如约履行后A的预期利益。但法律的设计是平衡各方当事人权益的结果，法律除了保护守约方的权利，尽可能弥补违约行为给其造成的经济损失，还要保证市场交易能够在合理的预期范围内顺利进行，因此，就给违约赔偿责任设定了合理的判定范围，即为上述法律规定中的"损失赔偿额应当相当于因违约所造成的损失"且"不得超过违反合同一方订立合同时预见到或者应当预见到的因违反合同可能造成的损失"。就是将违约责任限制在了"可预见"的可控范围内。这就给市场交易各方都提供了避险通道，如果签约一方在签订合同时，就预估到一旦发生违约要承担的法律责任是合理的且在其能够承受的范围内，那么签约方才会签订合同从而进行交易，否则如果交易风险过大，其就会选择退出交易，不再签约。有这样一个预期，交易主体才能够在可得利润与交易风险之间作出权衡，以决定是否进行此次交易。反之，如果要求违约方对于其在签约时不能预见的损失加以赔偿，则会不合理地加重违约方的责任，这就吓退了交易人，从宏观看上就限制了交易的进行，不利于市场的整体健康发展。所以，守约方能够主张的可得利益，应该具备可预见性，具有一定的

---

① 《民法典》第五百八十四条规定，当事人一方不履行合同义务或者履行合同义务不符合约定，造成对方损失的，损失赔偿额应当相当于因违约所造成的损失，包括合同履行后可以获得的利益；但是，不得超过违约一方订立合同时预见到或者应当预见到的因违约可能造成的损失。

确定性。所谓"一定的确定性"是指相应利益具备一定的可实现条件，且能够用金钱来计算衡量。尽管可得利益并非实际获得的利益，但这种利益要有一定的现实性，即只要合同如约履行，就会被实现、被获取，且在通常情况下，合同当事人已经为实现这一利益做了相应准备，比如上述第一个例子中，A已经为转卖产品与C签订了买卖合同；第二个例子中，A已经为经营店铺购买了相应的经营设备，使得可得利益具备了转化为现实的基础和条件，亦使得交易方在签约时就能够充分相信对方基于合同的履行能于此获利且能大致确定获利的多少。所以，"一定的确定性"也是"可预见性"的应有之义。

而回归到本案中，马点点主张的交易价差损失，就是假设L公司在他想于2017年11月25日提取时已经向其发放38.748个比特币现金，其享有的相应价值是349420.939元，而直至开庭当日2018年7月12日，比特币现金的价格已经下跌，则按当日价格，其享有的相应价值是179451.714元，因此二者的价差即为马点点主张的损失金额169969.22元。但从上述对预期可得利益的分析来看，马点点主张的损失不具备可预见性和可确定性的特征。首先，比特币或比特币现金的交易价格波动较大是公知事实，L公司在作出向网站用户发放比特币现金的承诺时，无从判断其向用户发放比特币现金后其价格是涨还是跌，因此L公司也就无从知晓其履约行为，或其于何时履约，会给用户带来收益还是亏损。所以L公司未及时向马点点发放比特币现金，对于马点点最终交易的影响，不具有当然性和可确定性，这就不符合《合同法》关于可得利益"可预见性"的要求。因此，马点点截取特定时间段的比特币现金市场价格差值主张赔偿，缺乏事实和法律依据。其次，现并无证据证明马点点领取比特币现金是为了交易兑现，X网站承诺在用户"领取"后亦是将比特币现金发放至用户的账户中由用户持有，而非直接转换为用户的兑现价值。因此即使X网站在2017年11月25日已经将比特币现金发放至马点点的账户中，也不能证明马点点所谓的应得利益具备可实现条件。而且更进一步来说，由于马点点是否将其持有的比特比现金进行兑换或用于交易处于不确定的状态，因此如果L公司推迟至比特比现金价格上涨期间向马点点发放，则马点点还不赔反赚，所以是盈是亏并不能确定。故而，马点点主张的损失赔偿不在 L 公司承担违约责任的范围内，其相应诉讼请求不应支持。

（三）案件审判结果

法院经审理，最终判令 L 公司向马点点的 X 网站注册账户发放比特币现金 38.7480 个，并驳回其要求赔偿损失的诉讼请求。后马点点对判决不服提起上诉，二审维持原判。

知识拓展

（一）什么是比特币和比特币分叉

比特币是一种建立在区块链技术基础上的密码学虚拟货币，其概念最初是由中本聪在 2008 年 11 月 1 日提出。比特币系由所谓的"挖掘者"通过根据中本聪的思路设计发布的开源软件计算产生，获取比特币的过程就好比在用计算机解答数学问题，是否能够得到答案取决于计算机的运算能力，解答出一道题，就获得相应的比特币奖励。所以在比特币圈内，将这种计算过程比喻为"矿工"在矿池内的"挖矿"行为。根据软件程序设计，比特币的总数上限固定在 2100 万个。而通过比特币进行交易是基于区块链技术，因此其具有较强的安全性。正因其具备总体数量有限、交易安全等特性，所以比特币投资者始终相信其能增值并能以此获得巨大的财富收益，致使围绕着比特币及其衍生品的各种投资、投机行为也在全球范围内广受追捧。2009 年 1 月 3 日比特币创世区块诞生，其 2009 年 10 月的初次价格约为 0.00076 美元，至 2017 年 12 月 17 日其价格达到了当时的历史最高点 19142 美元，11 年期间价格翻了数百万倍，可见其受追捧的火热程度。而比特币的价格取决于市场对于其作为交易媒介的信心，这又类似于法定货币的核心本质。在 2013 年 12 月 3 日发布的《中国人民银行、中央网信办、工业和信息化部、工商总局、银监会、证监会、保监会关于防范代币发行融资风险的公告》中，将比特币的性质界定为"虚拟商品"，故与具有法偿性和强制性的法定货币存在区别。

《民法典》第一百二十七条的规定为比特币法律性质的确认留有空间。

比特币分叉，是由于比特币网络交易需求逐年上升，而其创设伊始的比特币区块大小1M上限已经不足以满足现有的交易需求，如果不对其扩容，则会导致网络交易费用增加和交易延迟频发。此时，在技术团队中扩容保守派和创新派产生了分歧，于是在2017年8月1日，原比特币技术团队启动了硬分叉，直接将原来的区块大小1M更改为了8M，并加入了新的难度调整机制来应对算力的大幅波动。本案即在这样的技术背景下发生。分叉后的比特币产生了新的衍生币种，即比特币现金（BCC）。

（二）合同当事人没有约定合同义务的履行期限，则为经催告后的合理期限内履行

本案中，L公司以双方并未约定其向马点点发放比特币现金的时间为由进行抗辩，主张其不存在违约行为。《合同法》第六十一条规定了合同约定不明时的处理方法，其中第四项规定："履行期限不明确的，债务人可以随时履行，债权人也可以随时请求履行，但应当给对方必要的准备时间。"[①] 也就是说，合同虽然没有约定义务的履行期限，但不代表合同义务的免除，而是赋予债权人随时主张债权的权利。只是债权人主张债权时，应给债务人留有必要的履行债务准备时间。这个必要的准备时间到底是多长，则要根据合同性质、合同义务内容、义务履行的难易程度等来决定，不能一概而论。L公司确实没有在网站公告中阐明其承诺向用户发放比特币现金的具体时间，只说在用户选择"领取"后打入用户的账户中。那马点点要求L公司履行合同义务，其是否曾向L公司主张过债权呢？答案是肯定的。马点点作为原告起诉L公司要求其发放比特币现金，就可视为马点点向L公司主张债权，要求履行。而在法院将承载着马点点债务履行要求的起诉状送达至L公司时，则视为马点点向L公司发出了要求L公司履行债务的有效通知。因此，法院

---

① 《中华人民共和国民法典》第五百一十一条第四项规定，履行期限不明确的，债务人可以随时履行，债权人也可以随时请求履行，但是应当给对方必要的准备时间。

判令 L 公司在判决生效后十日内向马点点的 X 网站注册账户发放比特币现金 38.7480 个。基于比特币现金为计算机数据，L 公司向马点点账户发放比特币现金的操作比较容易实现，因此从 L 公司收到马点点的起诉状到法院判决生效，已经给 L 公司留有了足够的债务履行准备时间，L 公司应当向马点点履行合同义务。

普法提示

（一）莫要从事比特币与人民币兑换行为

虽然在部分国家，已实现比特币与法定货币的自由兑换流通，而且可以作为被国家认可的支付方式用于购买商品。但我国的现行金融政策禁止比特币与人民币之间的兑换，因此相应兑换行为即为违反法律、法规强制性规定的行为。所以，不要为了追求所谓的高额利润，就轻信线上或线下的比特币黑市交易，从事比特币的非法兑换、倒卖、交易行为。《民法典》第一百五十三条第一款规定："违反法律、行政法规的强制性规定的民事法律行为无效……"合同行为作为民事法律行为的一种，如违反法律、行政法规的强制性规定将被认定为无效。故而，以非法兑换行为为目的而签订的合同，没有法律效力，对合同当事人没有约束力，合同当事人的利益亦不受法律保护，则在交易中利益受损时亦不能依法主张权利，只能惨遭损失。

（二）注册网站用户时，注意留心服务条款

本案中，在马点点点击同意 X 网站的服务条款时，即在其与 L 公司之间建立了合同关系，双方都受该服务合同内容的约束。因此提醒大家在注册网站用户时，请务必要重视网站服务条款的重要性，关注其中免除对方责任，以及关乎自己的权利义务的内容，在对合同条款充分理解且确定没有异议的情况下，再点击同意。一旦表示同意，则意味着在享受网站提供服务的同时，自己也将受到全部合同条款的约束。因此在注册网站用户时，请务必留心其

服务条款，不要轻易被"套路"进去。

（三）当权益被侵害，注重通过公证保存证据

本案中，L公司的第一项抗辩理由即主张马点点没有证据证明其符合比特币现金发放的条件。此时马点点拿出了一份保全证据的公证书，证明其于2017年8月1日持有比特币的状态，因此其符合比特币现金的发放条件。这份公证书的取证时间为2018年2月11日，正处于马点点与L公司之间发生纠纷期间，马点点在起诉前，及时、积极地留存了本案的关键证据。因为证明马点点于2017年8月1日持有比特币，是L公司向马点点发放比特币的前提，否则马点点将无从主张该权益。而且大家不难发现，马点点也提交了其于起诉后录制的视频资料，显示其X网站账户内的资金管理页面已经没有币种及相应余额的显示，因此如果马点点没有在起诉前积极保全证据，则其可能就再也无法要回本该属于自己的比特币现金了。

为何向大家推荐以公证的形式保存证据呢，因为公证文书是效力较高的证据形式。《最高人民法院关于民事诉讼证据的若干规定》中规定，已为有效公证文书所证明的事实，当事人无须举证证明。因此，如无相反证据足以推翻，则公证文书的内容可以直接作为法院认定案件事实的依据，是证明力较强的证据，无须其他证据辅证或印证。尤其在如今的信息网络时代，任何情况都瞬息万变，在网络环境下，计算机数据极易被篡改、删除，数据存储的不稳定性也容易导致数据丢失、被盗或被攻击破坏，因此，通过公证的形式固定证据，可以为自己积攒强有力的胜诉武器。

案例三 | **互联网众筹项目投资风险**
——投资获得合伙人或股东身份不能要求返还投资本金

韩斌[1]

案情回顾

近些年来，随着居民收入的大幅增加，普惠金融理念的普及，形成了全民理财的社会现象。起源于国外的私募投资以及 P2P、众筹等互联网金融等新类型投资理财方式也开始在我国逐步产生、发展和繁荣起来，其中 P2P 网络借贷和股权众筹等网络融资交易在 2015 年前后更是在国内发展迅猛。但由于是新生事物，P2P 网络借贷和股权众筹在发展的初期，一直处于缺少针对性的监管举措、准入门槛和标准不统一的状态，导致行业乱象频发，矛盾纠纷的发生亦不可避免。公众投资的热情很高涨，但大家对于投资到互联网众筹平台上的钱能否拿得回，能拿回多少，投资互联网众筹项目的风险在哪里，往往知之不详。在经人简单推介和宣传后，并没有深入了解项目具体情况和融资方实力的情况下跟风购买，项目到期后无法获得收益拿回投资的情况比比皆是，后续矛盾纠纷不可避免地产生。基于此，本文选取如下一则相关案例予以展开介绍，让社会大众对于互联网众筹有更形象直观的认识。

张先生是个在江州市做玉石生意的小老板，由于善于经营并且头脑灵活，五六年的光景，张先生通过自己线上和线下的玉石店面已经赚得盆满钵满，腰包一天天鼓胀起来。张先生在自己做生意赚钱的同时，也一直想着如何把赚到的钱通过理财或者投资的方式更好地升值。所以，他不时会和三五好友一起商量投资前景光明的小项目。由于张先生是个美食爱好者，所以尤其对感兴趣的餐饮项目舍得投入。2015 年的一天，张先生正在浏览网页时，

---

[1] 北京市海淀区人民法院民事审判三庭（破产审判庭）审判员。

众筹平台网站弹窗向其推荐了一个融资方名为香雪海公司的"香雪海健康快乐时尚餐厅"项目，宣传页面上满满都是各种美食的照片，张先生第一时间就被宣传页面吸引，点进去想进一步了解这个项目的具体情况。网站上有"香雪海健康快乐时尚餐厅"众筹项目的各种介绍和文件。其中《"香雪海健康快乐时尚餐厅"众筹计划书》显示，新项目寻求投资方，拟融资100万元，最低融资额80万元，每位天使投资人5万元起投。众筹计划的融资期限为30天。推广融资期限结束后，如融资额未达到约定的最低融资额，则视为融资失败，款项原路返回投资人账户。反之，视为融资成功。融资成功后成立有限合伙企业，投资人成为有限合伙人，并根据投资金额所占比例持有相应份额，融资方作为普通合伙人，且不允许退伙。普通合伙人是合伙企业的执行事务人，对外代表合伙企业，执行事务合伙人应依照约定向其他合伙人报告事务执行情况以及合伙企业的经营状况和财务状况。其他合伙人不再执行合伙企业事务，但有权监督执行事务合伙人。合伙企业的财产不足以支付或清偿所有债务时，普通合伙人应当承担无限连带责任，有限合伙人仅以其出资额为限承担偿债责任。合伙企业经营盈利后，实缴出资额达到认缴出资额的合伙人有权获得分红。分红标准为：按照投资人已交纳出资占全部出资的比例计付收益分红，并于确定分红之日起10个工作日内打入投资人的账户。因店面持续亏损无力经营或者其他不可抗力因素不能持续经营的，经全体伙人同意，可以解散，剩余资产折价后按各自在合伙企业的份额所占股比例返还给投资人及发起人。合伙企业经营过程中，合伙人退伙可以选择将自己的合伙份额转让给其他合伙人或由普通合伙人回购。如发生转让方式协商不成的情况，由作为普通合伙人的项目发起人进行回购，回购补偿金额需双方协商一致。网站上还公布了平台与融资方的《融资服务协议》，协议显示由平台提供项目展示，发布融资需求，根据实际情况就交易的结构、定价、尽职调查及其他相关事务作出安排。协议项下的合作事宜在"月月投"平台的推广融资期为30天，推广融资期结束后，如融资额未达到融资方事先约定的最低融资额80万元的，视为融资失败，反之视为融资成功。融资成功后，委托融资费用的收取标准为：融资方出资额占整个项目融资额40%

以上的，仅针对融资方实际融资金额的部分（不含融资方出资额）收取 5% 的费用；融资方出资额占整个项目融资额 40% 以下的，按整个项目融资总额（含融资方出资额）收取 5% 的费用。融资方在融资成功后的财务支出需遵照融资安排说明表阶段性使用。为确保项目融资款的安全使用，建议建立双方联名账户，并按照项目进展情况分阶段投入，由"月月投"平台监管分笔支出。融资款使用财务支出情况分周报和月报方式以 excel 财务报表形式向"月月投"平台和其他合伙投资人汇报。关于成功融资款项的支取说明为：由融资方（项目发起人）根据项目实施进度提起申请，由"月月投"平台依托融资安排说明进行审核，在确认无误后，三个工作日内向第三方资金托管平台发起付款指令。协议的委托有效期，从融资方在"月月投"平台发布项目并通过"月月投"平台的审核得以公开展示之日起，至融资方完成融资并设立"香雪海健康快乐时尚餐厅"之日止。若委托有效期届满而"月月投"平台提供的融资服务仍在进行中，则委托有效期自动延长至该服务完成。融资方应按照"月月投"平台的运营规则，在签署本协议的当日注册"月月投"会员账号，在融资项目举行第一次投资对接会的前一日将融资方出资款转入第三方资金托管平台账户，并在线投资认购融资项目。融资成功后，融资方应按照设立"香雪海健康快乐时尚餐厅"所签署的合伙协议的约定，如期将其在第三方支付平台的出资款转入合伙企业账户，并支付融资费用。融资方应按照"月月投"平台的规则，在签署本协议时接受回报式众筹和股权式众筹两种融资服务模式。融资方拒绝按照项目融资约定，或充值后又抽回出资不进行在线投资认购的，或融资成功后超过 30 天未履行分店选址、策划等义务阻碍项目进行的，或有其他损害"月月投"平台声誉行为的，视为融资方违约，则融资方除需要支付融资过程中发生的第三方支付平台实际融资额的资金托管支付交易手续费用外，还需要向平台支付融资总额 5% 的违约金。"月月投"平台与第三方支付平台合作，有偿为融资方提供相关融资资金托管支付。"月月投"平台有义务协助融资方通过相关协议的条款设定，保障融资方的经营管理权限，为融资方规范化管理奠定发展基础。针对融资失败的情况，平台有义务不收取任何融资费用但也不需为此承担任何赔偿责任。如在委托融资服务中，因平台出现从事非正当集资或无理由拖延融资方放款申请等情况导致融资方出现重大损失的，平台应承担相应赔偿责任。在与"月月投"平台接触、项目预热、融资阶段，如发现融资方出现隐瞒财务状况，提供不真实信息等情况，平台有权终止与融资方的合作，平台因融资方的行为所受的损失，由融资方赔偿。并且融资方要承担总融资额的5%的违约金。融资方承诺，在委托有效期内遵守"月月投"平台的使用规则，维护"月月投"平台的公信力，在"月月投"平台所申报项目的所有信息真实、及时、有效，不存在虚假陈述、重大遗漏及误导性陈述，并且项目信息不存在侵犯他方知识产权或其他权利的情形。

张先生在了解了"香雪海健康快乐时尚餐厅"众筹项目的相关情况后，便和之前投资自己感兴趣的项目一样，爽快利落地向融资账户中打入了10万元。"香雪海健康快乐时尚餐厅"众筹项目的融资期限很快就过去了，融资金额在第28天的时候便达到了100万元。张先生看到有众多的天使投资人和自己一样看好这个项目，对于项目的前景也是信心满满。作为普通合伙人的融资方还在"月月投"平台上开通了项目进度公开栏，随时向各投资人汇报投资的进度。选址、租房、装修、招聘、挑选餐厅材料供应方、进货等各个流程均在网站上予以公示。之后经了解，项目的发起融资方是几个创业投资热情高涨的年轻人新注册的一家名叫"香雪海"的公司，几个人想合伙开一家餐厅，但是苦于资金不足，几个人年轻人了解到可以将自己的项目放在网上，提交自己的融资项目目标和项目实施方案，网站审核通过后，便可以进行项目融资。初生牛犊不怕虎的几个年轻人，稍微一合计便决定通过这种方式融资，为实现自己的创业梦想获得启动资金，并精心制作了融资方案、项目目标和实施方案，提交到了众筹平台网站，在经过几次补充材料后，他们的项目获得了审核通过。短短不到一个月的时间里，他们的项目便募集到了预计的融资款项，几个年轻人兴奋地投入餐厅设立的各项细致繁杂的工作中。怀着对投资人对他们创业热情的鼓励的感谢，几个年轻人主动和众筹平台申请设立了项目进度公开栏，并在每天晚上八点将每天的工作进度公示到平台上供投资人查看。注册合伙企业、餐厅选址、租房、装修、招聘员工、梳理进货渠道各项工作完成后，融资所得款项也已经花费得七七八八，热火朝天地忙活了一个月后，餐厅进入了正式营业。餐厅正式营业后，由于几个年轻人虽然有创业的热情，但缺乏经营管理餐厅的经验，也没有对江州市本地民众的饮食偏好进行深入的调研，几个年轻人高涨的创业热情被每天来餐厅就餐的寥寥无几的顾客兜头浇上了一盆冷水。每天的客流量带来的收入除去采买费用、员工工资、水电费支出等费用，竟然入不敷出，惨淡经营了两个多月后，几个人通过平台向各个投资人提交了解散申请。张先生在网站上留存的手机号码收到了项目暂停，提请全体合伙人解散合伙企业的申请的文件。张先生登录网站的公示栏查看了香雪海公司公示的合伙企业经营餐厅的流水情况和合伙企业现在的资产负债情况，才恍然大悟，自己预想的投资收益是竹篮打水一场空了，张先生觉得没有收益的结果其可以接受，但应当拿回自己的投资。于是张先生一纸诉状，将香雪海公司和"月月投"平台告上了法庭，要求判令香雪海公司返还10万元投资款，"月月投"平台对此承担连带责任。

被告香雪海公司不同意张先生的诉讼请求。其主张，其依据《众筹计划书》在"月月投"平台上进行融资，张先生作为天使投资人认可《众筹计划书》并进行了投资，双方之间形成合同关系。根据《众筹计划书》，各方的投资共同用于设立有限合伙企业，张先生作为有限合伙人享有有限合伙人的权利并承担有限合伙人的义务。现合伙企业经营的"香雪海健康快乐时尚餐厅"项目并未盈利，早期获得的融资款项也均用于餐厅的经营支出，张先生的投资已经用于合伙事务，张先生要求返还投资无事实和法律依据。

被告"月月投"平台也不同意张先生的诉讼请求。"月月投"平台仅作为中介方，为投融资双方提供交易机会，香雪海公司在平台上发布融资项目，平台尽到了审查注意义务，张先生要求平台承担连带责任无事实及法律依据。

法院经审查后认为，"月月投"平台在投融资过程中系为融资方提供项目展示、发布融资需求，平台所提供的系中介服务，平台与融资方和投资方之间成立的系居间服务合同，但同时指出众筹融资作为一种新型金融业态，众筹平台提供的服务以及功能仍在不断创新、变化和调整当中，其具体法律关系也会随之而发生变化，界定为居间合同关系是基于对案件争议的相对概括。香雪海公司在"月月投"平台发布《众筹计划书》是发出要约的行为，张先生同意并予以投资，是承诺行为，双方之间据此成立合同关系。张先生通过投资成为有限合伙企业的有限合伙人，应当根据法律规定和《众筹计划书》的约定承担有限合伙人的出资义务，有权分享有限合伙企业的盈利，同时应以出资额为限承担合伙企业的经营风险。现张先生作为投资人所投入的10万元系履行投资人的入资义务，其所投资的款项亦成为合伙企业的财产，其要求作为普通合伙人的香雪海公司予以返还无事实及法律依据。另外，"月月投"平台与张先生之间系居间合同关系，在"月月投"平台履行了提供居间服务的义务且无其他违约行为的情况下，张先生要求"月月投"平台对返还投资款承担连带责任无事实及法律依据。

最终张先生的诉讼请求无法得到法院支持，所投资款项无法拿回。以上就是案例的具体情况，下文将对众筹合同所涉及的相关法律问题予以进一步解释。

法理分析

（一）涉案众筹协议的法律效力

本案中涉及的众筹协议包括《众筹计划书》和《融资服务协议书》。

《民法典》第一百五十三条第一款规定，违反法律、行政法规的强制性规定的民事法律行为无效。根据上述规定可知，确定本案例中融资协议法律效力的裁判依据为属于效力性强制性规定的法律和行政法规。由于涉及众筹融资此种新型金融业务模式，故应结合与此相关的法律法规以及其他规范性文件加以评析：

首先，在法律层面，对本案合同效力的评价主要涉及《证券法》第九条的规定，即"公开发行证券，必须符合法律、行政法规规定的条件，并依法报经国务院证券监督管理机构或者国务院授权的部门注册。未经依法注册，任何单位和个人不得公开发行证券……有下列情形之一的，为公开发行：（一）向不特定对象发行证券；（二）向特定对象发行证券累计超过二百人……（三）法律、行政法规规定的其他发行行为。非公开发行证券，不得采用广告、公开劝诱和变相公开方式。"从上述规定可知，在我国现行法律规定下，如果单位或个人向社会公众公开募集股本，因涉及社会公众利益和国家金融安全，需要首先在监管部门注册；如果系非公开发行，则在不超过人数上限的情况下，得到法律保护。具体到本案中，一方面，我国通过出台《关于促进互联网金融健康发展的指导意见》（以下简称《指导意见》）等规范性文件，对包括众筹融资交易在内的互联网金融创新交易予以鼓励和支持，为上述交易的实际开展提供了空间；另一方面，本案中的投资人均为经过"月月投"众筹平台实名认证的会员，且人数未超过200人上限；在此情况下，从鼓励创新的角度，本案所涉众筹融资交易不属于"公开发行证券"，其交易未违反上述《证券法》第九条的规定。

其次，在行政法规、部门规章以及其他监管规范性文件层面，目前，我国还未出台专门针对众筹融资的行政法规和部门规章，涉及的其他文件主要是中国人民银行等十部委出台的《指导意见》、中国证券业协会发布的《场外证券业务备案管理办法》（以下简称《管理办法》）等。其中，《指导意见》属于国家部委出台的规范性文件；《管理办法》属于中国证券业协会的自律性文件。上述文件也均未对本案所涉及的众筹交易行为予以禁止或给予否定性评价。至于下一步对众筹交易如何进行监管，则需根据我国法律法规和监管文件的进一步出台而加以明确。

另外，在"月月投"平台的主体资质方面，其在取得营业执照、电信与信息服务业务经营许可证等手续的情况下开展业务，目前也无法律法规上的障碍，各方件就融资签署的融资协议应为有效。

（二）涉案合同主体间法律关系的性质对投资人利益的影响

香雪海公司与"月月投"平台及张先生与"月月投"平台之间均应系居

间合同关系。香雪海公司与张先生之间系共同投资运营"项目"形成的合同关系。但很多人可能认为，香雪海公司委托"月月投"平台进行融资，所以香雪海公司与"月月投"平台之间形成的法律关系应当是委托合同关系。对此，根据我国《合同法》第三百九十六条规定，委托合同是委托人和受托人约定，由受托人处理委托人事务的合同。[①]而居间合同是居间人向委托人报告订立合同的机会或者提供订立合同的媒介服务，委托人支付报酬的合同。具体到本案中，虽然双方签订的合同名为"融资协议"，但委托融资只是双方当事人整体交易的一部分，相对于项目展示、筹集资金等服务，"月月投"平台还提供信息审核、风险防控以及交易结构设计、交易过程监督等服务，其核心在于促成交易。从该角度分析，双方当事人之间的法律关系主要系居间合同关系。需说明的是，界定为居间合同关系是基于对案件争议的相对概括，众筹融资作为一种新型金融业态，众筹平台提供的服务以及功能仍在不断创新、变化和调整当中，其具体法律关系也会随之而发生变化。

本案中，张先生通过"月月投"平台，投资了香雪海公司的"香雪海健康快乐时尚餐厅"项目，其在案件中与香雪海公司形成了合同关系，香雪海公司系合伙企业的普通合伙人，张先生是有限合伙人，其合伙人的身份决定了其对合伙企业所经营的"香雪海健康快乐时尚餐厅"项目的权利和义务。其投资的款项不同于其他的投资理财，该投资的款项进入了合伙企业，成为其获得有限合伙人身份的依据，其亦是基于有限合伙人身份获得了分配合伙企业盈利的权利。所以本案中，张先生要求香雪海公司返还其投资款项在法律上和事实上均是不可能实现的。其与合伙企业可谓一荣俱荣、一损俱损。

知识拓展

通过前文分析，我们对互联网众筹有了一定的直观认识和理解，下面将对互联网众筹的概念及主要特征予以详细介绍。

[①] 同《中华人民共和国民法典》第九百一十九条。

（一）互联网众筹的定义及分类

众筹，即群众筹资或大众筹资。一般是指通过网络平台为发起人筹集从事某项创业或活动的小额资金，并由发起人向投资人提供一定回报的融资模式。互联网众筹是基于"互联网+"金融所创新的一种模式。互联网众筹是一种金融创新，众筹的模式大大改变了融资形态，互联网众筹提供了新的融资模式，借助大数据的力量，拓展了新的融资渠道。互联网众筹模式很大程度上能够将社会中的闲置或半闲置资金撬动起来。互联网众筹的模式解决了投资的效率和精准性的问题，实现了人人都是天使投资人的效果。按照目前学术和实务界的主流观点，众筹的基本模式可分为：股权式众筹、奖励式众筹、募捐式众筹。在这里简要给大家介绍一下这三种模式：

股权式众筹，顾名思义是向大众筹资或群众筹资，并以股权作为回报的方式。这种筹资模式门槛低，是解决中小企业融资难，充分发挥社会大众力量的重要融资途径。股权式众筹在我国主要有凭证式、会籍式、天使式三种形式。股权众筹项目必须在平台规定的期间内达到或超过目标金额才算成功，项目筹款成功，发起人可获得资金，筹资项目完成后，投资人会得到项目的股权，如果项目筹资失败，那么已获得的资金将全部退还投资者。现实中，互联网众筹平台会协助融资方成立有限合伙企业，投资者按出资比例拥有合伙企业股权，第三方支付托管账户的资金将分批打入有限合伙企业的账户，打入款项需经过所有投资人同意。股权众筹的投资人最终根据出资额占企业的股份比例，待项目结束后分享项目的收益或承担项目的亏损。现在国内的股权众筹网站有"天使汇""人人投""大家投""天天投"等。

奖励式众筹，是目前比较普遍的众筹形式，多以创意性产业为主。项目发起人在收集投资者资金后进行产品或服务的生产，并以产品或服务作为支付投资者的报酬，形式上介于"直接购买"和"风险投资"之间，这种众筹模式大部分用于甄选出的好的创意和想法的实现，尤其在文化创业领域蓬勃发展的情况下，创业者将自己的好的想法，通过互联网汇聚闲散资金，集合大众一起实现创意，将在传统经济中不能得到满足的小众需求与志同道合的创业者进行匹配，实现双赢的局面。现在国内的奖励式众筹有"京东众筹""淘宝众筹""苏宁众筹""众筹网"等。

募捐式众筹是一种捐赠型众筹模式，是一种单纯的赠与行为，投资人无须任何来自发起人的回报，更多的是为了实现社会责任义务，如"水滴筹"等。

（二）互联网众筹融资方信息披露不实的责任承担

下面介绍一个扩展案例。飞翔公司系"我爱投"的股权众筹平台的运营方，其与匹诺公司签订《委托融资服务协议》，为其提供融资服务，后项目融资成功。此后经飞翔公司多方核实，匹诺公司提供的项目所涉房屋性质、店铺租金均与实际情况不符，且匹诺公司拒绝提供房屋真实产权信息。飞翔公司即依据合同约定解除了与匹诺公司的协议，并要求匹诺公司支付委托融资费、违约金、赔偿损失。匹诺公司就此案提出反诉，称已依约完成充值、项目选址等工作，且有86名投资者通过"我爱投"平台认购股权并付款。飞翔公司在无明确证据的情况下拒绝拨付融资款的行为构成违约。故请求判令飞翔公司返还20万元和相应利息，并赔偿经济损失。

法院经审查认定，飞翔公司与匹诺公司之间的合同不能继续履行的源起为交易各方对融资项目经营用房的样态、租金标准以及产权等问题产生的分歧。就房屋的租金标准问题，飞翔公司未提交证据加以证明，法院不予支持。就上述房屋的样态，根据在案证据显示，其确系楼房而非平房。在此情况下，飞翔公司认为匹诺公司存在信息披露不实，具有相应依据。案中，投资人与飞翔公司发现租赁房屋系楼房而非平房后，二者即要求匹诺公司进一步提供房屋产权证及转租文件等。因上述问题涉及房屋可能存在违建等隐患，此事项又直接关系到众多投资人的核心利益，在匹诺公司已明确承诺其提供的重要信息真实、准确、完整的情况下，投资人与飞翔公司仍有权要求匹诺公司进一步提供信息；另外，在整个交易过程中，"我爱投"平台对项目方融资信息的真实性实际负有相应审查义务，其严格掌握审查标准亦是对投资人利益的保护。此时，匹诺公司提供的相关证件仍难以完全排除可能的交易风险，直接导致交易各方信任关系丧失，故匹诺公司应就合同的不能履行承担更大的责任。

通过以上案例可知，融资方作为在互联网众筹平台上提出融资需求的一方，对自己提供和披露的己方信息应当保证真实，平台对于融资方发布的信息有初步的审核义务，投资人系根据融资方提供并经过平台初步审核的信息，对融资项目的风险进判断，故融资方提供的项目信息和己方的各项信息，是投资方是否进行投资的重要考量，如融资方提供信息不实，必然导致投资人的投资风险加大，融资方必然要对所披露信息不实的行为，承担相应违约责任。

普法提示

（一）审慎考察融资方和投资平台

互联网众筹作为新兴的融资模式，的确为融资方提供了更为广阔的融资渠道，亦为投资人提供了更新型的投资理财方式。但众多需要资金的融资方和迅速增多的众筹平台因缺少相应的监管措施，而使该行业呈现出一定程度的良莠不齐。目前，对于融资方的资信情况和投资盈利能力缺少相应评估机制，对于平台从事的居间融资业务则缺少监管规制措施，均主要依靠融资方和平台的自律。所以投资人在投资前应就融资人、融资项目、平台等具体情况进行详细调查，以判断投资的风险大小情况，并结合自身风险承受能力决定是否投资。具体可以通过从全国企业信用信息公示系统、裁判文书网、全国法院被执行人信息查询系统等查询融资方的企业信用情况及涉诉情况。此外，还要通过平台尽可能全面地了解融资方的信用情况，据此综合进行判断，尽最大可能降低投资风险。

（二）充分了解投资回报方式

互联网众筹不同于P2P网络借贷，虽然都是通过互联网平台将自有资金提供给融资方或借款人，但互联网众筹资金提供方因投资项目而可能产生的身份，最终将与其投资款项能否顺利拿回密切相关。在如前所述的股权式众筹中，投资人通过投资获得的身份为公司股东或者合伙企业合伙人，其投资的款项转化为获取公司股东或者合伙人身份的对价，是无法取回的，其能否获得收益取决于公司或者合伙企业的盈利情况。奖励式众筹则往往是以产品或服务作为投资回报。充分了解众筹项目的回报获取方式，并根据自身风险承受能力综合进行判断，才能够实现自己的投资目的，才能规避因不了解投资项目和回报方式带来的投资风险。

图书在版编目(CIP)数据

投资理财纠纷典型案例解析 / 邵明艳主编. —北京：中国法制出版社，2021.7
（法官说法丛书）
ISBN 978-7-5216-2059-7

Ⅰ.①投… Ⅱ.①邵… Ⅲ.①财产权益纠纷—案例—中国 Ⅳ.① D923.05

中国版本图书馆 CIP 数据核字（2021）第 144688 号

责任编辑：李宏伟　　　　　　　　　　　　　封面设计：杨泽江

投资理财纠纷典型案例解析
TOUZI LICAI JIUFEN DIANXING ANLI JIEXI

主编 / 邵明艳
经销 / 新华书店
印刷 / 三河市国英印务有限公司
开本 / 710 毫米 × 1000 毫米　16 开　　　　印张 / 15　字数 / 221 千
版次 / 2021 年 7 月第 1 版　　　　　　　　　2021 年 7 月第 1 次印刷

中国法制出版社出版
书号 ISBN 978-7-5216-2059-7　　　　　　　　定价：48.00 元

北京市西城区西便门西里甲 16 号西便门办公区　邮政编码 100053
　　　　　　　　　　　　　　　　　　　　　　　传真：010-63141852
网址：http://www.zgfzs.com　　　　　　　　　编辑部电话：010-63141796
市场营销部电话：010-63141612　　　　　　　印务部电话：010-63141606
（如有印装质量问题，请与本社印务部联系。）